プリント形式のリアル過去問で本番の臨場感！

大阪府

大阪夕陽丘学園高等学校

2025年春受験用

解答集

本書は，実物をなるべくそのままに，プリント形式で年度ごとに収録しています。
問題用紙を教科別に分けて使うことができるので，本番さながらの演習ができます。

■ 収録内容

・解答集(この冊子です)

書籍ＩＤ番号，この問題集の使い方，最新年度実物データ，リアル過去問の活用，
解答例と解説，ご使用にあたってのお願い・ご注意，お問い合わせ

・2024(令和６)年度 ～ 2022(令和４)年度　学力検査問題

JN132110

○は収録あり	年度	'24	'23	'22			
■ 問題収録		○	○	○			
■ 解答用紙(マークシート)		○	○				
■ 配点		○	○	○			

数学に解説があります

注)国語問題文非掲載:2024年度の二，2023年度の第三問

問題文の非掲載につきまして

著作権上の都合により，本書に収録している過去入試問題の本文の一部を掲載しておりません。ご不便をおかけし，誠に申し訳ございません。

本文の一部を掲載できなかったことによる国語の演習不足を補うため，論説文および小説文の演習問題のダウンロード付録があります。弊社ウェブサイトから書籍ＩＤ番号を入力してご利用ください。

なお，問題の量，形式，難易度などの傾向が，実際の入試問題と一致しない場合があります。

教英出版

■ 書籍ＩＤ番号

入試に役立つダウンロード付録や学校情報などを随時更新して掲載しています。
教英出版ウェブサイトの「ご購入者様のページ」画面で，書籍ＩＤ番号を入力してご利用ください。

書籍ＩＤ番号 108529

（有効期限：2025年9月30日まで）

【入試に役立つダウンロード付録】
「ラストチェックテスト（標準／ハイレベル）」
「高校合格への道」

■ この問題集の使い方

年度ごとにプリント形式で収録しています。針を外して教科ごとに分けて使用します。①片側，②中央のどちらかでとじてありますので，下図を参考に，問題用紙と解答用紙に分けて準備をしましょう（解答用紙がない場合もあります）。

針を外すときは，けがをしないように十分注意してください。また，針を外すと紛失しやすくなりますので気をつけましょう。

① 片側でとじてあるもの

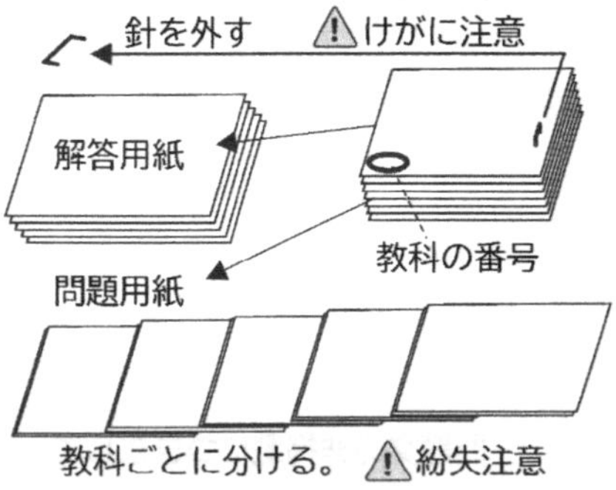

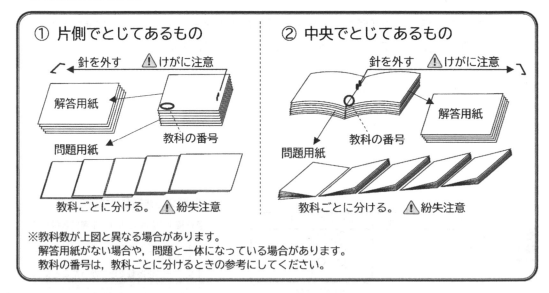

② 中央でとじてあるもの

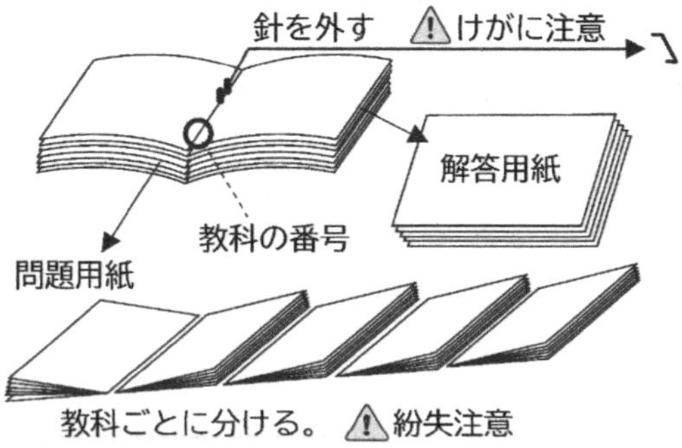

※教科数が上図と異なる場合があります。
解答用紙がない場合や，問題と一体になっている場合があります。
教科の番号は，教科ごとに分けるときの参考にしてください。

■ 最新年度 実物データ

実物をなるべくそのままに編集していますが，収録の都合上，実際の試験問題とは異なる場合があります。実物のサイズ，様式は右表で確認してください。

問題用紙	Ｂ５冊子（二つ折り）
解答用紙	Ａ４マークシート

リアル過去問の活用

～リアル過去問なら入試本番で力を発揮することができる～

本番を体験しよう！

問題用紙の形式（縦向き / 横向き），問題の配置や余白など，実物に近い紙面構成なので本番の臨場感が味わえます。まずはパラパラとめくって眺めてみてください。「これが志望校の入試問題なんだ！」と思えば入試に向けて気持ちが高まることでしょう。

入試を知ろう！

同じ教科の過去数年分の問題紙面を並べて，見比べてみましょう。

① 問題の量

毎年同じ大問数か，年によって違うのか，また全体の問題量はどのくらいか知っておきましょう。どのくらいのスピードで解けば時間内に終わるのか，大問ひとつにかけられる時間を計算してみましょう。

② 出題分野

よく出題されている分野とそうでない分野を見つけましょう。同じような問題が過去にも出題されていることに気がつくはずです。

③ 出題順序

得意な分野が毎年同じ大問番号で出題されていると分かれば，本番で取りこぼさないように先回りして解答することができるでしょう。

④ 解答方法

記述式か選択式か（マークシートか），見ておきましょう。記述式なら，単位まで書く必要があるかどうか，文字数はどのくらいかなど，細かいところまでチェックしておきましょう。計算過程を書く必要があるかどうかも重要です。

⑤ 問題の難易度

必ず正解したい基本問題，条件や指示の読み間違いといったケアレスミスに気をつけたい問題，後回しにしたほうがいい問題などをチェックしておきましょう。

問題を解こう！

志望校の入試傾向をつかんだら，問題を何度も解いていきましょう。ほかにも問題文の独特な言いまわしや，その学校独自の答え方を発見できることもあるでしょう。オリンピックや環境問題など，話題になった出来事を毎年出題する学校だと分かれば，日頃のニュースの見かたも変わってきます。

こうして志望校の入試傾向を知り対策を立てることこそが，過去問を解く最大の理由なのです。

実力を知ろう！

過去問を解くにあたって，得点はそれほど重要ではありません。大切なのは，志望校の過去問演習を通して，苦手な教科，苦手な分野を知ることです。苦手な教科，分野が分かったら，教科書や参考書に戻って重点的に学習する時間をつくりましょう。今の自分の実力を知れば，入試本番までの勉強の道すじが見えてきます。

試験に慣れよう！

入試では時間配分も重要です。本番で時間が足りなくなってあわてないように，リアル過去問で実戦演習をして，時間配分や出題パターンに慣れておきましょう。教科ごとに気持ちを切り替える練習もしておきましょう。

心を整えよう！

入試は誰でも緊張するものです。入試前日になったら，演習をやり尽くしたリアル過去問の表紙を眺めてみましょう。問題の内容を見る必要はもうありません。どんな形式だったかな？受験番号や氏名はどこに書くのかな？…ほんの少し見ておくだけでも，志望校の入試に向けて心の準備が整うことでしょう。

そして入試本番では，見慣れた問題紙面が緊張した心を落ち着かせてくれるはずです。

※まれに入試形式を変更する学校もありますが，条件はほかの受験生も同じです。心を整えてあせらずに問題に取りかかりましょう。

2024 解答
令和6年度

大阪夕陽丘学園高等学校

《国　語》

一　1．②　2．③　3．①　4．④　5．①　6．②　7．④

二　8．③　9．①　10．③　11．④　12．②　13．②　14．⑤　15．③　16．⑥　17．②
18．④　19．①　20．②　21．③　22．①　23．②　24．⑤（23と24は順不同）

三　25．③　26．②　27．③　28．①　29．②　30．④　31．③　32．①

四　33．④　34．②　35．①　36．④　37．③　38．②　39．④　40．②　41．①　42．③
43．④　44．②　45．①　46．④　47．④　48．③　49．①　50．③　51．④　52．②
53．④　54．①　55．③　56．③　57．④　58．④　59．②　60．①　61．①　62．④

《数　学》

1　1．②　2．②　3．④　4．①　5．④　6．③　7．③

2　8．③　9．①

3　10．④　11．②　12．②　13．④

4　14．③　15．①　16．①　17．④　18．①　19．②　20．③　21．②　22．①　23．②

5　24．④　25．③

6　26．③　27．①　28．②　29．④

7　30．③　31．③

《英　語》

1　1．③　2．①　3．②　4．③　5．②　6．④　7．④　8．④　9．③　10．②
11．②　12．②　13．②　14．④　15．②

2　16．②　17．①　18．②　19．④　20．④　21．①　22．④　23．①　24．③　25．③

3　26．②　27．④　28．③

4　29．①　30．④　31．③

5　32．①　33．④　34．④

6　35．②　36．④　37．①　38．④

7　39．③　40．③　41．②　42．④

8　43．②　44．②　45．②　46．③

《理　科》

1　1．①　2．②　3．⑥　4．③　5．③　6．③

2　7．④　8．②　9．①　10．④

3　11．③　12．②　13．③　14．⑥　15．⑤

4　16．⑦　17．⑤　18．②　19．③　20．④

5　21．④　22．⑥　23．②　24．②　25．④

6　26．①　27．①　28．①　29．③　30．⑤

7　31．②　32．③　33．⑤　34．④　35．⑧

8　36．⑥　37．①　38．③　39．④　40．②

《社　会》

1　1．②　2．②　3．①　4．④　5．④　6．③　7．②　8．①　9．③　10．③
11．②　12．②

2　13．③　14．②　15．②　16．③　17．②　18．③　19．③　20．③　21．①　22．④
23．①　24．④　25．①　26．①　27．③　28．④　29．③　30．④　31．④　32．③
33．②　34．③　35．①　36．③　37．②　38．②　39．②　40．②　41．②　42．②

3　43．④　44．③　45．①　46．②　47．④　48．②　49．①　50．④　51．③

4　52．②　53．④　54．③　55．①　56．④　57．③　58．①　59．①　60．③

1 問1　与式 $=9-14=\mathbf{-5}$

問2　与式 $=-\frac{3}{8}+-(\frac{3}{4}\times\frac{2}{1}\times\frac{5}{6})=-\frac{3}{8}-\frac{5}{4}=-\frac{3}{8}-\frac{10}{8}=\mathbf{-\frac{13}{8}}$

問3　与式 $=36\div(-9)+8\div(-1)=-4-8=\mathbf{-12}$

問4　与式 $=\frac{2(3x+1)-(3x-4)}{12}=\frac{6x+2-3x+4}{12}=\frac{3x+6}{12}=\mathbf{\frac{x+2}{4}}$

問5　与式 $=\frac{25x^2}{16}\div(-\frac{15xy^2}{2})\div\frac{x^2}{9y}=\frac{25x^2}{16}\times(-\frac{2}{15xy^2})\times\frac{9y}{x^2}=-(\frac{25x^2}{16}\times\frac{2}{15xy^2}\times\frac{9y}{x^2})=\mathbf{-\frac{15}{8xy}}$

問6　与式 $=(2x)^2-1^2-\{x^2+(3-1)x+3\times(-1)\}=4x^2-1-(x^2+2x-3)=$

$4x^2-1-x^2-2x+3=\mathbf{3x^2-2x+2}$

問7　与式 $=\frac{\sqrt{2}\times2\sqrt{2}+\sqrt{2}\times(-3)-2\sqrt{3}+3\sqrt{2}}{\sqrt{6}}=\frac{2\times2-3\sqrt{2}-2\sqrt{3}+3\sqrt{2}}{\sqrt{6}}=$

$\frac{4-2\sqrt{3}}{\sqrt{6}}=\frac{(4-2\sqrt{3})\times\sqrt{6}}{\sqrt{6}\times\sqrt{6}}=\frac{4\sqrt{6}-2\sqrt{18}}{6}=\frac{4\sqrt{6}-6\sqrt{2}}{6}=\mathbf{\frac{2\sqrt{6}-3\sqrt{2}}{3}}$

2 問1　積が -24，和が -10 である2つの整数を探すと2，-12 が見つかる。よって，与式 $=\mathbf{(x+2)(x-12)}$

問2　与式 $=\frac{16}{3}x^3y+\frac{24}{3}x^2y^2+\frac{9}{3}xy^3=\frac{xy}{3}\times16x^2+\frac{xy}{3}\times24xy+\frac{xy}{3}\times9y^2=\frac{xy}{3}(16x^2+24xy+9y^2)=$

$\frac{xy}{3}\{(4x)^2+2\times4x\times3y+(3y)^2\}=\mathbf{\frac{xy}{3}(4x+3y)^2}$

3 問1　与式より，$-7x+4x=6+3$　$-3x=9$　$\mathbf{x=-3}$

問2　両辺に24をかけると，$5\times4-3x\times6=x\times3+2\times24$　$20-18x=3x+48$　$-18x-3x=48-20$

$-21x=28$　$x=-\frac{28}{21}$　$\mathbf{x=-\frac{4}{3}}$

問3　$4x+6y=-5$…①，$y=-\frac{3x+5}{2}$…②とする。

$y=-\frac{3x+5}{2}$を①に代入してyを消去すると，$4x+6\times(-\frac{3x+5}{2})=-5$　$4x-3(3x+5)=-5$

$4x-9x-15=-5$　$-5x=10$　$\mathbf{x=-2}$

②に$x=-2$を代入すると，$y=-\frac{3\times(-2)+5}{2}=-\frac{-1}{2}=\mathbf{\frac{1}{2}}$

問4　2次方程式の解の公式より，$x=\frac{-6\pm\sqrt{6^2-4\times1\times(-3)}}{2\times1}=\frac{-6\pm\sqrt{36+12}}{2}=\frac{-6\pm\sqrt{48}}{2}=$

$\frac{-6\pm4\sqrt{3}}{2}=\mathbf{-3\pm2\sqrt{3}}$

4 問1　$N-1\geqq0$ より，$N-1=\sqrt{(N-1)^2}$，$N+1=\sqrt{(N+1)^2}$ であり，Nが自然数であることから，$(N-1)^2$，$(N+1)^2$ はどちらも整数である。$\sqrt{(N-1)^2}\leqq\sqrt{n}<\sqrt{(N+1)^2}$ を満たすようなnの値が24個あるとき，$(N+1)^2-(N-1)^2=24$ が成り立つので，$N^2+2N+1-(N^2-2N+1)=24$

$N^2+2N+1-N^2+2N-1=24$　$4N=24$　$\mathbf{N=6}$

問2　Aについて，(1個あたりの値段)×(個数)＝(合計金額)より，$x\times y=2000$　$xy=2000$　$y=\frac{2000}{x}$となるので，反比例の関係にある。Bについて，(時間)＝(道のり)÷(速さ)より，$y=x\div70$　$y=\frac{x}{70}$となるので，比例の関係にある。Cについて，(正方形1個の面積)×(個数)＝(できた長方形の面積)であり，正方形1個の面積は，$x\times x=x^2$(㎠)だから，$x^2\times y=200$　$y=200\div x^2$　$y=\frac{200}{x^2}$となるので，反比例の関係ではない。

したがって，反比例の関係にあるのは**Aのみ**である。

問3　$x=-3$のとき$y=-\frac{1}{4}\times(-3)^2=-\frac{9}{4}$で，$x=1$のとき$y=-\frac{1}{4}\times1^2=-\frac{1}{4}$となる。変化の割合＝$\frac{y\text{の増加量}}{x\text{の増加量}}$＝($y$の増加量)÷($x$の増加量)より，$\{-\frac{1}{4}-(-\frac{9}{4})\}\div\{1-(-3)\}=(-\frac{1}{4}+\frac{9}{4})\div(1+3)=\frac{8}{4}\div4=$

$2\div4=\mathbf{\frac{1}{2}}$

問4　【解き方】(現在支持している人数)－(数年前に支持していた人数)＝936より方程式をつくる。

現在の町民の人数をx人とすると，現在支持している人数は支持率が62%より，$x\times\frac{62}{100}=\frac{31}{50}x$(人)と表される。数年前より町民が30%増加していることから数年前の町民の人数は，$x\div\left(1+\frac{30}{100}\right)=x\div\left(1+\frac{3}{10}\right)=x\div\frac{13}{10}=\frac{10}{13}x$(人)と表され，数年前に支持していた人数は，支持率が65%だったことより，$\frac{10}{13}x\times\frac{65}{100}=\frac{10}{13}x\times\frac{13}{20}=\frac{1}{2}x$(人)と表される。(現在支持している人数)－(数年前に支持していた人数)＝936より，$\frac{31}{50}x-\frac{1}{2}x=936$

両辺に50をかけると，$31x-25x=46800$　　$6x=46800$　　$x=7800$より，現在の町民は**7800人**

問5　【解き方】ある作業の作業量を１としたときのＡさんとＢさんが１日で行う仕事量を文字をつかって表し，連立方程式をつくる。

ある作業の作業量を１としたときのＡさんが１日で行う仕事量をxとし，Ｂさんが１日で行う仕事量をyとする。２人同時に行うと６日かかることから，$(x+y)\times6=1$　　$6x+6y=1$…①と表される。また，この作業はＡさん１人で４日間とＢさん１人で$13-4=9$(日)間をかけて終えることから，$x\times4+y\times9=1$　　$4x+9y=1$…②と表される。①×３－②×２でyを消去すると，$18x-8x=3-2$　　$10x=1$　　$x=\frac{1}{10}$　　①に$x=\frac{1}{10}$を代入すると，$6\times\frac{1}{10}+6y=1$　　$6y=1-\frac{3}{5}$　　$y=\frac{2}{5}\times\frac{1}{6}$　　$y=\frac{1}{15}$　　よって，Ａさん１人で，ある作業を行ったときにかかる日数は，$1\div\frac{1}{10}=1\times10=$**10(日)**

問6　連続する２つの正の偶数において，小さい方の偶数をxとすると，大きい方の偶数は$x+2$と表される。ともに２乗した和が884であることから，$x^2+(x+2)^2=884$　　$x^2+x^2+4x+4=884$　　$2x^2+4x-880=0$　両辺を２でわって，$x^2+2x-440=0$　　$x^2+(-20+22)x-20\times22=0$　　$(x-20)(x+22)=0$

$x=20,\ -22$となり，xは正の偶数であることから，小さい方の数は**20**

問7　【解き方】２つの箱からそれぞれ１枚引く問題では，右のような表にまとめて考えるとよい。

		B			
		2	4	6	8
A	1	○			
	3	○	○		
	5		○	○	
	7			○	○
	9				○

ＡとＢの２つの箱からそれぞれカードを１枚ずつ引くときの出方は全部で５×４＝20(通り)ある。そのうち条件にあう出方は表の○印の８通りだから，求める確率は，$\frac{8}{20}=$**$\frac{2}{5}$**

問8　右図のように補助線を引く。点Ｃをふくまない方の$\overset{\frown}{\mathrm{BD}}$に対する円周角から，大きい方の∠ＢＯＤは，２∠ＢＣＤ＝２×116°＝232(°)となるので，∠ＡＯＢ＝232°－180°＝52(°)となる。直線ＡＢは円の接線だから，∠ＯＢＡ＝90°となり，△ＡＢＯについて，三角形の内角の和より，∠ＤＡＢ＝180°－(∠ＡＯＢ＋∠ＯＢＡ)＝180°－(52°＋90°)＝180°－142°＝**38(°)**

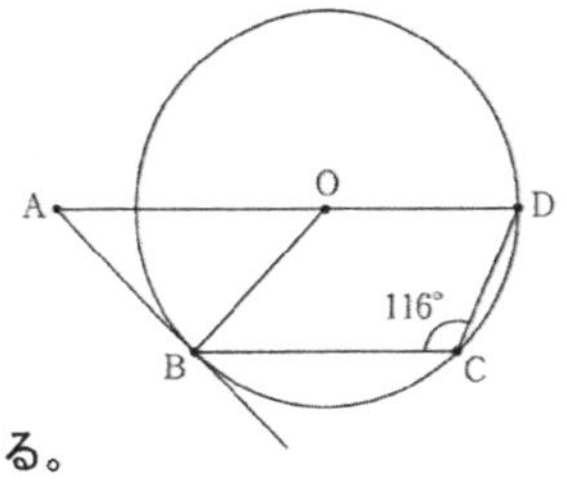

問9　【解き方】(円柱の容積)＝(半球の体積)＋(残った水の体積)より方程式をつくる。

円柱の容器の半径をｒcmとすると，円柱の容積は，$\pi r^2\times4=4\pi r^2$(cm³)と表される。直径が８cmの球を高さが４cmの円柱の容器に沈めると，円柱の容器に球はちょうど半分だけ入る。直径が８cmの半球の半径は，$8\div2=4$(cm)より，体積は，$\left(\frac{4}{3}\pi\times4^3\right)\times\frac{1}{2}=\frac{128}{3}\pi$(cm³)となる。したがって，$4\pi r^2=\frac{128}{3}\pi+\frac{304}{3}\pi$　　$4\pi r^2=\frac{432}{3}\pi$　　$4\pi r^2=144\pi$　　両辺を4πでわると，$r^2=36$　　$r=\pm6$　　$r>0$より，$r=6$

よって，円柱の底面である円の半径は**６cm**である。

問10　【解き方】総度数と60点以上80点未満の階級の相対度数から連立方程式をつくる。

総度数の関係から，$3+8+2a+a+3=b$　　$b=3a+14$…①と表される。また，60点以上80点未満の階級における相対度数が$0.2=\frac{2}{10}=\frac{1}{5}$であることから，$a\div b=\frac{1}{5}$　　$a=\frac{1}{5}\times b$　　$a=\frac{1}{5}b$　　両辺に５をかけて，$b=5a$…②と表される。

b＝5aを①に代入してbを消去すると，5a＝3a＋14　　2a＝14　　**a＝7**

5　問1　BE：EC＝2：1より，$EC=\frac{1}{2+1}BC=\frac{1}{3}BC=\frac{1}{3}AD=\frac{1}{3}x$（㎝）と表される。また，△CBDについて，BD//EIより平行線と線分の比から，CI：CD＝CE：CB＝1：(2＋1)＝1：3だから，$CI=\frac{1}{3}CD=\frac{1}{3}AB=\frac{1}{3}\times 2x=\frac{2}{3}x$（㎝）と表される。よって，△ECIは∠ECI＝90°の直角三角形なので，その面積は，$\frac{1}{2}\times\frac{1}{3}x\times\frac{2}{3}x=\boldsymbol{\frac{1}{9}x^2}$（㎠）

問2　**【解き方】四角形CFHI＝△EFH－△ECIより求める。**

$x=3$のとき，△ECIの面積は，$\frac{1}{9}\times 3^2=1$（㎠）となる。また，$EC=\frac{1}{3}\times 3=1$（㎝）で，BE＝BC－EC＝3－1＝2（㎝）となり，▱AEFDから，EF＝AD＝3㎝となるので，BF＝BE＋EF＝2＋3＝5（㎝）となる。BD//EHより△BFD∽△EFHであり，相似比はBF：EF＝5：3なので，面積比は$5^2:3^2=25:9$となる。△BFDの面積は，$\frac{1}{2}\times BF\times CD=\frac{1}{2}\times 5\times(2\times 3)=15$（㎠）となるので，△EFHの面積は，$\frac{9}{25}$△BFD＝$\frac{9}{25}\times 15=\frac{27}{5}$（㎠）となる。よって，四角形CFHI＝△EFH－△ECI＝$\frac{27}{5}-1=\frac{27}{5}-\frac{5}{5}=\boldsymbol{\frac{22}{5}}$（㎠）

6　問1(1)　$y=\frac{1}{2}x^2$にDのx座標の$x=a=4$を代入すると，$y=\frac{1}{2}\times 4^2=\boldsymbol{8}$

(2)　**【解き方】直線ADの式を$y=mx+n$とし，AとDの座標をそれぞれ代入することで連立方程式を立てる。**

Aのy座標は$y=2$より，x座標は，$2=\frac{1}{2}x^2$　　$x^2=4$　　$x=\pm 2$　　$x<0$より，$x=-2$

A$(-2,\ 2)$を通るので，$2=-2m+n$，D$(4,\ 8)$を通るので，$8=4m+n$が成り立つ。これらを連立方程式として解くと，$m=1$，$n=4$となるから，直線ADの式は，$\boldsymbol{y=x+4}$

問2(1)　A$(-2,\ 2)$であり，ABはx軸に対して平行だから，B$(2,\ 2)$となる。点Dのy座標は，$y=\frac{1}{2}a^2$と表されるので，△ABDの面積が32であることから，底辺をABとすると，高さはDとBのy座標の差だから，

$\frac{1}{2}\times\{2-(-2)\}\times(\frac{1}{2}a^2-2)=32$　　$\frac{1}{2}\times 4\times(\frac{1}{2}a^2-2)=32$　　$2(\frac{1}{2}a^2-2)=32$

$a^2-4=32$　　$a^2=36$　　$a=\pm 6$より，$a>2$だから，$\boldsymbol{a=6}$

(2)　**【解き方】高さの等しい三角形の面積比は，底辺の長さの比に等しいことを利用する。**

Cのx座標は$x=-a=-6$であり，CD＝6－(－6)＝12となる。CD//ABより△ADCと△ABDは底辺をそれぞれCD，ABとしたときの高さが等しいから，面積比はCD：AB＝12：4＝3：1となるので，△ADC＝3△ABDとなる。また，DE//ABで，AD//BEより，四角形ABEDは平行四辺形だから，▱ABED＝2△ABD　　よって，△ADC：▱ABED＝3△ABD：2△ABD＝3：2なので，△ADCの面積は，四角形ABEDの面積の，$3\div 2=\boldsymbol{\frac{3}{2}}$（倍）

7　問1　最初の1羽は2分＝120秒かかり，1羽を折るたびに0.5秒短くなるので，1羽を1分＝60秒で折れるようになるには，120－60＝60（秒）短くなればよい。よって，60÷0.5＝**120**（羽）の鶴を折ればいい。

問2　**【解き方】120羽目までを折る時間と121羽目以降を折る時間に分けて計算する。**

120羽の鶴を折れば次の鶴を折るときにかかる時間が60秒となるので，120羽目を折ったときにかかった時間は60＋0.5＝60.5（秒）であり，1羽目と120羽目を折る時間の和は120＋60.5＝180.5（秒）かかる。また，2羽目を折るときにかかる時間は1羽目を折るときにかかる時間よりも0.5秒短くなり，120－1＝119（羽目）を折るときにかかる時間は120羽目を折るときにかかる時間よりも0.5秒長くなるので，2羽目と119羽目を折る時間の和は，1羽目と120羽目を折る時間の和と等しくなる。また，3羽目と118羽目の折る時間の和も，1羽目と120羽目を折る時間の和と等しくなる。以上から，1羽目から120羽目までにかかる時間は，1羽目と120羽目を折る時間の和の120÷2＝60（倍）となるので，180.5×60＝10830（秒）となる。121羽目から1000羽目までは1羽を60秒でおるので，かかった時間は，60×(1000－121＋1)＝60×880＝52800（秒）より，1000羽を折るまでにかかる時間は

10830＋52800＝63630(秒)となる。63630÷60＝1060 余り 30 より，63630 秒＝1060 分 30 秒であり，
1060÷60＝17 余り 40 より，1060 分＝17 時間 40 分となるので，**17 時間 40 分 30 秒**

2023 解答 令和5年度 大阪夕陽丘学園高等学校

《国　語》

第一問　1. ③　2. ③　3. ①　4. ②　5. ③　6. ③　7. ④

第二問　8. ②　9. ③　10. ②　11. ③　12. ①　13. ④　14. ①　15. ④　16. ①　17. ①
18. ③　19. ④　20. ①　21. ③　22. ①　23. ②　24. ①

第三問　25. ②　26. ①　27. ③　28. ②　29. ④　30. ②　31. ①　32. ③

第四問　33. ①　34. ③　35. ④　36. ③　37. ④　38. ①　39. ②　40. ④　41. ③　42. ①
43. ④　44. ①　45. ②　46. ②　47. ②　48. ③　49. ①　50. ①　51. ②　52. ④
53. ①　54. ③　55. ③　56. ①　57. ③　58. ②　59. ①　60. ①　61. ③　62. ①

《数　学》

1　1. ③　2. ①　3. ④　4. ④　5. ①　6. ②　7. ④

2　8. ③　9. ②

3　10. ①　11. ①　12. ③　13. ④

4　14. ②　15. ④　16. ①　17. ②　18. ③　19. ④　20. ①　21. ②　22. ③　23. ③

5　24. ③　25. ④

6　26. ①　27. ②　28. ②　29. ②

7　30. ④　31. ③

《英　語》

1　1. ④　2. ①　3. ③　4. ①　5. ③　6. ④　7. ③　8. ①　9. ②　10. ④
11. ②　12. ②　13. ③　14. ①　15. ②

2　16. ③　17. ①　18. ④　19. ①　20. ④　21. ①　22. ③　23. ②　24. ③　25. ④

3　26. ②　27. ③　28. ①

4　29. ①　30. ①　31. ②

5　32. ③　33. ④　34. ③

6　35. ②　36. ④　37. ②　38. ②

7　39. ③　40. ④　41. ②　42. ③

8　43. ④　44. ②　45. ①　46. ④

9　47. ③　48. ③　49. ③　50. ④

《理　科》

1　1．②　2．①　3．③　4．①　5．⑤　6．②

2　7．③　8．②　9．④　10．①

3　11．①　12．④　13．②　14．②　15．④

4　16．③　17．③　18．②　19．④　20．③　21．④　22．③

5　23．②　24．①　25．⑤　26．③　27．③

6　28．③　29．④　30．②　31．①　32．③

7　33．④　34．⑤　35．⑥　36．④　37．③　38．②　39．③　40．②

《社　会》

1　1．④　2．④　3．②　4．①　5．③　6．②　7．④　8．③　9．④　10．②
11．②　12．②

2　13．②　14．④　15．③　16．④　17．③　18．③　19．②　20．②　21．①　22．③
23．②　24．②　25．③　26．④　27．①　28．①　29．③　30．①　31．①　32．④
33．②　34．①　35．②　36．④　37．①　38．④　39．④　40．②　41．③　42．④

3　43．③　44．③　45．②　46．③　47．③　48．④　49．④　50．③　51．④

4　52．③　53．②　54．④　55．①　56．③　57．②　58．④　59．①　60．②

2023 数学解説 令和5年度　大阪夕陽丘学園高等学校

1　問1　与式$=-9+15=\mathbf{6}$

　問2　与式$=\frac{3}{5}\times\frac{5}{6}-(-\frac{5}{2})\times\frac{7}{5}=\frac{1}{2}+\frac{7}{2}=\frac{8}{2}=\mathbf{4}$

　問3　与式$=-24\div(-8)+(-2)\times(-16)=3+32=\mathbf{35}$

　問4　与式$=\frac{4(2x+1)-3(5x-2)}{12}=\frac{8x+4-15x+6}{12}=\mathbf{\frac{-7x+10}{12}}$

　問5　与式$=\frac{2xy^2}{3}\times(-27x^3y^6)\div\frac{9x^2y^2}{4}=\frac{2xy^2}{3}\times(-27x^3y^6)\times\frac{4}{9x^2y^2}=\mathbf{-8x^2y^6}$

　問6　与式$=(x^2-6x+9)-(x^2-3x-10)=x^2-6x+9-x^2+3x+10=\mathbf{-3x+19}$

　問7　与式$=\frac{\sqrt{5}(2+\sqrt{5})}{\sqrt{5}\times\sqrt{5}}-(5+\sqrt{5}-6)=\frac{2\sqrt{5}+5}{5}+1-\sqrt{5}=\frac{2\sqrt{5}+5+5-5\sqrt{5}}{5}=\mathbf{\frac{10-3\sqrt{5}}{5}}$

2　問1　積が-15，和が2である2つの整数を考えると，-3，5が見つかるから，与式$=\mathbf{(x-3)(x+5)}$

　問2　与式$=\frac{a}{2}(x^2-16y^2)=\mathbf{\frac{a}{2}(x+4y)(x-4y)}$

3　問1　与式より，$3x-5x=-4-6$　　$-2x=-10$　　$x=\mathbf{5}$

　問2　与式の両辺を6倍して，$18-9x=2x-48$　　$-9x-2x=-48-18$　　$-11x=-66$　　$x=\mathbf{6}$

　問3　$2x-3y=6$…(i)とする。$3x-2y=5$…(ii)とする。(i)×3－(ii)×2でxを消去すると，

$-9y+4y=18-10$　　$-5y=8$　　$y=\mathbf{-\frac{8}{5}}$

(i)に$y=-\frac{8}{5}$を代入すると，$2x-3\times(-\frac{8}{5})=6$　　$2x=6-\frac{24}{5}$　　$x=\frac{30-24}{5}\times\frac{1}{2}=\mathbf{\frac{3}{5}}$

　問4　与式に2次方程式の解の公式を用いると，$x=\frac{-4\pm\sqrt{4^2-4\times1\times(-16)}}{2\times1}=\frac{-4\pm\sqrt{80}}{2}=\frac{-4\pm4\sqrt{5}}{2}=$

$\mathbf{-2\pm2\sqrt{5}}$

4　問1　**【解き方】$\sqrt{\frac{32n}{5}}$の値が整数となるとき，32nは5の倍数であり，$\frac{32n}{5}$は整数を2乗した数である。**

32＝2^5より，nは5の倍数である必要がある。よって，n＝5m(mは自然数)とすると，$\frac{32n}{5}=\frac{2^5\times5m}{5}=$

$(2^2)^2\times2m$が整数を2乗した数になる数のうち最小となるmの値は2だから，nの最小値は5×2＝10である。

よって，$\frac{32n}{5}$が整数を2乗した数となるとき，nは100以下の自然数のうち，10に整数の2乗をかけた値になれば

よいから，$10\times1^2=10$，$10\times2^2=40$，$10\times3^2=90$，$10\times4^2=160$より，n＝10，40，90の**3つ**である。

　問2　比例定数がaである反比例の式は$y=\frac{a}{x}$と表される。x座標とy座標は異符号だから，$\mathbf{y=-\frac{6}{x}}$が正しい。

　問3　**【解き方】2人が1分間に進む道のりの合計と，1分間に進む道のりの差を考える。**

2人が反対向きに進んで出会ったとき，2人合わせて3200mを20分で進んだから，2人で1分間に3200÷20＝160(m)進んだことになる。また，2人が同じ向きに進んで太郎くんが次郎くんに追いついたとき，太郎くんは次郎くんより3200m多く進んだから，2人は1分間に3200÷80＝40(m)だけ進む道のりに差がつく。よって，1分間に太郎くんが進む道のりをxm，1分間に次郎くんが進む道のりをymとすると，$x+y=160$，$x-y=40$となり，これを解くと$x=100$，$y=60$となる。よって，太郎くんの速さは**100m/分**，次郎くんの速さは**60m/分**である。

　問4　8％の食塩水の量をxgとする。食塩水に含まれる食塩の重さについての式を立てると，

$x\times0.08+200\times0.15=(x+200)\times0.12$　　これを解いて，$x=\mathbf{150(g)}$

　問5　買った菓子パンの個数をx個，プリンの個数をy個とする。菓子パンとプリンは合計20個買ったから，

$x+y=20$…①とする。　合計金額は2000円だから，$120x+70y=2000$より，$12x+7y=200$…②とする。

①×12－②でxを消去すると，$12y-7y=240-200$　　$5y=40$　　$y=8$

①に$y=8$を代入すると，$x+8=20$　　$x=12$　　よって，菓子パンは**12個**買った。

問6　【解き方】関数$y=\frac{1}{3}x^2$のグラフは上に開いた放物線だから，xの絶対値が大きいほどyの値が大きい。

xの値が０のとき，yは最小値０となる。－３と６の絶対値を比べると６の方が大きいから，$y=\frac{1}{3}\times 6^2=12$ より，yの最大値は 12 である。よって，yの変域は**$0\leqq y\leqq 12$**である。

問７　【解き方】折り返してできた角度は折り返す前の角度と等しい。

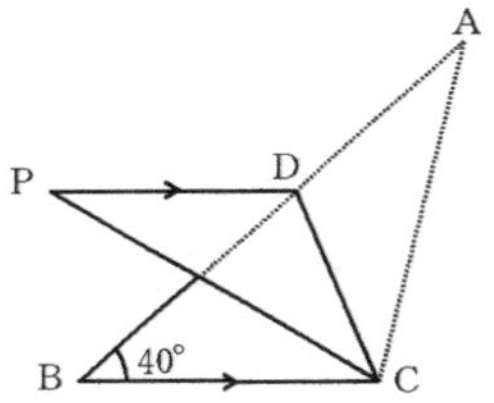

ＰＤ//ＢＣより，平行線の錯角は等しいから，∠ＰＤＢ＝∠ＣＢＤ＝40°

∠ＢＤＣ＝x° とすると，∠ＰＤＣ＝∠ＡＤＣ＝40°＋x°

３点Ａ，Ｄ，Ｂは一直線上に並ぶから，∠ＢＤＣ＋∠ＡＤＣ＝180° より，

x°＋40°＋x°＝180°　　x°＝70° だから，∠ＰＤＣ＝40°＋70°＝**110°**

問８　【解き方】最小値，中央値，第３四分位数が含まれる階級を考える。

得点の最小値は５点以上 10 点未満だから，①は適さない。77 人の中央値は，77÷２＝38.5 より，大きさ順に 39 番目の得点であり，25 点未満の生徒は４＋６＋10＋12＝32(人)，25 点以上 30 点未満の生徒は 18 人いるので，中央値は 25 点以上 30 点未満である。よって，④は適さない。第３四分位数は得点が大きい方から 77－39＝38(番目)までの中央値である。38÷２＝19 より，19 番目と 20 番目の得点の中央値だから，30 点以上 35 点未満である。よって，③は適さない。以上より，正しい箱ひげ図は**②**である。

問９　【解き方】できる回転体は底面の半径が４cm，高さが３cmの円柱から，底面の半径が４cm，高さが３cmの円すいをくり抜いた図形になる。

回転体の表面積は，半径４cmの円の面積，縦が３cm，横が４×２×π＝８π(cm)の長方形の面積，半径が５cmの円の面積の$\frac{4\times 2\times \pi}{5\times 2\times \pi}=\frac{4}{5}$の和である。よって，$4^2\pi+3\times 8\pi+5^2\pi\times\frac{4}{5}=(16+24+20)\pi=$**$60\pi$**(cm²)

回転体の体積は，$4^2\times\pi\times 3-\frac{1}{3}\times 4^2\times\pi\times 3=16\pi(3-1)=$**$32\pi$**(cm³)

問10　【解き方】３の倍数の各位の数の和は３の倍数になることを利用する。

大きいさいころの出た目の数をａ，小さいさいころの出た目の数をｂとする。

ａ＋ｂ＝３のとき，(ａ，ｂ)＝(１，２)(２，１)の２通り

ａ＋ｂ＝６のとき，(ａ，ｂ)＝(１，５)(２，４)(３，３)(４，２)(５，１)の５通り

ａ＋ｂ＝９のとき，(ａ，ｂ)＝(３，６)(４，５)(５，４)(６，３)の４通り

ａ＋ｂ＝12 のとき，(ａ，ｂ)＝(６，６)の１通り　　よって，全部で２＋５＋４＋１＝12(通り)

２つのさいころを投げたときの目の出方は全部で６×６＝36(通り)だから，求める確率は，$\frac{12}{36}=$**$\frac{1}{3}$**

５　**問１　【解き方】この立体に並べられた積み木の数は，上から１段目が１個，２段目が$4=2^2$(個)，３段目が$9=3^2$(個)，…となるから，ｎ段目はn^2個である。**

５番目にできる立体に使われる積み木の数は，$1^2+2^2+3^2+4^2+5^2=1+4+9+16+25=$**55**(個)である。

問２　【解き方】表面積は立体を手前，奥，左，右，上，下からそれぞれ見たときに見える図形の面積の和である。

この立体を手前，奥，左，右から見たときの図形の面積は等しく，１辺の長さが１である正方形が，

１＋２＋３＋４＋５＋６＋７＝28(個)並んで見えるから，面積は１×28×４＝112

上，下から見たときの図形の面積は等しく，１辺の長さが７である正方形の面積だから，１×７×７×２＝98

よって，表面積は 112＋98＝**210** である。

体積の求め方については，⑴の解説をふまえる。７番目にできる立体に使われる積み木の数は，55＋36＋49＝140(個)である。よって，体積は１×140＝**140** である。

６　問１　Ａは放物線$y=ax^2$上にあるから座標を代入して，$1=a\times(-2)^2$　　$a=$**$\frac{1}{4}$**

問２　Ｂは放物線$y=\frac{1}{4}x^2$上にあるから座標を代入して，$4=\frac{1}{4}b^2$　　$b=\pm 4$　　$b>0$より，$b=4$

問３　△ＯＡＰの面積が△ＯＡＢの面積の半分になるとき，Ｐは線分ＡＢの中点だから，

(Ｐのx座標)＝(ＡとＢのx座標の和)÷２＝(－２＋４)÷２＝１

(Ｐのy座標)＝(ＡとＢのy座標の和)÷２＝(１＋４)÷２＝$\frac{5}{2}$

よって，Ｐ(１，$\frac{5}{2}$)である。

問４　**【解き方】△ＯＰＱと△ＯＰＢについて，底辺をそれぞれＰＱ，ＰＢとしたときの高さが等しいから，(△ＯＰＱの面積)：(△ＯＰＢの面積)＝ＰＱ：ＰＢである。**

ＰＱ：ＰＢ＝(Ｐのx座標)：(Ｂのx座標－Ｐのx座標)＝１：(４－１)＝１：３

よって，△ＯＰＱの面積は△ＯＰＢの面積の$\frac{1}{3}$倍である。

７　問１　∠ＰＢＣ＝∠ＡＢＣ－∠ＡＢＰ＝60°－∠ＡＢＰ，∠ＱＢＡ＝∠ＱＢＰ－∠ＡＢＰ＝60°－∠ＡＢＰとなるから，∠ＰＢＣと∠ＱＢＡは等しい。よって，会話文の中にあてはまる角は**∠ＡＢＰ**である。

問２　**【解き方】△ＰＢＣにそれぞれの条件を追加したとき，平行四辺形ＡＱＰＲが具体的にどのような図形になるかを考える。**

問題の選択肢から，平行四辺形ＡＱＰＲが長方形またはひし形になる場合を考える。長方形になる場合はすべての角が90°になり，ひし形になる場合はすべての辺の長さが等しくなる。つまり，∠ＱＰＲ＝90°になるか，ＱＰ＝ＲＰになれば，特別な平行四辺形になる。①は∠ＱＰＲがどのようになってもＱＰ＝ＲＰにならなければひし形にならず，④は∠ＱＰＲ＝90°にならなければ長方形にならない。したがって，①と④は適さない。

∠ＢＰＣ＝90°のとき∠ＱＰＲ＝360°－60°×２－90°＝150°で，∠ＱＰＲ＝90°にならないから，②も適さない。

ＰＢ＝ＰＣのとき，ＰＢ＝ＰＱ，ＰＣ＝ＰＲだから，ＱＰ＝ＲＰとなるから，ひし形になる。

よって，正しいものは③である。

大阪夕陽丘学園高等学校

《国　語》

一　1. ①　2. ①　3. ③　4. ③　5. ④　6. ②　7. ②

二　8. ②　9. ④　10. ③　11. ①　12. ③　13. ②　14. ①　15. ③　16. ④　17. ③

18. ③　19. ②　20. ①　21. ③　22. ④　23. ②　24. ①　25. ②　26. ③　27. ④

28. ⑥　29. ⑤　30. ①　31. ②　32. ④

三　33. ④　34. ①　35. ②　36. ④　37. ③　38. ②　39. ①　40. ④　41. ③　42. ②

43. ③　44. ①　45. ④　46. ②　47. ①　48. ④　49. ②　50. ①　51. ④　52. ③

53. ③　54. ②　55. ①　56. ①　57. ②　58. ③　59. ②　60. ④

《数　学》

1　1. ②　2. ③　3. ②　4. ④　5. ①　6. ②　7. ④

2　8. ③　9. ③

3　10. ④　11. ③　12. ②　13. ③

4　14. ③　15. ④　16. ①　17. ③　18. ②　19. ②　20. ①　21. ③　22. ④　23. ③

5　24. ③　25. ②

6　26. ②　27. ④

7　28. ②　29. ③　30. ④　31. ④

《英　語》

1　1. ②　2. ③　3. ②　4. ①　5. ②　6. ①　7. ③　8. ③　9. ①　10. ①

11. ④　12. ①　13. ④　14. ④　15. ①

2　16. ③　17. ②　18. ④　19. ③　20. ②　21. ④　22. ②　23. ①　24. ①　25. ④

3　26. ③　27. ①　28. ④

4　29. ①　30. ②　31. ②

5　32. ④　33. ②　34. ①

6　35. ②　36. ②　37. ②

7　38. ④　39. ③　40. ③

8　41. ④　42. ③　43. ④

9　44. ④　45. ②　46. ①

10　47. ④　48. ①　49. ②　50. ④

《理　科》

1　1. ①　2. ③　3. ①　4. ②　5. ①　6. ④　7. ②

2　8. ①　9. ②

3　10. ④　11. ②

4　12. ①　13. ③　14. ①　15. ③　16. ④　17. ②

5　18. ①　19. ④　20. ③　21. ④　22. ②　23. ⑤

6　24. ①　25. ②　26. ⑤　27. ②　28. ⑥　29. ②

7　30. ④　31. ③　32. ②　33. ⑤　34. ②

8　35. ①　36. ②　37. ⑤　38. ③　39. ①

《社　会》

1　1. ④　2. ③　3. ③　4. ②　5. ④　6. ①　7. ②　8. ①　9. ②　10. ②
11. ③　12. ④

2　13. ③　14. ①　15. ②　16. ④　17. ①　18. ②　19. ②　20. ③　21. ④　22. ①
23. ③　24. ④　25. ②　26. ③　27. ①　28. ①　29. ④　30. ②　31. ③　32. ③
33. ④　34. ①　35. ③　36. ③　37. ②　38. ①　39. ②　40. ④　41. ③　42. ④

3　43. ③　44. ③　45. ①　46. ②　47. ③　48. ③　49. ②　50. ③　51. ②

4　52. ①　53. ①　54. ③　55. ①　56. ②　57. ③　58. ②　59. ④　60. ①

1 [1] 与式$=-13+8=-5$

[2] 与式$=-\frac{1}{2}-(-\frac{4}{5})\times\frac{15}{8}=-\frac{1}{2}+\frac{3}{2}=1$

[3] 与式$=-24\div8-(-2)\times(-9)=-3-18=-21$

[4] 与式$=\frac{5(2x-1)-4(3x-2)}{20}=\frac{10x-5-12x+8}{20}=\frac{-2x+3}{20}$

[5] 与式$=(-a^6b^3)\times\frac{3}{ab^3}\times4a^2b^2=-\frac{a^6b^3\times3\times4a^2b^2}{ab^3}=-12a^7b^2$

[6] 与式$=x^2-8x+16-(x^2-7x+10)=x^2-8x+16-x^2+7x-10=-x+6$

[7] 与式$=\frac{3}{\sqrt{2}}-\frac{\sqrt{2}}{\sqrt{2}}-(2-3\sqrt{2}+\sqrt{2}-3)=\frac{3\sqrt{2}}{2}-1-(-1-2\sqrt{2})=\frac{3\sqrt{2}}{2}-1+1+2\sqrt{2}=$
$\frac{3\sqrt{2}}{2}+\frac{4\sqrt{2}}{2}=\frac{7\sqrt{2}}{2}$

2 [8] かけると-21，足すと-4になる2数を探すと，3と-7が見つかるから，与式$=(x+3)(x-7)$

[9] 与式$=\frac{ax^2}{5}-\frac{25ay^2}{5}=\frac{a}{5}(x^2-25y^2)=\frac{a}{5}\{x^2-(5y)^2\}=\frac{a}{5}(x+5y)(x-5y)$

3 [10] 与式より，$-5x=-10$　$x=2$

[11] 与式の両辺に6をかけて，$12-2\times2x=3x-30$　$42-4x=3x$　$7x=42$　$x=6$

[12] $2x+3y=5$…(i)，$3x-4y=-18$…(ii)とする。

(i)×3−(ii)×2でxを消去すると，$9y+8y=15+36$　$17y=51$　$y=3$

(i)に$y=3$を代入すると，$2x+9=5$　$2x=-4$　$x=-2$

[13] 2次方程式の解の公式より，$x=\frac{-(-6)\pm\sqrt{(-6)^2-4\times1\times2}}{2\times1}=\frac{6\pm\sqrt{28}}{2}=\frac{6\pm2\sqrt{7}}{2}=3\pm\sqrt{7}$

4 [14] **【解き方】kを自然数とすると，$n=2\times3\times k^2$のとき，$\sqrt{\frac{2n}{3}}=\sqrt{\frac{2\times2\times3\times k^2}{3}}=2k$となる。**

$k=1$のとき，$n=2\times3\times1^2=6$　$k=2$のとき，$n=2\times3\times2^2=24$，

$k=3$のとき，$n=2\times3\times3^2=54$　$k=4$のとき，$n=2\times3\times4^2=96$，

$k=5$のとき，$n=2\times3\times5^2=150$　nは100以下の正の整数だから，6，24，54，96の4つある。

[15] **【解き方】反比例の式は$y=\frac{a}{x}$と表せる。**

$y=\frac{a}{x}$に$x=-3$，$y=9$を代入すると，$9=\frac{a}{-3}$より，$a=-27$　よって，$y=-\frac{27}{x}$

[16] **【解き方】直線の式を$y=ax+b$とし，点(1，−2)と点(−3，10)の座標をそれぞれ代入して連立方程式を作る。**

点(1，−2)の座標から$-2=a+b$，点(−3，10)の座標から$10=-3a+b$が成り立つ。

これらを連立方程式として解くと，$a=-3$，$b=1$となるから，直線の式は，$y=-3x+1$

①の座標を代入すると，$14=-3\times(-5)+1$より，$14=16$で等式が成り立たない。

②の座標を代入すると，$4=-3\times(-1)+1$より，$4=4$で等式が成り立つ。

直線$y=-3x+1$の切片は(0，1)だから，③(0，1)は通る。

④の座標を代入すると，$-4=-3\times\frac{5}{3}+1$より，$-4=-4$で等式が成り立つ。

よって，直線$y=-3x+1$が通らない点は①である。

[17] **【解き方】仕入れ値をx円とし，(売り値)−(仕入れ値)=(利益)からxの方程式を立てる。**

定価は$x\times(1+\frac{20}{100})=\frac{6}{5}x$(円)で，この10%引きは，$\frac{6}{5}x\times(1-\frac{10}{100})=\frac{27}{25}x$(円)

よって，$\frac{27}{25}x-x=160$ より，$\frac{2}{25}x=160$　　$x=160\times\frac{25}{2}=2000$　　よって，仕入れ値は 2000 円である。

18　**【解き方】生徒がx人いるとして，鉛筆の本数をxの式で２通りに表して方程式を立てる。**

鉛筆の本数は，$(5x-40)$本または$(3x+24)$本と表せるから，$5x-40=3x+24$ より，$2x=64$　　$x=32$

よって，生徒は 32 人だから，鉛筆の本数は，$3\times32+24=120$(本)

19　**【解き方】$y=-\frac{1}{4}x^2$のグラフは下に開いた放物線だから，xの絶対値が大きいほどyの値は小さくなる。**

$-2\leqq x\leqq4$ でのyの最小値は，$x=4$ のときの，$y=-\frac{1}{4}\times4^2=-4$

xの変域が０を含むから，yの最大値は０である。よって，$-4\leqq y\leqq0$

20　**【解き方】ｎ角形の内角の和は，180°×(ｎ－２)で求められるから，**

正九角形の１つの内角は，180°×(９－２)÷９＝140°である。

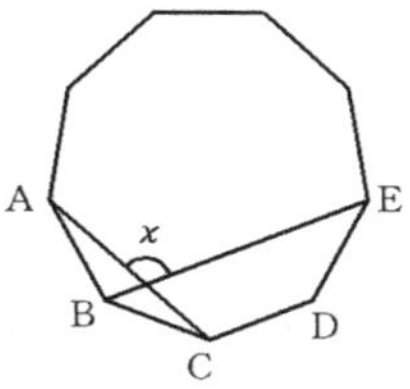

右図のように記号をおく。△ＡＢＣは∠ＡＢＣ＝140°で，

ＢＡ＝ＢＣの二等辺三角形だから，∠ＡＣＢ＝(180°－140°)÷２＝20°

よって，∠ＡＣＤ＝140°－20°＝120°　　ＢＥ//ＣＤで，平行線の同位角は等しいから，∠x＝∠ＡＣＤ＝120°

21　**【解き方】度数分布表から最頻値を求めるときは，最も度数が大きい階級の階級値を最頻値とする。**

最も度数が大きい階級は 20 分以上 30 分未満の階級だから，最頻値は，$(20+30)\div2=25$(分)

22　**【解き方】柱体の側面積は，(底面の周の長さ)×(高さ)で求められる。**

この円柱の側面積は$(2\pi\times3)\times4=24\pi$，底面積は$3^2\pi=9\pi$である。

したがって，表面積は，$24\pi+9\pi\times2=42\pi$

体積は，(底面積)×(高さ)＝$9\pi\times4=36\pi$

23　**【解き方】さいころを２つふる問題では，すべての出方を表にまとめて考える。**

大小２つのさいころの目の出方は全部で６×６＝36(通り)ある。

12 の約数は１，２，３，４，６，12 だから，出た目の和が 12 の約数になる出方は

右表の○印の 12 通りある。よって，求める確率は，$\frac{12}{36}=\frac{1}{3}$

２個のさいころの目の和

		小					
		1	2	3	4	5	6
大	1	②	③	④	5	⑥	7
	2	③	④	5	⑥	7	8
	3	④	5	⑥	7	8	9
	4	5	⑥	7	8	9	10
	5	⑥	7	8	9	10	11
	6	7	8	9	10	11	⑫

5　24　△ＢＦＤと△ＢＣＥにおいて，

∠ＦＢＤ＝∠ＣＢＥ(共通)，∠ＢＤＦ＝∠ＢＥＣ＝90°(仮定より)だから，△ＢＦＤ∽△ＢＣＥ

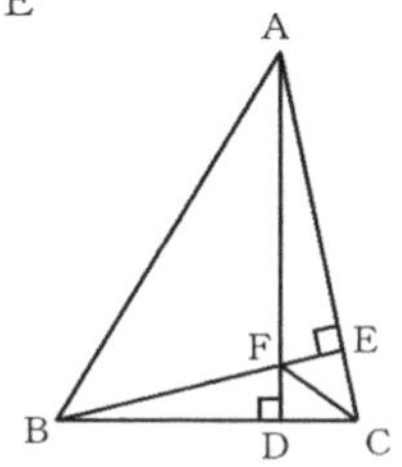

△ＡＦＥと△ＢＣＥにおいて，

∠ＡＦＥ＝∠ＢＦＤ，∠ＢＦＤ＝∠ＢＣＥ(△ＢＦＤ∽△ＢＣＥより)だから，

∠ＡＦＥ＝∠ＢＣＥ…㋐　　∠ＡＥＦ＝∠ＢＥＣ＝90°(仮定より)…㋑

㋐，㋑より，残りの内角も等しいので，∠ＦＡＥ＝∠ＣＢＥ…㋒

△ＡＢＥは直角二等辺三角形だから，ＡＥ＝ＢＥ…㋓

㋑，㋒，㋓より，１組の辺とその両端の角がそれぞれ等しいから，△ＡＦＥ≡△ＢＣＥ

25　△ＡＦＥ≡△ＢＣＥより，ＦＥ＝ＣＥだから，△ＥＦＣは二等辺三角形なので，∠ＥＦＣ＝∠ＥＣＦ

このことと∠ＦＥＣ＝90°より，△ＥＦＣは直角二等辺三角形だから，∠ＣＦＥ＝45°＝∠ＢＡＣ

6　26　**【解き方】６番目にできる図形は右図のように，上の段から順に，１個，２個，３個，……６個と正方形を重ねた図形である。周りの長さについては，横の線と縦の線に分けて長さの和を考える。**

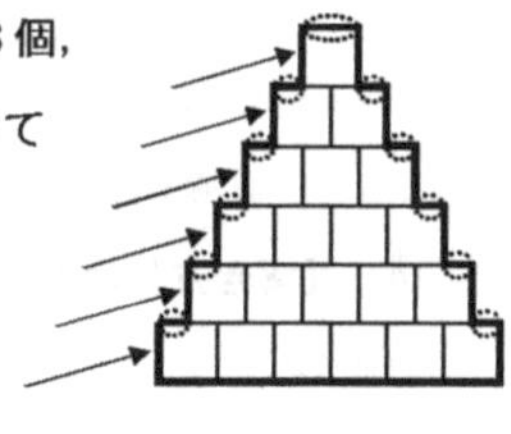

正方形が全部で１＋２＋３＋４＋５＋６＝21(個)あるから，面積は 21 ㎠である。

周りの長さのうち図の丸で囲んだ横線の長さの和は，上から６段目の横の長さと

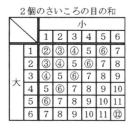

等しく６cmである。丸で囲んでいない横線の長さの和も６cmである。

矢印で指した縦線の長さの和は全体の高さと等しく６cmである。それ以外の縦線の長さの和も６cmである。

よって，周りの長さの和は，６×４＝24(cm)

[27]　【解き方】[26]の解説より，ｎ番目の図形の周りの長さの和はｎ×４＝４ｎ(cm)である。また，ｎ番目の図形の面積は，１＋２＋３＋……＋ｎで求められる。

周りの長さが36 cmの図形は，36÷４＝９(番目)の図形である。

この図形の面積は，１＋２＋３＋４＋５＋６＋７＋８＋９＝45(cm²)

7　[28]　放物線$y=ax^2$はA(－３，３)を通るから，$x=-3$，$y=3$を代入すると，$3=a\times(-3)^2$より，$a=\frac{1}{3}$

[29]　$y=\frac{1}{3}x^2$にB(６，b)の座標を代入すると，$b=\frac{1}{3}\times6^2$より，b＝12

[30]　【解き方】△ＯＡＢと△ＯＰＢでは辺ＯＢが共通なので，ＯＢを底辺としたときの高さが等しいとき面積が等しくなる。したがって，右図のようにＰＡ//ＯＢならばよい。

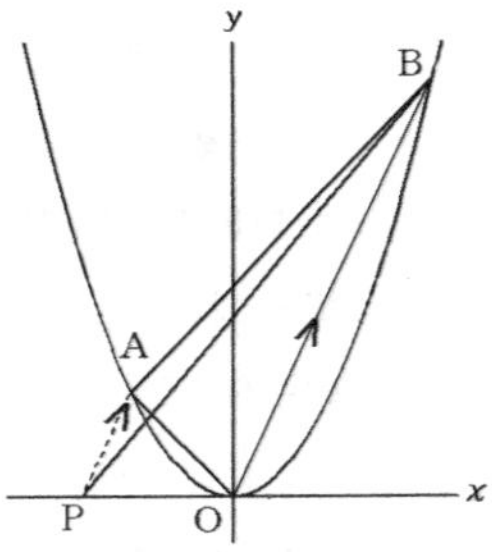

B(６，12)だから，直線ＯＢの傾きは，$\frac{(y\text{の増加量})}{(x\text{の増加量})}=\frac{12}{6}=2$

平行な直線は傾きが等しいから，直線ＰＡの傾きは直線ＯＢの傾きと同じ２なので，

直線ＰＡの式を$y=2x+c$とする。この式にA(－３，３)の座標を代入すると，

$3=2\times(-3)+c$より，c＝９

直線ＰＡの式$y=2x+9$にＰのy座標の$y=0$を代入すると，$0=2x+9$より，$x=-\frac{9}{2}$となるから，P$(-\frac{9}{2},\ 0)$

[31]　【解き方】△ＯＡＢ＝△ＯＰＢだから，△ＯＰＢと△ＯＰＡを比べる。底辺をともにＯＰとして考える。

△ＯＰＢと△ＯＰＡにおいて，底辺をともにＯＰとしたときの高さの比は，

(Ｂのy座標)：(Ａのy座標)＝12：３＝４：１

よって，△ＯＰＢ：△ＯＰＡ＝４：１だから，△ＯＡＢ＝△ＯＰＢの面積は△ＯＰＡの面積の４倍である。

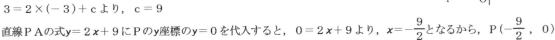

■ ご使用にあたってのお願い・ご注意

（1）問題文等の非掲載

著作権上の都合により，問題文や図表などの一部を掲載できない場合があります。

誠に申し訳ございませんが，ご了承くださいますようお願いいたします。

（2）過去問における時事性

過去問題集は，学習指導要領の改訂や社会状況の変化，新たな発見などにより，現在とは異なる表記や解説になっている場合があります。過去問の特性上，出題当時のままで出版していますので，あらかじめご了承ください。

（3）配点

学校等から配点が公表されている場合は，記載しています。公表されていない場合は，記載していません。

独自の予想配点は，出題者の意図と異なる場合があり，お客様が学習するうえで誤った判断をしてしまう恐れがあるため記載していません。

（4）無断複製等の禁止

購入された個人のお客様が，ご家庭でご自身またはご家族の学習のためにコピーをすることは可能ですが，それ以外の目的でコピー，スキャン，転載（ブログ，ＳＮＳなどでの公開を含みます）などをすることは法律により禁止されています。学校や学習塾などで，児童生徒のためにコピーをして使用することも法律により禁止されています。

ご不明な点や，違法な疑いのある行為を確認された場合は，弊社までご連絡ください。

（5）けがに注意

この問題集は針を外して使用します。針を外すときは，けがをしないように注意してください。また，表紙カバーや問題用紙の端で手指を傷つけないように十分注意してください。

（6）正誤

制作には万全を期しておりますが，万が一誤りなどがございましたら，弊社までご連絡ください。

なお，誤りが判明した場合は，弊社ウェブサイトの「ご購入者様のページ」に掲載しておりますので，そちらもご確認ください。

■ お問い合わせ

解答例，解説，印刷，製本など，問題集発行におけるすべての責任は弊社にあります。

ご不明な点がございましたら，弊社ウェブサイトの「お問い合わせ」フォームよりご連絡ください。迅速に対応いたしますが，営業日の都合で回答に数日を要する場合があります。

ご入力いただいたメールアドレス宛に自動返信メールをお送りしています。自動返信メールが届かない場合は，「よくある質問」の「メールの問い合わせに対し返信がありません。」の項目をご確認ください。

また弊社営業日（平日）は，午前９時から午後５時まで，電話でのお問い合わせも受け付けています。

2025 春

株式会社教英出版

〒422-8054　静岡県静岡市駿河区南安倍３丁目 12-28

TEL　054-288-2131　　FAX　054-288-2133

URL　https://kyoei-syuppan.net/

MAIL siteform@kyoei-syuppan.net

教英出版　2025年春受験用　高校入試問題集

公立高等学校問題集

北海道公立高等学校
青森県公立高等学校
宮城県公立高等学校
秋田県公立高等学校
山形県公立高等学校
福島県公立高等学校
茨城県公立高等学校
埼玉県公立高等学校
千葉県公立高等学校
東京都立高等学校
神奈川県公立高等学校
新潟県公立高等学校
富山県公立高等学校
石川県公立高等学校
長野県公立高等学校
岐阜県公立高等学校
静岡県公立高等学校
愛知県公立高等学校
三重県公立高等学校(前期選抜)
三重県公立高等学校(後期選抜)
京都府公立高等学校(前期選抜)
京都府公立高等学校(中期選抜)
大阪府公立高等学校
兵庫県公立高等学校
島根県公立高等学校
岡山県公立高等学校
広島県公立高等学校
山口県公立高等学校
香川県公立高等学校
愛媛県公立高等学校
福岡県公立高等学校
佐賀県公立高等学校
長崎県公立高等学校
熊本県公立高等学校
大分県公立高等学校
宮崎県公立高等学校
鹿児島県公立高等学校
沖縄県公立高等学校

公立高 教科別8年分問題集

(2024年～2017年)

北海道(国·社·数·理·英)
宮城県(国·社·数·理·英)
山形県(国·社·数·理·英)
新潟県(国·社·数·理·英)
富山県(国·社·数·理·英)
長野県(国·社·数·理·英)
岐阜県(国·社·数·理·英)
静岡県(国·社·数·理·英)
愛知県(国·社·数·理·英)
兵庫県(国·社·数·理·英)
岡山県(国·社·数·理·英)
広島県(国·社·数·理·英)
山口県(国·社·数·理·英)
福岡県(国·社·数·理·英)

国立高等専門学校 最新5年分問題集

(2024年～2020年·全国共通)

対象の高等専門学校

釧路工業·旭川工業·
苫小牧工業·函館工業·
八戸工業·一関工業·仙台·
秋田工業·鶴岡工業·福島工業·
茨城工業·小山工業·群馬工業·
木更津工業·東京工業·
長岡工業·富山·石川工業·
福井工業·長野工業·岐阜工業·
沼津工業·豊田工業·鈴鹿工業·
鳥羽商船·舞鶴工業·
大阪府立大学工業·明石工業·
神戸市立工業·奈良工業·
和歌山工業·米子工業·
松江工業·津山工業·呉工業·
広島商船·徳山工業·宇部工業·
大島商船·阿南工業·香川·
新居浜工業·弓削商船·
高知工業·北九州工業·
久留米工業·有明工業·
佐世保工業·熊本·大分工業·
都城工業·鹿児島工業·
沖縄工業

高専 教科別10年分問題集

もっと過去問シリーズ
教科別
数学·理科·英語
(2019年～2010年)

学校別問題集

北海道

①札幌北斗高等学校
②北星学園大学附属高等学校
③東海大学付属札幌高等学校
④立命館慶祥高等学校
⑤北海高等学校
⑥北見藤高等学校
⑦札幌光星高等学校
⑧函館ラ・サール高等学校
⑨札幌大谷高等学校
⑩北海道科学大学高等学校
⑪遺愛女子高等学校
⑫札幌龍谷学園高等学校
⑬札幌日本大学高等学校
⑭札幌第一高等学校
⑮旭川実業高等学校
⑯北海学園札幌高等学校

青森県

①八戸工業大学第二高等学校

宮城県

①聖和学園高等学校(A日程)
②聖和学園高等学校(B日程)
③東北学院高等学校(A日程)
④東北学院高等学校(B日程)
⑤仙台大学附属明成高等学校
⑥仙台城南高等学校
⑦東北学院榴ケ岡高等学校
⑧古川学園高等学校
⑨仙台育英学園高等学校(A日程)
⑩仙台育英学園高等学校(B日程)
⑪聖ウルスラ学院英智高等学校
⑫宮城学院高等学校
⑬東北生活文化大学高等学校
⑭東北高等学校
⑮常盤木学園高等学校
⑯仙台白百合学園高等学校
⑰尚絅学院高等学校(A日程)
⑱尚絅学院高等学校(B日程)

山形県

①日本大学山形高等学校
②惺山高等学校
③東北文教大学山形城北高等学校
④東海大学山形高等学校
⑤山形学院高等学校

福島県

①日本大学東北高等学校

新潟県

①中越高等学校
②新潟第一高等学校
③東京学館新潟高等学校
④日本文理高等学校
⑤新潟青陵高等学校
⑥帝京長岡高等学校
⑦北越高等学校
⑧新潟明訓高等学校

富山県

①高岡第一高等学校
②富山第一高等学校

石川県

①金沢高等学校
②金沢学院大学附属高等学校
③遊学館高等学校
④星稜高等学校
⑤鵬学園高等学校

山梨県

①駿台甲府高等学校
②山梨学院高等学校(特進)
③山梨学院高等学校(進学)
④山梨英和高等学校

岐阜県

①鶯谷高等学校
②富田高等学校
③岐阜東高等学校
④岐阜聖徳学園高等学校
⑤大垣日本大学高等学校
⑥美濃加茂高等学校
⑦済美高等学校

静岡県

①御殿場西高等学校
②知徳高等学校
③日本大学三島高等学校
④沼津中央高等学校
⑤飛龍高等学校
⑥桐陽高等学校
⑦加藤学園高等学校
⑧加藤学園暁秀高等学校
⑨誠恵高等学校
⑩星陵高等学校
⑪静岡県富士見高等学校
⑫清水国際高等学校
⑬静岡サレジオ高等学校
⑭東海大学付属静岡翔洋高等学校
⑮静岡大成高等学校
⑯静岡英和女学院高等学校
⑰城南静岡高等学校
⑱静岡女子高等学校
⑲常葉大学附属常葉高等学校
　常葉大学附属橘高等学校
　常葉大学附属菊川高等学校
⑳静岡北高等学校
㉑静岡学園高等学校
㉒焼津高等学校
㉓藤枝明誠高等学校
㉔静清高等学校
㉕磐田東高等学校
㉖浜松学院高等学校
㉗浜松修学舎高等学校
㉘浜松開誠館高等学校
㉙浜松学芸高等学校
㉚浜松聖星高等学校
㉛浜松日体高等学校
㉜聖隷クリストファー高等学校
㉝浜松啓陽高等学校
㉞オイスカ浜松国際高等学校

愛知県

①[国立]愛知教育大学附属高等学校
②愛知高等学校
③名古屋経済大学市邨高等学校
④名古屋経済大学高蔵高等学校
⑤名古屋大谷高等学校
⑥享栄高等学校
⑦椙山女学園高等学校
⑧大同大学大同高等学校
⑨日本福祉大学付属高等学校
⑩中京大学附属中京高等学校
⑪至学館高等学校
⑫東海高等学校
⑬名古屋たちばな高等学校
⑭東邦高等学校
⑮名古屋高等学校
⑯名古屋工業高等学校
⑰名古屋葵大学高等学校
(名古屋女子大学高等学校)
⑱中部大学第一高等学校
⑲桜花学園高等学校
⑳愛知工業大学名電高等学校
㉑愛知みずほ大学瑞穂高等学校
㉒名城大学附属高等学校
㉓修文学院高等学校
㉔愛知啓成高等学校
㉕聖カピタニオ女子高等学校
㉖滝高等学校
㉗中部大学春日丘高等学校
㉘清林館高等学校
㉙愛知黎明高等学校
㉚岡崎城西高等学校
㉛人間環境大学附属岡崎高等学校
㉜桜丘高等学校

㉝光ヶ丘女子高等学校
㉞藤ノ花女子高等学校
㉟栄徳高等学校
㊱同朋高等学校
㊲星城高等学校
㊳安城学園高等学校
㊴愛知産業大学三河高等学校
㊵大成高等学校
㊶豊田大谷高等学校
㊷東海学園高等学校
㊸名古屋国際高等学校
㊹啓明学館高等学校
㊺聖霊高等学校
㊻誠信高等学校
㊼誉高等学校
㊽杜若高等学校
㊾菊華高等学校
㊿豊川高等学校

三重県

①暁高等学校(3年制)
②暁高等学校(6年制)
③海星高等学校
④四日市メリノール学院高等学校
⑤鈴鹿高等学校
⑥高田高等学校
⑦三重高等学校
⑧皇學館高等学校
⑨伊勢学園高等学校
⑩津田学園高等学校

滋賀県

①近江高等学校

大阪府

①上宮高等学校
②大阪高等学校
③興國高等学校
④清風高等学校
⑤早稲田大阪高等学校
（早稲田摂陵高等学校）
⑥大商学園高等学校
⑦浪速高等学校
⑧大阪夕陽丘学園高等学校
⑨大阪成蹊女子高等学校
⑩四天王寺高等学校
⑪梅花高等学校
⑫追手門学院高等学校
⑬大阪学院大学高等学校
⑭大阪学芸高等学校
⑮常翔学園高等学校
⑯大阪桐蔭高等学校
⑰関西大倉高等学校
⑱近畿大学附属高等学校
⑲金光大阪高等学校
⑳星翔高等学校
㉑阪南大学高等学校
㉒箕面自由学園高等学校
㉓桃山学院高等学校
㉔関西大学北陽高等学校

兵庫県

①雲雀丘学園高等学校
②園田学園高等学校
③関西学院高等部
④灘高等学校
⑤神戸龍谷高等学校
⑥神戸第一高等学校
⑦神港学園高等学校
⑧神戸学院大学附属高等学校
⑨神戸弘陵学園高等学校
⑩彩星工科高等学校
⑪神戸野田高等学校
⑫滝川高等学校
⑬須磨学園高等学校
⑭神戸星城高等学校
⑮啓明学院高等学校
⑯神戸国際大学附属高等学校
⑰滝川第二高等学校
⑱三田松聖高等学校
⑲姫路女学院高等学校
⑳東洋大学附属姫路高等学校
㉑日ノ本学園高等学校
㉒市川高等学校
㉓近畿大学附属豊岡高等学校
㉔夙川高等学校
㉕仁川学院高等学校
㉖育英高等学校

奈良県

①西大和学園高等学校

岡山県

①[県立]岡山朝日高等学校
②清心女子高等学校
③就実高等学校
(特別進学コース〈ハイグレード・アドバンス〉)
④就実高等学校
(特別進学チャレンジコース・総合進学コース)
⑤岡山白陵高等学校
⑥山陽学園高等学校
⑦関西高等学校
⑧おかやま山陽高等学校
⑨岡山商科大学附属高等学校
⑩倉敷高等学校
⑪岡山学芸館高等学校(1期1日目)
⑫岡山学芸館高等学校(1期2日目)
⑬倉敷翠松高等学校
⑭岡山理科大学附属高等学校
⑮創志学園高等学校
⑯明誠学院高等学校
⑰岡山龍谷高等学校

広島県

①[国立]広島大学附属高等学校
②[国立]広島大学附属福山高等学校
③修道高等学校
④崇徳高等学校
⑤広島修道大学ひろしま協創高等学校
⑥比治山女子高等学校
⑦呉港高等学校
⑧清水ヶ丘高等学校
⑨盈進高等学校
⑩尾道高等学校
⑪如水館高等学校
⑫広島新庄高等学校
⑬広島文教大学附属高等学校
⑭銀河学院高等学校
⑮安田女子高等学校
⑯山陽高等学校
⑰広島工業大学高等学校
⑱広陵高等学校
⑲近畿大学附属広島高等学校福山校
⑳武田高等学校
㉑広島県瀬戸内高等学校(特別進学)
㉒広島県瀬戸内高等学校(一般)
㉓広島国際学院高等学校
㉔近畿大学附属広島高等学校東広島校
㉕広島桜が丘高等学校

山口県

①高水高等学校
②野田学園高等学校
③宇部フロンティア大学付属香川高等学校
(普通科〈特進・進学コース〉)
④宇部フロンティア大学付属香川高等学校
(生活デザイン・食物調理・保育科)
⑤宇部鴻城高等学校

徳島県

①徳島文理高等学校

香川県

①香川誠陵高等学校
②大手前高松高等学校

愛媛県

①愛光高等学校
②済美高等学校
③FC今治高等学校
④新田高等学校
⑤聖カタリナ学園高等学校

福岡県

①福岡大学附属若葉高等学校
②精華女子高等学校（専願試験）
③精華女子高等学校（前期試験）
④西南学院高等学校
⑤筑紫女学園高等学校
⑥中村学園女子高等学校（専願入試）
⑦中村学園女子高等学校（前期入試）
⑧博多女子高等学校
⑨博多高等学校
⑩東福岡高等学校
⑪福岡大学附属大濠高等学校
⑫自由ケ丘高等学校
⑬常磐高等学校
⑭東筑紫学園高等学校
⑮敬愛高等学校
⑯久留米大学附設高等学校
⑰久留米信愛高等学校
⑱福岡海星女子学院高等学校
⑲誠修高等学校
⑳筑陽学園高等学校（専願入試）
㉑筑陽学園高等学校（前期入試）
㉒真颯館高等学校
㉓筑紫台高等学校
㉔純真高等学校
㉕福岡舞鶴高等学校
㉖折尾愛真高等学校
㉗九州国際大学付属高等学校
㉘祐誠高等学校
㉙西日本短期大学附属高等学校
㉚東海大学付属福岡高等学校
㉛慶成高等学校
㉜高稜高等学校
㉝中村学園三陽高等学校
㉞柳川高等学校
㉟沖学園高等学校
㊱福岡常葉高等学校
㊲九州産業大学付属九州高等学校
㊳近畿大学附属福岡高等学校
㊴大牟田高等学校
㊵久留米学園高等学校
㊶福岡工業大学附属城東高等学校
（専願入試）
㊷福岡工業大学附属城東高等学校
（前期入試）
㊸八女学院高等学校
㊹星琳高等学校
㊺九州産業大学付属九州産業高等学校
㊻福岡雙葉高等学校

佐賀県

①龍谷高等学校
②佐賀学園高等学校
③佐賀女子短期大学付属佐賀女子高等学校
④弘学館高等学校
⑤東明館高等学校
⑥佐賀清和高等学校
⑦早稲田佐賀高等学校

長崎県

①海星高等学校（奨学生試験）
②海星高等学校（一般入試）
③活水高等学校
④純心女子高等学校
⑤長崎南山高等学校
⑥長崎日本大学高等学校（特別入試）
⑦長崎日本大学高等学校（一次入試）
⑧青雲高等学校
⑨向陽高等学校
⑩創成館高等学校
⑪鎮西学院高等学校

熊本県

①真和高等学校
②九州学院高等学校
（奨学生・専願生）
③九州学院高等学校
（一般生）
④ルーテル学院高等学校
（専願入試・奨学入試）
⑤ルーテル学院高等学校
（一般入試）
⑥熊本信愛女学院高等学校
⑦熊本学園大学付属高等学校
（奨学生試験・専願生試験）
⑧熊本学園大学付属高等学校
（一般生試験）
⑨熊本中央高等学校
⑩尚絅高等学校
⑪文徳高等学校
⑫熊本マリスト学園高等学校
⑬慶誠高等学校

大分県

①大分高等学校

宮崎県

①鵬翔高等学校
②宮崎日本大学高等学校
③宮崎学園高等学校
④日向学院高等学校
⑤宮崎第一高等学校
（文理科）
⑥宮崎第一高等学校
（普通科·国際マルチメディア科·電気科）

鹿児島県

①鹿児島高等学校
②鹿児島実業高等学校
③樟南高等学校
④れいめい高等学校
⑤ラ・サール高等学校

新刊
もっと過去問シリーズ

愛知県

愛知高等学校
7年分（数学・英語）
中京大学附属中京高等学校
7年分（数学・英語）
東海高等学校
7年分（数学・英語）
名古屋高等学校
7年分（数学・英語）
愛知工業大学名電高等学校
7年分（数学・英語）
名城大学附属高等学校
7年分（数学・英語）
滝高等学校
7年分（数学・英語）

※もっと過去問シリーズは入学試験の実施教科に関わらず、数学と英語のみの収録となります。

教英出版
〒422-8054
静岡県静岡市駿河区南安倍3丁目12−28
TEL 054-288-2131
FAX 054-288-2133
詳しくは教英出版で検索
教英出版 検索
URL https://kyoei-syuppan.net/

令和６年度
入学試験問題

国　語

試験時間

9:00～9:50（50分）

注意事項

1　試験開始の指示があるまで、この問題用紙を開いてはいけません。

2　試験開始の合図があったら、この問題用紙の所定欄に受験番号を記入しなさい。また、マーク式解答用紙（マークシート）には出身中学校と受験番号を記入して、受験番号をマークしなさい。

3　マーク式解答用紙にマークし、各設問に記す解答番号に対応した解答欄にマークしなさい。

4　問題は16ページまであります。ページの脱落などがあった場合は、手をあげて試験監督に申し出なさい。

受験番号					

大阪夕陽丘学園高等学校

一 次の文章を読み、以下の各問いに答えなさい。

①うつくしきもの。瓜《うり》にかきたるちごの顔。雀《すずめ》の子の、ねず鳴きするにをどり来る。二つ三つばかりなるちごの、いそぎてはひ来る道に、いとちひさき塵《ちり》のありけるを目ざとに見つけて、いとをかしげなるおよびにとらへて、大人などに見せたる、いとうつくし。頭は*あまそぎなるちごの、目に髪の②おほへるをかきはやらで、うちかたぶきて物など見たるも、うつくし。おほきにはあらぬ*殿上童のさうぞきたてられてありくもうつくし。をかしげなるちごの、③あからさまにいだきて遊ばしうつくしむほどに、かいつきて寝たる、いとらうたし。雛《ひな》の調度。蓮の浮葉のいとちひさきを、池よりとりあげたる。葵のいとちひさき。なにもなにも、ちひさきものはみなうつくし。

④いみじうしろく肥えたるちごの二つばかりなるが、二藍のうすものなど、衣ながにてたすき結ひたるがはひ出でたるも、また、みじかきが袖がちなる着てありくも、みなうつくし。八つ、九つ、十ばかりなどの男児の、声はをさなげにてふみ読みたる、⑤いとうつくし。

(『枕草子』第一五一段による)

(注) *あまそぎ……おかっぱ頭のこと。
*殿上童……見習いの貴族の子どものこと。

問一 ——部①「うつくしき」の表す意味として、最も適当なものを1～4の中から一つ選びなさい。解答番号は[1]。

1 きれい　2 かわいい　3 ちいさい　4 ひどい

問二 ——部②「おほへるをかきはやらで」を現代仮名遣いで表したものとして、最も適当なものを1～4の中から一つ選びなさい。解答番号は[2]。

1 おおえるをかきわやらで　2 おおへるをかきわやらで
3 おおえるをかきはやらで　4 おほえるをかきはやらで

問三　――部③「あからさまに」の表す意味として、最も適当なものを1～4の中から一つ選びなさい。解答番号は[3]。

1　ちょっと　　2　あきらかに　　3　わざと　　4　おおいに

問四　――部④「いみじう」の表す意味として、最も適当なものを1～4の中から一つ選びなさい。解答番号は[4]。

1　少しばかり　　2　ほとんど　　3　たくさん　　4　たいへん

問五　――部⑤「いとうつくし」とは何に対して述べているのか、最も適当なものを1～4の中から一つ選びなさい。
解答番号は[5]。

1　八つ、九つ、十ばかりの小さな男の子が、幼い声で書物を読んでいること。
2　八つ、九つ、十ばかりの幼い男の子が、小さな声で書物を読んでいること。
3　八つ、九つ、十にもならない幼い男の子が、たどたどしく書物を読んでいること。
4　八つ、九つ、十ぐらいに見える小さい男の子が、おとなしい声で書物を読んでいること。

問六　「うつくしきもの」として本文中で述べられていないものを1～4の中から一つ選びなさい。解答番号は[6]。

1　瓜に描いた幼い子どもの顔。
2　ねずみの子のように鳴く雀の子。
3　立派な着物を着せられている殿上童。
4　小さいもの何もかもみな全て。

問七　本文の出典は『枕草子』である。この作品の作者として、最も適当なものを1～4の中から一つ選びなさい。
解答番号は[7]。

1　紫式部　　2　兼好法師　　3　菅原孝標女　　4　清少納言

二 次の各問いに答えなさい。

問一 次の意味を表す故事成語の（　　）に入れる語として、最も適当なものを1～4の中から一つずつ選びなさい。
解答番号は 8 ～ 10 。

(1) 蛍（　　）の功 8

・意味 苦学を経て成功すること。

1 葉　2 雲　3 雪　4 光

(2) 塞翁《さいおう》が（　　） 9

・意味 人生の幸不幸は予測できないことのたとえ。

1 馬　2 牛　3 犬　4 鳥

(3) 漁夫の（　　） 10

・意味 二者が争っているすきに、第三者が利益を横取りすること。

1 得　2 益　3 利　4 宝

問二 次の（　　）に入れる慣用句として、最も適当なものを1～4の中から一つずつ選びなさい。
解答番号は 11 ～ 13 。

(1) あの問題が無事に解決できて（　　）。 11

1 胸に刻む　2 胸がおどる
3 胸を打つ　4 胸がすく

(2) 重い沈黙を破って会話の（　　）のは、いつもおとなしい友人だった。 12

1 口を割った　2 口を切った
3 口をそろえた　4 口を合わせた

(3) 彼女の（　　）物言いは、いつ聞いていても小気味が良い。 13

1 油を売る　2 歯に衣着せぬ
3 煙に巻く　4 火に油を注ぐ

問三　次の会話文中の(1)〜(3)の（　）に入れるカタカナ語として、最も適当なものを1〜6の中から一つずつ選びなさい。
解答番号は(1) **14** ・(2) **15** ・(3) **16** 。

> 先生　「では、修学旅行でどこに行きたいか、各グループにこれから（ (1) ）を行ってもらいます。まず、Aグループお願いします」
>
> Aグループ「はい。私たちは、どのような所に行きたいのか、とクラス全員に質問して、全体の意見を事前に（ (2) ）しました。その結果を表にまとめたのがこちらです。第一位の意見が「暖かいところ」でしたので、沖縄へ行くことを提案したいと思います。こちらの写真をご覧ください。沖縄は暖かいのはもちろん、料理もおいしく、さらに歴史も学べます。修学旅行には、ぜひ沖縄へ行きたいと思います。」
>
> 先生　「ありがとうございました。続いてBグループお願いします。」
>
> Bグループ「はい。私たちは北海道について調べました。まず、北海道の景色の写真をご覧ください。ラベンダー畑がとても美しいと思いませんか。さらに、牧場の写真と案内パンフレットです。こちらでは、牧場体験をすることができます。ただし、体験することができる人数が限られていることが（ (3) ）です。その代わり、牧場体験ができない人は近くの畑でとうもろこしの収穫体験ができます。私たちは、北海道へ行きたいと思います。」
>
> 先生　「ありがとうございました。」

1　ディベート　　2　メリット　　3　リサーチ
4　アンケート　　5　プレゼンテーション　　6　デメリット

問四　――部に相当する漢字を含むものとして、最も適当なものを1〜4の中から一つずつ選びなさい。
解答番号は **17** 〜 **18** 。

(1)　今回の作品はカイシンの出来ばえだ。　**17**
1　改変　　2　会釈　　3　回答　　4　不快

(2)　誰も手を付けない問題の解決をハカる。　**18**
1　計測　　2　重量　　3　時計　　4　図工

問五　次のA～Dの俳句について後の問いに答えなさい。解答番号は 19 ～ 20 。

A ※

B ※

C ※

D 谺《こだま》して山ホトトギスほしいまま

(1) A～Dのうち一つだけ季節が異なる俳句を選び、その季節として最も適当なものを後の1～4の中から一つ選びなさい。 19

1 春　　2 夏　　3 秋　　4 冬

(2) Dの俳句の作者として、最も適当なものを1～4の中から一つ選びなさい。 20

1 中村草田男　　2 杉田久女　　3 加藤楸邨《しゅうそん》　　4 正岡子規

問六　次のAとBの和歌について後の問いに答えなさい。解答番号は 21 ～ 22 。

A ちはやぶる神世《かみよ》も聞かずたつた河《がは》から紅《くれなゐ》に水くくるとは

B 東の野にかぎろひの立つ見えてかへり見すれば月かたぶきぬ

(1) Aの――部「ちはやぶる」の技法として、最も適当なものを1～4の中から一つ選びなさい。 21

1 掛詞　　2 序詞　　3 枕詞　　4 係り結び

(2) Bの和歌の作者として、最も適当なものを1～4の中から一つ選びなさい。 22

1 柿本人麻呂　　2 山部赤人　　3 山上憶良　　4 在原業平

問七　作者と作品の組み合わせとして、最も適当なものを次の1～6の中から二つ選びなさい。解答番号は 23 ～ 24 。

1 作者：樋口一葉　作品：『みだれ髪』
2 作者：太宰治　作品：『人間失格』
3 作者：三島由紀夫　作品：『舞姫』
4 作者：夏目漱石　作品：『一握の砂』
5 作者：高村光太郎　作品：『智恵子抄』
6 作者：井伏鱒二　作品：『細雪』

三 次の文章を読み、以下の各問いに答えなさい。

①秋もおわりのある寒い夜のことである。岡《おか》の上の畑のまん中にたっている一軒家《いっけんや》で、小説家のフン先生は、冷飯《ひやめし》に大根のつめたいみそ汁《しる》をぶっかけて、その日七度目にあたる食事を胃の中へ流し込《こ》んでいた。

「ぶるぶるぶる。べつに大きな望みはないけれども、せめてこんな寒い夜には、熱いインスタントラーメンでもたべたいものだ。おやおや、もうお釜《かま》の中にはごはんがないな。明日はまた一週間分のごはんを②たかなくてはならんな」

フン先生はでこぼこの大釜で一週間分のごはんを一度に③たき、ふたのない古なべ④でバケツひとつ分ぐらいのみそ汁を煮《に》ることにしている。

これは、フン先生がものぐさのめんどうくさがり屋であるせいもあるが、⑤じつは一週間分の食事をまとめてつくってしまった方が、そのつど、炊事《すいじ》をするよりも燃料が⑥安くあがるの⑦で先生にとって大きな⑧魅力《みりょく》だったのである。

（井上ひさし『ブンとフン』新潮文庫刊による）

問一 ――部①「秋もおわりのある寒い夜のことである」の文節数として、最も適当なものを1～4の中から一つ選びなさい。解答番号は 25 。

1 五　2 六　3 七　4 八

問二 ――部⑤「ものぐさの」・⑥「安く」の品詞名として、最も適当なものを1～4の中から一つずつ選びなさい。解答番号は⑤ 26 ・⑥ 27 。

⑤「ものぐさの」 26　1 形容動詞　2 副詞　3 形容詞　4 名詞

⑥「安く」 27　1 動詞　2 連体詞　3 形容詞　4 名詞

問三　——部②「たか」・③「たき」の活用形として、最も適当なものを1～6の中からそれぞれ一つずつ選びなさい。
解答番号は② 28 ・③ 29 。

1　未然形　　2　連用形　　3　終止形　　4　連体形　　5　仮定形　　6　命令形

問四　——部④「で」・⑦「で」と同じ意味・用法として、最も適当なものを1～4の中からそれぞれ一つずつ選びなさい。
解答番号は④ 30 ・⑦ 31 。

1　日曜日に、公園で遊びましょう。
2　この料理は何でできていますか。
3　今日は大雨で、出かけることができない。
4　東京へは、新幹線で行きました。

問五　——部⑧「魅力だったのである」の主語として、最も適当なものを1～4の中から一つ選びなさい。解答番号は 32 。

1　これは　　2　フン先生が　　3　じつは　　4　燃料が

四　次の文章を読み、以下の各問いに答えなさい。

つんどく法

ものを調べるときに、本を読んで、カード、あるいはノートをとるというのは、いまではもっとも正統的な方法となっている。けれども、すべての人が、そういうことをしているわけではない。そうしなければ、知識の整理ができないわけでもないのである。

まえにものべたように、カードにしろ、ノートにしろ、いちいち手書きにしなくてはならない。時間もかかる。せっかく書きとめたものが全部が全部、あとで使えるわけでもない。後々の役に立てるということもあるが、それはⓐグウゼンに支配される。かならず生きるとは言い切れない。うっかりすると、そういうノートがあったことすら忘れられてしまう。

カードにしても、ノートにしても、作るのはなまやさしくはないが、①アフターケアともいうべきものがたいへんである。よほど管理をよくしないと、②いたずらに山のような〝資料〟をかかえることになってしまう。

人には向き不向きということがある。ほかの人にとって、どんなにすぐれた方法であっても、自分でやってみると、うまくいかないということは、これに限らずいくらでもある。

カードでもなく、ノートでもなく、知識を*蒐集《しゅうしゅう》し、これをまとめて、論文にするのに、多く行なわれているのが、これからⓑショウカイしようとする、当ってくだけろ、の無手勝流の読書法である。

まず、テーマに関連のある参考文献を集める。集められるだけ集まるまで読み始めないでおく。これだけしかない、というところまで資料が集まったら、これを机の［　A　］に積み上げる。

これを片端から読んで行くのである。よけいなことをしていては読み終えることができない。メモ程度のことは書いても、ノートやカードはとらない。

それでは忘れてしまうではないか、と心配になる人は、カード派であり、ノート派である。そういう向きは、この当ってくだけろの方法のまねはしないこと。③まねしてもうまく行くはずがない。

すべては頭の中へ記録する。もちろん、忘れる。ただ、ノートにとったり、カードをつくったりするときのように、きれいさっぱりとは忘れない。不思議である。

どうやら、④記録したと思う安心が、忘却をⓒ促進するらしい。昔、ある大学者が、訪ねてきた同郷《どうきょう》の後輩の大学生に、一字一句教授のことばをノートにとるのは愚《ぐ》だと訓《おし》えた。いまどきの大学で、ノートをとっている学生はいないけれども、戦前の講義といえば、一字一句ノートするのが常識であった。教授も、筆記に便《べん》なように、一句一句、ゆっくり話したものだ。

その大学者はそういう時代に、全部ノートするのは結局頭によく入らないという点に気付いていたらしい。大事な数字のほかは、ごく要点だけをノートに記入する。その方がずっとよく印象に残るというのである。

字を書いていると、そちらに気をとられて、⑤内容がおるすになりやすい。そう言えばかつて、講演をききに来た女性は、きそって、メモを書いた。みんな下を向いて、うす暗いところで、鉛筆やペンを走らせた。やはりノート派の考えにしばられていたのであろう。そういうメモをあとになって読み返すことはまずない。それだのに、字を書いていて話の流れを見失ってしまう。⑥どちらもだめになってしまう。講演をきいてメモをとるのはⓓ賢明でない。

それをだれがいつ教えたのかわからない。気がついてみると、メモをとっている聴衆、ことに女性はいなくなってしまった。いつのまにか変化がおこったのである。ただ、主催者側には⑦旧派がいて、きょうは、熱心にメモをとっている人も［B］見られました……などと言って喜ぶ。新聞にも、そういう文句の入った記事が［C］目につく。

［D］耳を傾けていた方が、話はよく頭に入るのである。

⑧もうひとつは関心がものを言う。メモやノートをとらなくても、興味のあることはそんなに簡単に忘れるものではない。忘れるのは、関心のないなによりのⓔショウコである。知りたいという気持が強ければ、頭の中のノートへ書き込めば、なかなか消えない。もっと頭を信用してやらなくては、⑨頭がかわいそうだ。当ってくだけろ派はそういう風に考えるのである。

かりに、関連文献が十冊あるとする。これを一冊一冊読んで行く。三冊目くらいから、互いにⓕ重複するところが出てくる。そうすると、これが常識化した事柄、あるいは［E］となっているらしいと見当がつく。前の本と逆の考えや知識があらわれれば、ここでは［F］が分かれているのだとわかる。

はじめの一冊がもっとも時間を食う。したがってまず［G］的なものから読むようにする。同じ問題についての本をたくさん読めば、あとになるほど、読まなくてもわかる部分が多くなる。最初の一冊に三日かかったとしても、十冊で三十日、などという計算にはならない。一気に読み上げるのは、案外、［H］的である。

読み終えたら、なるべく早く、まとめの文章を書かなくてはいけない。⑩ほとぼりをさましてしまうと、急速に忘却が進むからである。本当に大切なところは忘れないにしても、細部のことは、そんなにいつまでも、鮮明に記憶されているとはかぎらない。

たくさんの知識や事実が、頭の中で渦《うず》巻いているときに、これをまとめるのは、思ったほど楽ではない。まとめをきらう知見が多いからである。しかし、ノートもカードもないのだから、頭のノートがあとからの記入で消える前に整理を完了しなくてはいけない。

本を積んで、これを読破するのだから、これをつんどく法と名付けてもよい。普通、つんどくというのは、本を積み重ねておくばかりで読まないのを意味するが、⑪つんどく法は文字通り、積んで、そして、読む勉強法である。そして、これがなかなか［　Ⅰ　］的である。昔の人は多くこの方法によっていたのではないかと想像される。

自分の頭をノートにする。カードにする。それに書き入れたことを、必要に応じて、引き出してくる。記憶力がよくないといけない。昔の学者に⑫博覧強記《はくらんきょうき》の人が多かったのは不思議ではない。

本の数がすくない。参考文献、＊レファレンス用の辞典類もほとんどないという時代、知識を得ようとすれば、記憶にたよるほかない。本が多くなり、忘れたことを思い出す⑬手段がととのってくるにつれて、われわれの頭は忘れっぽくなってきた。いまどき博覧強記と言われる人は珍しい。そう言われても、かってほど名誉でもない。

しかし、一時的な博覧強記は⑭知識の整理にとってたいへん有効である。つんどく法は、集中読書、集中記憶によって、短期間、ある問題に関しての博覧強記の人間になるのである。

ただ、これをすぐ記録にしておかないと、強記した内容が消えてしまう。そして、論文や原稿ができてしまえば、安心、忘れてやる。いつまでもそれにこだわるのは、あとあとの知識の習得、つぎのつんどく勉強のじゃまになる。しかし、いくら忘れようとしても、いくつかのことはいつまでも残る。

これはその人の深部の興味、関心とつながっているからである。忘れてよいと思いながら、忘れられなかった知見によって、ひとりひとりの知的個性は形成される。つんどく派にスタイルのはっきりした知識人が多いように思われるのはグウゼンではあるまい。

一見、なまけもののように見えるが、⑮つんどく法は古典的であると同時に、現代的でもある。われわれがとくに意識しないで勉強しているのはこのつんどく法の変形によることが多い。

（外山滋比古『思考の整理学』「つんどく法」ちくま文庫による）

（注）＊蒐集…………趣味のものや興味があるものを熱心に集めること。
＊レファレンス……参照の意味。

問一 ＝＝部ⓐ「グウゼン」・ⓑ「ショウカイ」・ⓔ「ショウコ」のカタカナ傍線部に相当する漢字として、最も適当な漢字を1～4の中から一つずつ選びなさい。解答番号は[33]～[35]。

ⓐ「グウゼン」 [33]　1 寓　2 隅　3 遇　4 偶

ⓑ「ショウカイ」 [34]　1 招　2 紹　3 照　4 召

ⓔ「ショウコ」 [35]　1 拠　2 処　3 個　4 来

問二 ＝＝部ⓒ「促進」ⓓ「賢明」ⓕ「重複」の漢字の読み方として、最も適当なものを1～4の中から一つずつ選びなさい。解答番号は[36]～[38]。

ⓒ「促進」 [36]　1 さいしん　2 ちょくしん　3 すいしん　4 そくしん

ⓓ「賢明」 [37]　1 かんみょう　2 かくめい　3 けんめい　4 けんみょう

ⓕ「重複」 [38]　1 じゅうぷく　2 ちょうふく　3 えいふく　4 しゅうふく

問三 ――部①「アフターケア」とあるが、これを言いかえた言葉として適していないものを、1～4の中から一つ選びなさい。解答番号は[39]。

1 保存　2 整理　3 維持　4 記録

問四 ――部②「いたずらに」の本文中の意味として、最も適当なものを1～4の中から一つ選びなさい。解答番号は[40]。

1 迷惑に　2 むだに　3 おもむろに　4 簡単に

問五　[A]には、「端、側」を意味する体の部位を表す言葉が入る。その言葉として、最も適当なものを1～4の中から一つ選びなさい。解答番号は[41]。

1　脇　　2　頭　　3　胸　　4　腕

問六　――部③「まねしてもうまく行くはずがない」とあるが、筆者がそのように考える理由として、最も適当なものを1～4の中から一つ選びなさい。解答番号は[42]。

1　まねをすることは良識に反することであり、その罪の意識によって目的を遂行することができないから。
2　ほかの人が実践することをその通りにまねても、行動の本質を捉えることができないから。
3　その人によって適性となる方法があるため、ほかの人のまねをしても物事は首尾よく運ばれないから。
4　自分にとっての向き不向きを主体的に判断しないと、能動的な行動を起こすことはできないから。

問七　――部④「記録したと思う安心」とあるが、これを説明したものとして、最も適当なものを1～4の中から一つ選びなさい。解答番号は[43]。

1　テーマに関連する書籍の情報を断片的にでも頭の中に入れ込むことで、記録できたと思う安心のこと。
2　関連文献を片端から読破しそれをノートやカードに必ず手で書くことで、記録できたと思う安心のこと。
3　必要なときに取り出せるように知識や事実を頭の中にまとめたことで、記録できたと思う安心のこと。
4　講義や書籍で見聞きした内容を何かに書きとめることで、記録できたと思う安心のこと。

問八　――部⑤「内容がおるす」とあるが、これはどのような様子かを考えたときに想定できる行動として、最も適当なものを1～4の中から一つ選びなさい。解答番号は[44]。

1　大学の講義内容についてたずねられても、書きとめたノートからはその講義の全内容を伝えることができない。
2　大学の講義内容についてたずねられても、要点を伝えることはできるが全体の流れを伝えることはできない。
3　大学の講義内容についてたずねられても、たとえノートを読み返しても機械的にしか内容を伝えることができない。
4　大学の講義内容についてたずねられても、大学教授が話したことが理解できないので伝えることができない。

問九　——部⑥「どちらもだめになってしまう」とあるが、これを表すことわざとして、最も適当なものを1～4の中から一つ選びなさい。解答番号は［45］。

1　右手に円を描き左手に方を描く
2　馬の耳に念仏
3　待てば海路の日和あり
4　鵜の真似をする烏

問十　——部⑦「旧派」とあるが、これを説明したものとして、最も適当なものを1～4の中から一つ選びなさい。解答番号は［46］。

1　メモを走らせることに必死で、内容を理解できないことを後悔している人たち。
2　大学の講義で教授の一字一句をノートに記入する戦前の人たち。
3　講演中、きそって鉛筆やペンを走らせた女性たち。
4　一字一句ノートに記入することを推奨している、古い考えを持った人たち。

問十一　［B］～［D］に入れる語として、最も適当なものを1～4の中から一つずつ選びなさい。解答番号は［47］～［49］。

B［47］　1　たくさん　2　しっかり　3　はっきり　4　ちらほら
C［48］　1　しばしば　2　たしかに　3　ときどき　4　いろいろ
D［49］　1　もっぱら　2　うっかり　3　ぼんやり　4　ひそかに

問十二　——部⑧「もうひとつは関心がものを言う」とあるが、これを説明したものとして、最も適当なものを1～4の中から一つ選びなさい。解答番号は［50］。

1　話が頭の中によく入るためには、メモをしっかり取ることに加えて、関心があることが効果を生むこと。
2　記録したものをすぐに忘れないようにするためには、耳を傾けるよりも、関心がある方が効果を生むこと。
3　話の流れを理解するためには、メモを取らないで聞くことに加えて、関心があることが効果を生むこと。
4　講演の内容を覚えるためには、参考文献を読むことだけでなく、関心があることが効果を生むこと。

問十三 ――部⑨「頭がかわいそうだ」に用いられている修辞法として、最も適当なものを1～4の中から一つ選びなさい。

解答番号は 51 。

1 直喩　2 隠喩
3 体言止め　4 擬人法

問十四 [E]、[F] に入る語の組み合わせとして、最も適当なものを1～4の中から一つ選びなさい。

解答番号は 52 。

1 E 定説　F 定説
2 E 定説　F 諸説
3 E 諸説　F 諸説
4 E 諸説　F 定説

問十五 [G] ～ [I] に入れる語として、最も適当なものを1～4の中から一つずつ選びなさい。

解答番号は 53 ～ 55 。

G 53　1 主観　2 発展　3 客観　4 標準
H 54　1 効率　2 理想　3 基本　4 本格
I 55　1 絶対　2 合法　3 効果　4 能動

問十六 ――部⑩「ほとぼりをさまし」とあるが、これの意味として最も適当なものを1～4の中から一つ選びなさい。

解答番号は 56 。

1 焦った気持ちが落ち着くこと。　2 作業の最終目標を見失うこと。
3 関心や熱中する気持ちが収まること。　4 入れこんだ知識が薄れていくこと。

問十七　――部⑪「つんどく法」とあるが、これを行うことで得られる結果として、本文から抜き出した適当でないものを1～4の中から一つ選びなさい。解答番号は 57 。

1　ある問題に関しての博覧強記の人間になるのである
2　いくら忘れようとしても、いくつかのことはいつまでも残る
3　ひとりひとりの知的個性は形成される
4　本を積み重ねておくばかりで読まない

問十八　――部⑫「博覧強記」とあるが、これの意味として、最も適当なものを1～4の中から一つ選びなさい。解答番号は 58 。

1　経験によって得た知識を活かして、その場の困難を乗り越えること。
2　書物を読むことよりも実際に体験することを重視して、そこから知見を得ること。
3　世界中にある珍しいものだけを見知っており、それらに関する知識に長けていること。
4　幅広く読んだ書物の知識をしっかり覚え、あらゆることに物知りなこと。

問十九　――部⑬「手段」の対義語として、最も適当なものを1～4の中から一つ選びなさい。解答番号は 59 。

1　方法　　2　目的　　3　利用　　4　目標

問二十　――部⑭「知識の整理にとってたいへん有効である」とあるが、これの理由を説明したものとして、最も適当なものを1～4の中から一つ選びなさい。解答番号は 60 。

1　一つのテーマにしぼった関連文献を読むことで、体系的な知識が蓄積され整理しやすくなるから。
2　一時的とはいえ、多くの知識を得ることは、頭の中から引き出せる情報が多くなるから。
3　参考文献や辞典類もほとんどない現代において、記憶力が増すことは論文執筆の役に立つから。
4　少ない本から得た知識を組み合わせることで、一つのテーマに隠された本当の意味が分かるから。

問二十一　――部⑮「つんどく法は古典的であると同時に、現代的でもある」とあるが、これを説明したものとして、最も適当なものを1～4の中から一つ選びなさい。解答番号は 61 。

1 その人が持つ関心や深部の興味とつながる「つんどく法」は、時代を経ても本質的に変わりはないこと。

2 昔は「つんどく法」と呼ばれていたものが、現代では「当ってくだけろ」と名前を変えて引き継がれていること。

3 いつの時代でも講義の要点だけを書きとる学生が多いため「つんどく法」が常に有効であること。

4 本が少ない時代では記憶にたよる読書法が「つんどく法」と呼ばれ、現代を先取りした方法であったこと。

問二十二　この文章について述べた次の文のうち、最も適当なものを1～4の中から一つ選びなさい。

解答番号は 62 。

1「つんどく法」が現代まで引き継がれているのは、人間の記憶力には限界があるので、あるテーマに関連した知識や知見を整理するための必然的な手段として必要だからである。

2「つんどく法」が発展してきた背景には、関連書籍の情報をノートやカードに全て書き出すことよりも、より効率的な方法として必要な情報だけをメモに取ることを、大学の教授が提案したという経緯がある。

3「つんどく法」が適していない人と適している人との間に能力の差異はないが、後者のほうがより先進的でかつ絶対的な整理法であるので、未来へと引き継がなければならない。

4「つんどく法」とは、あるテーマに関する情報を整理する機能的な方法であり、またその人の思想形成にも影響を及ぼすが、向き不向きがあるため無理をして行う必要はない。

問題は以上です。

令和6年度
入学試験問題

数　学

試験時間

10:20～11:10（50分）

注意事項

1　試験開始の指示があるまで、この問題用紙を開いてはいけません。

2　試験開始の合図があったら、この問題用紙の所定欄に受験番号を記入しなさい。また、マーク式解答用紙（マークシート）には出身中学校と受験番号を記入して、受験番号をマークしなさい。

3　マーク式解答用紙にマークし、各設問に記す解答番号に対応した解答欄にマークしなさい。

4　問題は12ページまであります。ページの脱落などがあった場合は、手をあげて試験監督に申し出なさい。

受験番号					

大阪夕陽丘学園高等学校

1　次の計算の結果として適切なものを１つ選びなさい。

問１　$9+(-14)$　[1]

① 5　② -5
③ 23　④ -23

問２　$\left(-\frac{3}{8}\right)+\left(-\frac{3}{4}\right)\times 2\div\frac{6}{5}$　[2]

① $\frac{7}{8}$　② $-\frac{13}{8}$
③ $-\frac{15}{8}$　④ $-\frac{87}{40}$

問３　$(-6)^2\div(-3^2)+2^3\div(-1)^5$　[3]

① 4　② -4
③ 12　④ -12

問４　$\frac{3x+1}{6}-\frac{3x-4}{12}$　[4]

① $\frac{x+2}{4}$　② $\frac{3x+2}{4}$
③ $\frac{3x-2}{12}$　④ $\frac{9x-2}{12}$

問5　$\left(-\frac{5}{4}x\right)^2 \div \left(-\frac{15}{2}xy^2\right) \div \frac{x^2}{9y}$　[5]

①　$\frac{15}{8}x^5y$　②　$-\frac{15}{8}x^5y$

③　$\frac{15}{8xy}$　④　$-\frac{15}{8xy}$

問6　$(2x+1)(2x-1)-(x+3)(x-1)$　[6]

①　$3x^2-2x-4$　②　$3x^2+2x-4$

③　$3x^2-2x+2$　④　$3x^2+2x+2$

問7　$\frac{\sqrt{2}\left(2\sqrt{2}-3\right)-\left(2\sqrt{3}-3\sqrt{2}\right)}{\sqrt{6}}$　[7]

①　$\frac{\sqrt{6}}{6}$　②　$\frac{2\sqrt{6}-2\sqrt{3}}{3}$

③　$\frac{2\sqrt{6}-3\sqrt{2}}{3}$　④　$\frac{2\sqrt{6}-6\sqrt{3}-3\sqrt{2}}{3}$

2　次の式を因数分解したときの結果として適切なものを１つ選びなさい。

問１　$x^2-10x-24$　　8

①　$(x+6)(x+4)$　　②　$(x-6)(x-4)$

③　$(x+2)(x-12)$　　④　$(x-2)(x+12)$

問２　$\frac{16}{3}x^3y+8x^2y^2+3xy^3$　　9

①　$\frac{xy}{3}(4x+3y)^2$　　②　$\frac{x^2y^2}{3}(4x+3y)$

③　$3xy(4x+3y)^2$　　④　$3x^2y^2(4x+3y)$

3　次の方程式の解として適切なものを１つ選びなさい。

問１　$-7x-3=-4x+6$　　10

① $x=1$　　② $x=-1$

③ $x=3$　　④ $x=-3$

問２　$\frac{5}{6}-\frac{3}{4}x=\frac{1}{8}x+2$　　11

① $x=\frac{4}{3}$　　② $x=-\frac{4}{3}$

③ $x=\frac{28}{15}$　　④ $x=-\frac{28}{15}$

問３　$\begin{cases} 4x+6y=-5 \\ y=-\frac{3x+5}{2} \end{cases}$　　12

① $x=2,\ y=-\frac{1}{2}$　　② $x=-2,\ y=\frac{1}{2}$

③ $x=4,\ y=-\frac{11}{6}$　　④ $x=-4,\ y=\frac{11}{6}$

問４　$x^2+6x-3=0$　　13

① $x=3\pm\sqrt{6}$　　② $x=-3\pm\sqrt{6}$

③ $x=3\pm2\sqrt{3}$　　④ $x=-3\pm2\sqrt{3}$

4　次の問いの答えとして適切なものを1つ選びなさい。

問1　n, Nを自然数とする。$N-1 \leqq \sqrt{n} < N+1$を満たすようなnの値が24個あるとき，Nの値はどれか。　14

①　$N=4$　　②　$N=5$
③　$N=6$　　④　$N=7$

問2　次の文A～Cのうち，xとyが反比例の関係にあるものをすべて選んだものはどれか。　15

A. 値段がx円のある商品をy個買ったとき，合計金額は2000円であった。
B. 道のりxmを分速70mで歩いたとき，かかった時間はy分であった。
C. 1辺$x$cmの正方形を横一列にすきまなくy個並べたとき，できた長方形の面積は200cm^{2}であった。

①　Aのみ　　②　Bのみ
③　AとC　　④　BとC

問3　関数$y=-\frac{1}{4}x^2$において，xの値が-3から1まで増加するときの変化の割合はどれか。　16

①　$\frac{1}{2}$　　②　$-\frac{1}{2}$
③　$\frac{1}{4}$　　④　$-\frac{1}{4}$

問4　ある町では数年前に新しい町長が就任し，町民からの支持率は65%であった。現在では，町長就任時から町民が30%増加し，町長の支持者も936人増加したが，支持率は62%であった。現在の町民は何人か。　17

① 6000人　② 6600人
③ 7200人　④ 7800人

問5　ある作業をAさんとBさんが最初から2人同時に行うと6日かかる。また，最初にAさん1人で4日作業し，そのあとBさん1人で作業を行うと，2人あわせて13日かかる。Aさん1人で最初から作業を行うとき，何日かかるか。　18

① 10日　② 12日
③ 15日　④ 18日

問6　連続する2つの正の偶数をともに2乗し，その和を求めると884であった。この2数のうち，小さい方の数はどれか。　19

① 18　② 20
③ 22　④ 24

問7　Aの箱には1，3，5，7，9の数字が書かれたカードが1枚ずつ，Bの箱には2，4，6，8の数字が書かれたカードが1枚ずつ入っている。AとBの箱からカードを1枚ずつ引き，その差の絶対値が1となる確率はいくらか。　20

① $\frac{1}{5}$　② $\frac{3}{10}$
③ $\frac{2}{5}$　④ $\frac{9}{20}$

問８　次の図において，３点 B，C，D は点 O を中心とする円周上にあり，直線 AB は円の接線である。$\angle \mathrm{BCD} = 116°$ であるとき，$\angle \mathrm{DAB}$ の大きさはどれか。　21

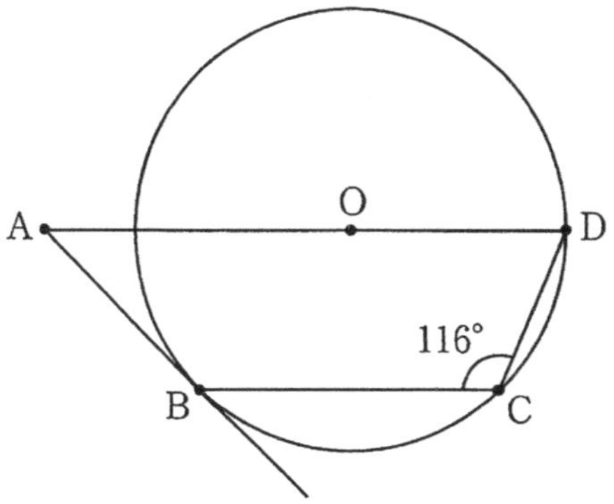

① 26°　　② 38°
③ 46°　　④ 64°

問９　円周率を π とする。次の図のように，高さが 4 cm の円柱の容器に水を満たしたあと，直径が 8 cm の球を容器の底まで沈めた。容器の水はあふれ，残った水の量は $\frac{304}{3}\pi \mathrm{cm}^3$ であった。この円柱の容器の底面である円の半径はどれか。　22

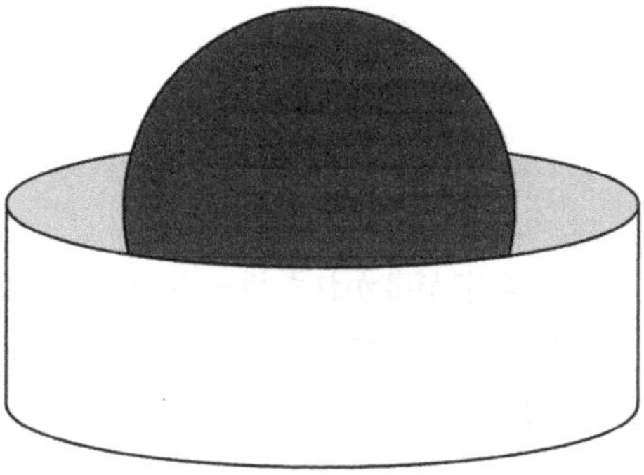

① 6 cm　　② 8 cm
③ 10 cm　　④ 12 cm

問 10　a，b を自然数とする。次の表は，あるクラスの小テストの結果を度数分布表で表したものである。60 点以上 80 点未満の階級における相対度数が 0.2 であるとき，a の値はどれか。　23

階級	度数
0 点以上 20 点未満	3
20 点以上 40 点未満	8
40 点以上 60 点未満	$2a$
60 点以上 80 点未満	a
80 点以上	3
合計	b

①　$a = 6$　　②　$a = 7$
③　$a = 8$　　④　$a = 9$

5　**x を正の数とする。次の図において，四角形 ABCD は AD ＝ x cm，AB ＝ $2x$ cm の長方形であり，四角形 AEFD は平行四辺形である。また，辺 FD 上に BD ∥ EH となるような点 H をとり，辺 AE と線分 BD の交点，辺 CD と線分 EH の交点をそれぞれ G，I とする。BE : EC ＝ 2 : 1 であるとき，次の問いの答えとして適切なものを選びなさい。**

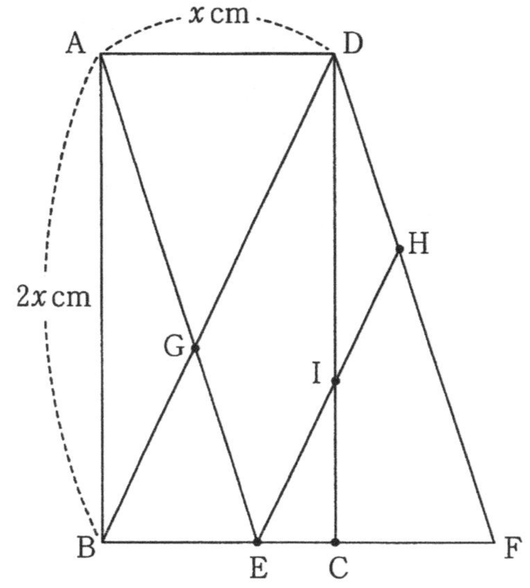

問 1　△ECI の面積を x で表したものはどれか。　　24

①　$\frac{1}{3}x^2\text{cm}^2$　　②　$\frac{1}{4}x^2\text{cm}^2$

③　$\frac{1}{6}x^2\text{cm}^2$　　④　$\frac{1}{9}x^2\text{cm}^2$

問 2　$x = 3$ とするとき，四角形 CFHI の面積はどれか。　　25

①　6cm^2　　②　8cm^2

③　$\frac{22}{5}\text{cm}^2$　　④　$\frac{27}{5}\text{cm}^2$

6　次の図において，放物線 $y=\frac{1}{2}x^2$ と直線 $y=2$ との交点をそれぞれ A，B とし，直線 AB と平行な直線と放物線との交点をそれぞれ C，D とする。点 C，D の x 座標をそれぞれ $-a$，a とするとき，あとの問いに答えなさい。ただし，$a>2$ とする。

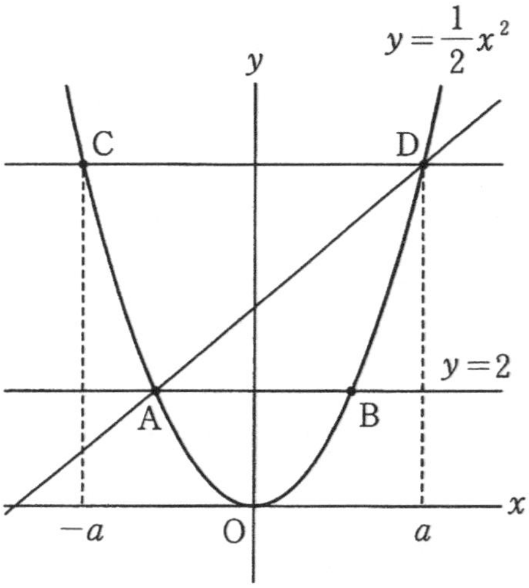

問 1　$a=4$ とするとき，次の問いの答えとして適切なものを選びなさい。

(1)　点 D の y 座標はどれか。　26

①　2　②　4
③　8　④　16

(2)　直線 AD を表す式はどれか。　27

①　$y=x+4$　②　$y=x+5$
③　$y=2x+4$　④　$y=2x+8$

問 2　△ABD の面積を 32 とするとき，次の問いの答えとして適切なものを選びなさい。

(1)　a の値はどれか。　28

①　$a=4$　②　$a=6$
③　$a=2\sqrt{2}$　④　$a=4\sqrt{2}$

(2)　点 B を通り，直線 AD と平行な直線を l とし，直線 l と直線 CD との交点を E とする。△ADC の面積は，四角形 ABED の面積の何倍か。　29

①　$\frac{2}{3}$ 倍　②　$\frac{3}{4}$ 倍
③　$\frac{4}{3}$ 倍　④　$\frac{3}{2}$ 倍

7　夕陽くんと丘子さんは，2人で千羽鶴《せんばづる》を折ることにしました。次の2人の対話文について，以下の問いの答えとして適切なものを選びなさい。

夕陽くん：千羽の鶴を折るのに，どのくらい時間がかかるかな？

丘子さん：1羽の鶴を折るには，少なくとも1分はかかると聞いたわ。

夕陽くん：よし，実際に1羽だけ折ってみよう。
・・・うーん，2分かかってしまったぞ。

丘子さん：初めてだから仕方がないわね。続ければ，早く折れるようになると思うわ。

夕陽くん：それもそうだね。よし，もう1羽だけ折ってみよう。
・・・よし！さっきよりも0.5秒だけ早く折れたぞ！

丘子さん：最初の1羽を折るのに2分，そこから1羽を折るたびに0.5秒短くなるとすると，1羽を1分で折れるようになるには [(ア)] 羽の鶴を折ればいいわけね！

夕陽くん：これをふまえて，すべての鶴を1人で折るのにかかる時間を求めてみよう。

丘子さん：最初の [(ア)] 羽の鶴を折ったあと，残りの鶴は1羽を1分で折るものとして考えましょう。

夕陽くん：最初の [(ア)] 羽は，1羽ごとに折る時間が違うから計算が大変そうだな。

丘子さん：それぞれをたし算するしか方法はないのかしら？

夕陽くん：・・・あっ，ちょっと待って！
1羽目と [(ア)] 羽目の折る時間の和と，2羽目と（ [(ア)] −1 ）羽目を折る時間の和が等しくなるぞ！

丘子さん：3羽目と（ [(ア)] −2 ）羽目を折る時間の和も等しくなるわ。

夕陽くん：4羽目以降も同じように考えることができそうだね。

丘子さん：ということは，『1羽目と [(ア)] 羽目の折る時間の和』がいくつできるかを考えれば式を立てることができそうね！

夕陽くん：よし！ 式を立てて計算してみよう。
（計算中）
・・・うわぁ，1人だと [(イ)] もかかるのか。

丘子さん：これは2人でも大変だわ。もう少し人を集めたほうがよさそうね。

問1　文中の [(ア)] に当てはまる数はどれか。 [30]

① 60　　② 80
③ 120　　④ 240

問2　文中の [(イ)] に当てはまる時間はどれか。 [31]

① 17時間20分30秒　　② 17時間40分
③ 17時間40分30秒　　④ 18時間10分

問題は以上です。

令和６年度
入学試験問題

英　語

試験時間

11:40～12:30（50分）

注意事項

1　試験開始の指示があるまで、この問題用紙を開いてはいけません。

2　試験開始の合図があったら、この問題用紙の所定欄に受験番号を記入しなさい。また、マーク式解答用紙（マークシート）には出身中学校と受験番号を記入して、受験番号をマークしなさい。

3　マーク式解答用紙にマークし、各設問に記す解答番号に対応した解答欄にマークしなさい。

4　問題は13ページまであります。ページの脱落などがあった場合は、手をあげて試験監督に申し出なさい。

受験番号					

大阪夕陽丘学園高等学校

1. 次の英文の意味が通るように, [1] ～ [15] に入る適切なものを①～④から選びなさい。

問 1 We will [1] at Osaka Station at six.
① leave ② get ③ arrive ④ reach

問 2 The first meal of the day is [2].
① breakfast ② lunch ③ dinner ④ supper

問 3 My sister usually [3] care of her dog.
① has ② takes ③ looks ④ gets

問 4 You can't go abroad [4] your passport.
① to ② into ③ without ④ across

問 5 "How was your [5]?" "I was tired. I couldn't sleep well in the plane."
① test ② flight ③ concert ④ presentation

問 6 I [6] some mistakes in the math test.
① did ② ate ③ gave ④ made

問 7 Bob got a job as a [7] in a famous restaurant.
① neighbor ② politician ③ customer ④ chef

問 8 Could you [8] me a glass of water?
① help ② take ③ call ④ bring

問 9 We enjoyed watching a dolphin show in the [9].
① museum ② garage ③ aquarium ④ spaceship

問 10 Ms. Anderson [10] vegetables in her garden.
① flies ② grows ③ takes ④ hides

問 11 The floor is wet. Be [11] when you walk.
① quiet ② careful ③ excited ④ curious

問 12 This curry is too [12] for me.
① dangerous ② spicy ③ heavy ④ tight

問 13 He kindly [13] me around his town.
① stole ② showed ③ put ④ turned

問 14 Osaka is [14] Kyoto and Kobe.
① among ② across ③ along ④ between

問 15 "I heard you're going to visit Los Angeles next week." "That's not [15]. I'm going to visit San Francisco."
① soft ② right ③ common ④ special

2. 次の英文の意味が通るように, [16] ～ [25] に入る適切なものを①～④から選びなさい。

問 1 Both you and I [16] basketball fans.

① am　② are　③ is　④ be

問 2 How long have you [17] in Japan, Andy?

① been　② gone　③ come　④ visited

問 3 I'll stay home [18] it rains tomorrow.

① and　② if　③ while　④ that

問 4 Their school is big, but [19] is small.

① we　② our　③ us　④ ours

問 5 Do you know the girls [20] tennis over there?

① plays　② to play

③ who is playing　④ who are playing

問 6 [21] you invited to her birthday party every year?

① Are　② Do　③ Have　④ Can

問 7 Let's go and get something [22] at that store.

① drink　② drunk　③ drinking　④ to drink

問 8 [23] music do you like the best?

① What　② How　③ How many　④ How long

問 9 The book [24] now is mine.

① which you are reading it　② who you are reading

③ you are reading　④ that you reading

問 10 We have [25] snow here than in your town.

① many　② much　③ more　④ as much

3. 次の会話文の 26 ～ 28 に入る文として最も適切なものを①～④から選びなさい。

問 1 A: Excuse me. Does this train stop at Yaenosato Station?

B: No, this is an express train. Only local trains stop at Yaenosato Station.

A: Oh no. [26]

B: Don't worry. Just change trains at the next station.

① I don't like to take a local train!

② I took the wrong train!

③ I should take the express train!

④ I forgot to buy the train ticket!

問 2 A: Hello, this is Tom calling. May I speak to Linda?

B: Hi, Tom. I'm sorry, but she's out now. She's gone to the convenience store.

[27]

A: Yes, please.

① Would you like to take a message?

② Shall I leave a message?

③ Shall I tell her that you will be all right soon?

④ Do you want her to call you back when she comes home?

問 3 A: Wow! That song was beautiful. I didn't know you could play the guitar so well.

B: Thanks, Ann. That's the first song I've ever written.

A: You took music lessons when you were younger, didn't you?

B: No. Actually, my grandfather gave me a guitar and I bought a book on how to play the guitar.

A: [28]

① Oh, you were taught by so many music teachers!

② Oh, your grandfather wrote the book on how to play the guitar!

③ Oh, you learned how to play the guitar by yourself!

④ Oh, you learned how to play the guitar from your grandfather!

4. 次のウェブページを見て，あとの質問の答えとして最も適切なものを①～④から選びなさい。

https:// greenhillzoo.com/top

MENU

GREENHILL ZOO

◆◆◆ Greenhill Zoo News ◆◆◆

New Animals!

We’re going to welcome new animals soon. Yang Yang and Tian Tian, two baby pandas from China, are coming on August 3! They were born in Shanghai Zoo this April.

Animal Photo Contest

Take a photo of animals in our zoo and win great prizes! You can take photos of any animal you like.

Rules

- *Anyone can enter*[*1] *this contest with no entry fee*[*2]*.*
- *One person can enter this contest only once.*
- *Photos can be taken with cameras and mobile devices such as tablet computers and smartphones.*
- *Send your photo by mail to the zoo office by August 31.*

Greenhill Zoo Special Membership

You can be a special Greenhill Zoo member. Greenhill Zoo Special Membership includes free unlimited admission[*3] to Greenhill Zoo all year round. You will receive a 10% discount[*4] at any restaurant and giftshop in the zoo. The annual[*5] membership fee for Special Members is 120 dollars.

語注：enter[*1] エントリーする，参加する　entry fee[*2] 参加費　free unlimited admission[*3] 入場回数無制限の無料入場　discount[*4] 割引（する）　annual[*5] 年間の

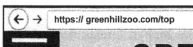

問 1 Where were the baby pandas that are going to arrive soon born? 29

① In Shanghai Zoo.

② On August 5.

③ This April.

④ From China.

問 2 Which is true about Animal Photo Contest? 30

① If you are under six years old, you can't enter this contest.

② You cannot use your smartphone to take a photo for the contest.

③ You have to pay some money to enter this contest.

④ If you like the elephant in Greenhill Zoo, you can take a photo of it and send it to the contest.

問 3 If you are a special Greenhill Zoo member, what can you do? 31

① You can touch the new baby pandas.

② You can eat anything for free at the restaurant in the zoo.

③ You can buy any gift from the giftshop at a discounted price.

④ You can enter the zoo quickly even when it is crowded.

5. 次の英文の内容と一致するように，［32］～［34］に入れるものとして最も適切なものを①～④から選びなさい。

Most people like to buy fresh vegetables at their local stores and supermarkets. However, some scientists say that buying frozen[*1] vegetables is often better than buying fresh vegetables. Frozen vegetables are usually harvested[*2] when they are ripe[*3] and then quickly frozen. Freezing locks in[*4] nutrients[*5], and it also slows down aging[*6]. Fresh vegetables, on the other hand, often have to be transported[*7] over long distances[*8] to your local stores and supermarkets. Scientists have shown that before they arrive, they lose more nutrients than frozen ones.

Frozen vegetables also have another advantage[*9]. People in developed countries throw away a lot of fresh food every year. Researchers[*10] say that with frozen vegetables, people can use just the right amount they need for each meal, so the amount of wasted food gets small. Though energy is needed to keep vegetables frozen, reducing food waste will cut more greenhouse gases[*11].

語注：frozen[*1] 冷凍の　harvested[*2] ＜ harvest 収穫する　ripe[*3] 熟した
lock(s) in[*4] 閉じ込める　nutrient(s)[*5] 栄養　aging[*6] 老化，劣化
transported[*7] < transport 輸送する　distance(s)[*8] 距離　advantage[*9] 利点
researcher(s)[*10] 研究者　greenhouse gases[*11] 温暖化ガス

問 1　Frozen vegetables are better than fresh vegetables because ［32］.
① more nutrients are kept in frozen vegetables
② frozen vegetables are more delicious than fresh vegetables
③ frozen vegetables are harvested near your local stores
④ you can get frozen food at local stores and supermarkets

問 2　Fresh vegetables lose nutrients ［33］.
① while they are eaten by you
② because they are not ripe
③ because it costs a lot to transport them
④ during long trips to your local stores and supermarkets

1. 記入欄・マーク欄以外には記入しないでください。
2. 鉛筆で、しっかり濃くマークしてください。
3. 間違った場合には、消しゴムで、きれいに消してください。

用紙［国語］

マーク例

良い例	●	悪い例	✓ ⊙ ◐

※100点満点

解答欄	問	解答欄
④	51	① ② ③ ④
④	52	① ② ③ ④
④ ⑤ ⑥	53	① ② ③ ④
④ ⑤ ⑥	54	① ② ③ ④
④	55	① ② ③ ④
④	56	① ② ③ ④
④	57	① ② ③ ④
④	58	① ② ③ ④
④	59	① ② ③ ④
④	60	① ② ③ ④
④	61	① ② ③ ④
④	62	① ② ③ ④
④		
④		
④		
④		
④		
④		
④		
④		
④		
④		
④		
④		
④		

番号	配点	番号	配点
1	2	32	2
2	2	33	1
3	2	34	1
4	2	35	1
5	3	36	1
6	3	37	1
7	2	38	1
8	1	39	2
9	1	40	2
10	1	41	2
11	1	42	2
12	1	43	2
13	1	44	2
14	1	45	2
15	1	46	2
16	1	47	1
17	1	48	1
18	1	49	1
19	2	50	2
20	2	51	2
21	2	52	2
22	2	53	2
23	2	54	2
24	2	55	2
25	1	56	2
26	1	57	2
27	1	58	2
28	1	59	1
29	1	60	2
30	1	61	3
31	1	62	3

高等学校

2	8	①	②	③	④
	9	①	②	③	④
3	10	①	②	③	④
	11	①	②	③	④
	12	①	②	③	④
	13	①	②	③	④

	21	①	②	③	④
	22	①	②	③	④
	23	①	②	③	④
5	24	①	②	③	④
	25	①	②	③	④
6	26	①	②	③	④
	27	①	②	③	④
	28	①	②	③	④
	29	①	②	③	④
7	30	①	②	③	④
	31	①	②	③	④

19	3
20	3
21	3
22	3
23	3
24	3
25	3
26	3
27	3
28	3
29	3
30	3
31	3

大 阪 夕 陽 丘 学 園 高 等 学 校

SN-0296*(965)

7	①	②	③	④
8	①	②	③	④
9	①	②	③	④
10	①	②	③	④
11	①	②	③	④
12	①	②	③	④
13	①	②	③	④
14	①	②	③	④
15	①	②	③	④
16	①	②	③	④
17	①	②	③	④
18	①	②	③	④
19	①	②	③	④
20	①	②	③	④

27	①	②	③	④
28	①	②	③	④
29	①	②	③	④
30	①	②	③	④
31	①	②	③	④
32	①	②	③	④
33	①	②	③	④
34	①	②	③	④
35	①	②	③	④
36	①	②	③	④
37	①	②	③	④
38	①	②	③	④
39	①	②	③	④
40	①	②	③	④

大問	番号	配点
1	1	2点
	2	2点
	3	2点
	4	2点
	5	2点
	6	2点
	7	2点
	8	2点
	9	2点
	10	2点
	11	2点
	12	2点
	13	2点
	14	2点
	15	2点
2	16	2点
	17	2点
	18	2点
	19	2点
	20	2点
	21	2点
	22	2点
	23	2点
	24	2点
	25	2点
3	26	2点
	27	2点
	28	2点

大問	番号	配点
4	29	2点
	30	2点
	31	2点
5	32	2点
	33	2点
	34	2点
6	35	2点
	36	2点
	37	2点
	38	2点
7	39	3点
	40	3点
	41	3点
	42	3点
8	43	3点
	44	3点
	45	3点
	46	3点

大 阪 夕 陽 丘 学 園 高 等 学 校

SN-0132*(1053)

※100点満点

受験番号				
⓪	⓪	⓪	⓪	⓪
①	①	①	①	①
②	②	②	②	②
③	③	③	③	③
④	④	④	④	④
⑤	⑤	⑤	⑤	⑤
⑥	⑥	⑥	⑥	⑥
⑦	⑦	⑦	⑦	⑦
⑧	⑧	⑧	⑧	⑧
⑨	⑨	⑨	⑨	⑨

入学試験　解答用紙［英語］

出身中学校	中学校

1. 記入欄・マーク欄以外には記入しないで下さい。
2. 鉛筆で、しっかり濃くマークして下さい。
3. 間違った場合には、消しゴムで、きれいに消して下さい。

マーク例

良い例	●	悪い例	✓ ⊙ ◐

問	解答欄			
1	①	②	③	④
2	①	②	③	④
3	①	②	③	④
4	①	②	③	④

問	解答欄			
21	①	②	③	④
22	①	②	③	④
23	①	②	③	④
24	①	②	③	④

問	解答欄			
41	①	②	③	④
42	①	②	③	④
43	①	②	③	④
44	①	②	③	④

【解答用

※100点満点

入学試験　解答用紙［数学］

受験番号				
⓪	⓪	⓪	⓪	⓪
①	①	①	①	①
②	②	②	②	②
③	③	③	③	③
④	④	④	④	④
⑤	⑤	⑤	⑤	⑤
⑥	⑥	⑥	⑥	⑥
⑦	⑦	⑦	⑦	⑦
⑧	⑧	⑧	⑧	⑧
⑨	⑨	⑨	⑨	⑨

出身中学校	中学校

1. 記入欄・マーク欄以外には記入しないで下さい。
2. 鉛筆で、しっかり濃くマークして下さい。
3. 間違った場合には、消しゴムで、きれいに消して下さい。

マーク例

良い例	●	悪い例	✓　⊙　◐

大問	解答番号	解答欄			
1	1	①	②	③	④
	2	①	②	③	④
	3	①	②	③	④
	4	①	②	③	④
	5	①	②	③	④
	6	①	②	③	④

大問	解答番号	解答欄			
4	14	①	②	③	④
	15	①	②	③	④
	16	①	②	③	④
	17	①	②	③	④
	18	①	②	③	④

番号	配点
1	4
2	4
3	4
4	4
5	4
6	4
7	4
8	3
9	3
10	3
11	3
12	3
13	3

出身 中学校	中学校

入学試験　解

受験番号				
⓪	⓪	⓪	⓪	⓪
①	①	①	①	①
②	②	②	②	②
③	③	③	③	③
④	④	④	④	④
⑤	⑤	⑤	⑤	⑤
⑥	⑥	⑥	⑥	⑥
⑦	⑦	⑦	⑦	⑦
⑧	⑧	⑧	⑧	⑧
⑨	⑨	⑨	⑨	⑨

問	解答欄	問
1	① ② ③ ④	26
2	① ② ③ ④	27
3	① ② ③ ④	28
4	① ② ③ ④	29
5	① ② ③ ④	30
6	① ② ③ ④	31
7	① ② ③ ④	32
8	① ② ③ ④	33
9	① ② ③ ④	34
10	① ② ③ ④	35
11	① ② ③ ④	36
12	① ② ③ ④	37
13	① ② ③ ④	38
14	① ② ③ ④ ⑤ ⑥	39
15	① ② ③ ④ ⑤ ⑥	40
16	① ② ③ ④ ⑤ ⑥	41
17	① ② ③ ④	42
18	① ② ③ ④	43
19	① ② ③ ④	44
20	① ② ③ ④	45
21	① ② ③ ④	46
22	① ② ③ ④	47
23	① ② ③ ④ ⑤ ⑥	48
24	① ② ③ ④ ⑤ ⑥	49
25	① ② ③ ④	50

大阪夕陽丘

問 3 You can [34].

① eat fresh vegetables for each meal without wasting anything

② eat frozen vegetables without getting any nutrients

③ get fresh vegetables soon after they are harvested

④ use just as much frozen vegetables as you need for each meal

6. 次の対話文を読んで，あとの問いに答えなさい。

ニューヨーク（New York）に住む大学生のトム（Tom）は，初めて日本を訪れ，健（Ken）の家に一晩ホームステイ（homestay）をすることになりました。夕食の後，健の母親がトムの寝る部屋へ案内します。次の３人の会話文を読んで，各問いに答えなさい。

Mother: It's time to go to bed, now. Tom, please sleep in this room. Ken, prepare the *futon* for him.

Tom: No problem. [Ⓐ].

Mother: Oh, do you know the word "futon"?

Tom: Of course, I use a *futon* every day in New York. There are many *futon* shops in my city.

Ken: Really? People in America use *futons*, too! Do you need my help?

Tom: No, I don't.

(Tom tries to open the sofa.)

Mother : Oh, Tom, stop! What are you doing?

Tom : I can't open this *futon* to (Ⓑ) it flat[*1]....

Ken : No! Look! That's the *futon*.

Tom : What? That's not the *futon*. This is the *futon*.

Mother : Let me see.... Is a sofa called a "futon" in America?

Tom : Oh, this is not a *futon*. I'll show you what a futon is in America with my smartphone.

Ken : OK.

Tom : See! I've found a good video. This video Ⓒ【 how / shows / to / a *futon* / use 】 in America.

Mother : Wow! A sofa is changing into a bed!

Tom : We usually sit on a sofa. But a *futon* is also used for sleeping.

Ken : Your *futon* can also make more space in the room when you are not using it to sleep.

Mother : Now I see. Well, Ken, prepare the Japanese *futon* for him.

Tom : Thank you very much.

Ken : We use the same word both in Japan and in America, but it means different things. That's interesting!

語注：flat[*1] 平らな

問 1 [Ⓐ] に入る文として最も適切なものを①〜④から選びなさい。

[35]

① I don't know why we use a *futon* for sleeping

② I can do the *futon* myself

③ I can buy a *futon* in America

④ I want to sleep on a *futon*

問 2 （ Ⓑ ）に入れる語として最も適切なものを①〜④から選びなさい。 [36]

① do　　② take　　③ buy　　④ make

問 3 Ⓒ【＿＿＿】内の語句を並べかえて，正しい英文を作るとき，２番目と４番目にくる語句の組み合わせとして適切なものを，①〜④から選びなさい。 [37]

① ２番目 … how　　４番目 … use

② ２番目 … how　　４番目 … to

③ ２番目 … a *futon*　　４番目 … use

④ ２番目 … a *futon*　　４番目 … shows

問 4 本文の内容に関する次の質問の答えとして最も適切なものを，①〜④から選びなさい。 [38]

What does the American word "futon" mean?

① Space in a room.

② A sofa used only for sleeping.

③ A bed you can also use as a desk.

④ A sofa that can be changed into a bed.

7. 次の英文を読んで，あとの問いに答えなさい。

In some countries today, a man who is sick or injured[*1] can ask for a doctor's help and pay nothing. But in the old days everyone had to pay a doctor for his work.

There was a bookseller who did not like to pay for anything. One day he let a big box of books fall on his foot.

"Go to the doctor," said his wife, "and show that foot to him."

"No, I won't," he said. "[Ⓐ]. Then I'll ask him about my foot. If I go to see him, I'll have to pay him."

The doctor came into the shop the next morning and bought some books. When the bookseller was getting them ready[*2], he told the doctor about his foot. The doctor said, "Let me see it. Well..., you must put the foot in cool water every night. Then you must put something on it." He took out a piece of paper and wrote on it. "Get this medicine and put it on the foot before going to bed every night."

"Thank you," said the bookseller. "Ⓑ And now, sir, here are your books."

"How much?" said the doctor.

"Twenty dollars."

"Good," said the doctor. "I Ⓒ【 pay / have / anything / don't / to / you 】. I've already paid."

"What do you mean?" asked the bookseller.

"I told you about your foot. I want you to pay for that. If people come to my house, I ask them to pay ten dollars for a small thing like that. But when I go to their houses, I want (Ⓓ) dollars. And I came here, didn't I? Good bye."

語注：injured[*1] 怪我をした　　was getting them ready[*2] それらを準備していた

問 1 [Ⓐ] に入る文として最も適切なものを①～④から選びなさい。

[39]

① I'll have to see the doctor before my foot is OK
② I'll look for a doctor who asks me for a lot of money
③ I'll wait until the doctor comes into my shop next time
④ I want the doctor to see my injured foot

問 2　下線部Ⓑを言ったときの bookseller が考えていると思われることとして最も適切なものを，①〜④から選びなさい。　40

① こんなに本が売れてうれしい。

② 妻の言う通りだったなあ。

③ 治療費がタダになってよかった。

④ 怪我のことはやはり医者に聞くべきだなあ。

問 3　Ⓒ【　　】内の語句を並べかえて，正しい英文を作るとき，２番目と４番目にくる語句の組み合わせとして適切なものを，①〜④から選びなさい。　41

① ２番目 ...to　４番目 ...you

② ２番目 ...have　４番目 ...pay

③ ２番目 ...anything　４番目 ...pay

④ ２番目 ...pay　４番目 ...anything

問 4　（ Ⓓ ）に入れる語として最も適切なものを①〜④から選びなさい。　42

① no　② five　③ ten　④ twenty

8. 次の英文を読んで，あとの問いに答えなさい。

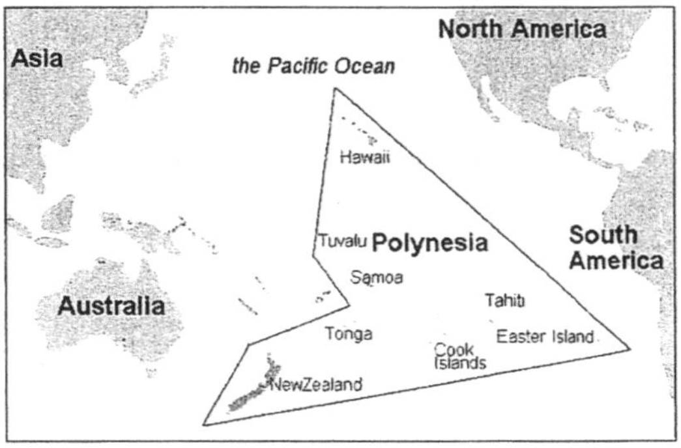

Polynesian[*1] people live on small islands in the middle of the Pacific Ocean[*2]. All of the islands are many thousand kilometers from the nearest continent, and most of them are several thousand kilometers from one another. Why do people live on such far-away islands? Where did they come from?

Polynesians moved to the islands from Southeast Asia[*3] about 3,000 years ago. Science shows all Polynesians are descended from[*4] Southeast Asian people. Also, their languages and the Southeast languages are quite similar. So they were originally Southeast Asian. But how did they move from South Asia to the middle of the Pacific Ocean?

The long voyages[*5] were so dangerous that the people always had to face a danger of dying in the sea. We often hear Columbus and the Vikings[*6] made great voyages. However, the Polynesians did this hundreds of years before the Vikings and over 1,000 years before Columbus. This means that Polynesians already had skills to make a long voyage around 3,000 BC. Then, what was the voyaging skills that ancient[*7] Polynesians had?

Of course, in the days of Polynesian migration[*8], there were no maps, compasses[*9] or big ships, but Polynesians used astronomy[*10]. They knew the movements[*11] of the stars, the sun and the moon. The knowledge worked as the so-called[*12] star compass which helped the Polynesians go in the right direction on the sea. They also knew a lot about the ocean waves[*13], shapes of clouds, and sea birds and fish. Thanks to the star compass and their knowledge of nature, they were very good at crossing the vast[*14] ocean.

There is one question left. What made Polynesians decide to move to the far-away islands? In fact, the cause of this great migration is still a mystery, but we know one thing: humans have always wanted to travel to far-away places and start a new life.

語注：Polynesian[*1] < Polynesia ポリネシア　the Pacific Ocean[*2] 太平洋
Southeast Asia[*3] 東南アジア　are descended from[*4] ～の子孫である　voyage(s)[*5] 航海
the Vikings[*6] 海賊　ancient[*7] 古代の　migration[*8] 移住　compass[*9] 方位磁石
astronomy[*10] 天文学　movement(s)[*11] 動き　so-called[*12] いわゆる　wave[*13] 波
vast[*14] 広大な

問 1 本文の内容と合うように，(Ⓐ)と(Ⓑ)に入れるのに適切な語句を，それぞれ①～④から選びなさい。

1. All the Polynesian islands are (Ⓐ) the nearest continent. [43]

① very close to ② far away from

③ different from ④ similar to

2. Polynesians made long distance voyages much (Ⓑ) than the Vikings and Columbus. [44]

① faster ② earlier ③ later ④ more safely

問 2 本文の内容に関する次の質問の答えとして最も適切なものを，①～④から選びなさい。 [45]

Polynesian languages are quite similar to the Southeast languages. What does this mean?

① Polynesian people have been to Southeast Asia many times.

② People who live on Polynesian islands today originally came from Southeast Asia.

③ Polynesian people haven't had their own languages for thousands of years.

④ Southeast languages are easy enough for Polynesian people to use.

問 3 本文の内容に一致するものを①～④から選びなさい。 [46]

① Polynesian skills to make a long-distance voyage were not as good as those of the Vikings and Columbus.

② Though ancient Polynesians did not have a map or a compass, they could build a large ship that could sail across the dangerous oceans.

③ Ancient Polynesians used the star compass to make long-distance voyages. Their knowledge of the sea nature also helped them sail over the vast ocean.

④ Today we know why Polynesians decided to move to remote islands in the middle of the Pacific Ocean.

問題は以上です。

令和６年度
入学試験問題

理　科

試験時間

13:10～14:00（50分）

注意事項

1　試験開始の指示があるまで、この問題用紙を開いてはいけません。

2　試験開始の合図があったら、この問題用紙の所定欄に受験番号を記入しなさい。また、マーク式解答用紙（マークシート）には出身中学校と受験番号を記入して、受験番号をマークしなさい。

3　マーク式解答用紙にマークし、各設問に記す解答番号に対応した解答欄にマークしなさい。

4　問題は16ページまであります。ページの脱落などがあった場合は、手をあげて試験監督に申し出なさい。

受験番号					

大阪夕陽丘学園高等学校

1．次の図のように，電熱線A，Bをそれぞれ容器A，Bの20℃の水100gの中に入れ，電源装置と直列につないで回路を作った。電熱線A，Bの抵抗はそれぞれ30Ω，40Ωである。これについて，あとの問いの答えとして適切なものを選びなさい。

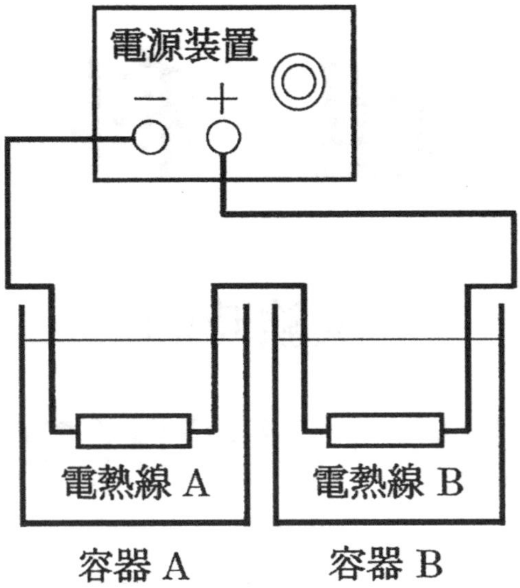

問1　電源装置の電圧を14Vにして電流を1分間流した。

(1)　この回路に流れる電流の大きさは次のうちどれか。

1

①　0.2A　　②　0.4A　　③　0.8A　　④　5A

(2)　この回路の電熱線Aで消費される電力は次のうちどれか。

2

①　1W　　②　1.2W　　③　1.4W　　④　1.6W
⑤　2.4W　　⑥　4.8W　　⑦　6.4W　　⑧　8W

(3)　この回路の電熱線Aで発生する熱量は次のうちどれか。

3

①　10J　　②　12J　　③　16J　　④　24J
⑤　48J　　⑥　72J　　⑦　96J　　⑧　144J

(4)　この回路の電熱線Bで発生する熱量は，電熱線Aで発生する熱量の何倍か。

4

①　$\frac{2}{3}$倍　②　$\frac{3}{4}$倍　③　$\frac{4}{3}$倍　④　$\frac{3}{2}$倍

問2　aを正の整数とする。電源装置の電圧をa〔V〕にして電流を4分間流した。このとき，電熱線Aで発生する熱量は，問1のときの9倍であった。

(1)　このときの，電源装置の電圧a〔V〕の値として正しいものは次のうちどれか。

5

①　18V　②　20V　③　21V　④　24V
⑤　25V　⑥　27V　⑦　28V　⑧　30V

(2)　1gの水の温度を1℃上げるのに必要な熱量を4.2Jとする。また，発生した熱はすべて水の温度上昇に使われ，外部との熱の出入りはないものとする。電流を4分間流したあとの容器Bの水の温度は次のうちどれか。ただし，答えは小数第2位を四捨五入しなさい。

6

①　21.1℃　②　21.6℃　③　22.1℃　④　22.6℃
⑤　23.1℃　⑥　23.6℃　⑦　24.1℃　⑧　24.6℃

2． 次の図のように，コイルに矢印の方向へ電流を流した。これについて，あとの問いの答えとして適切なものを選びなさい。

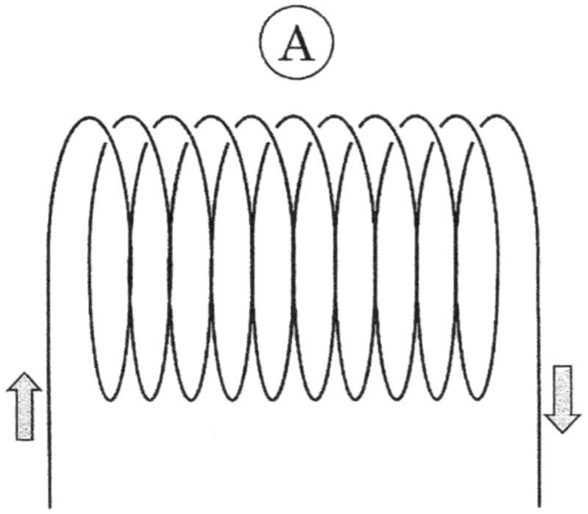

問１　図のⒶの位置に方位磁針を置いた。方位磁針の向きとして正しいものは次のうちどれか。また，電流の向きを逆にした場合，方位磁針の向きとして正しいものは次のうちどれか。ただし，色のついている方をＮ極とする。

通常：［ 7 ］，逆：［ 8 ］

①
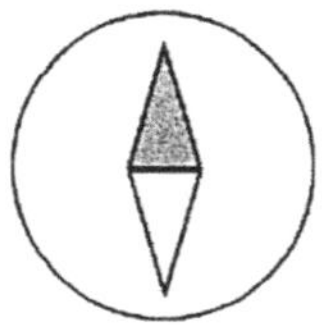

②
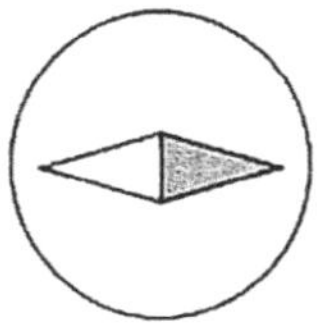

③
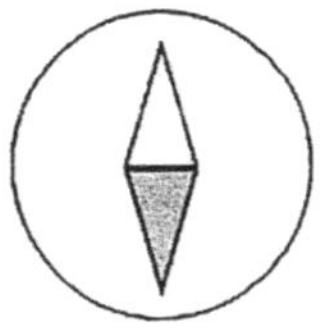

④
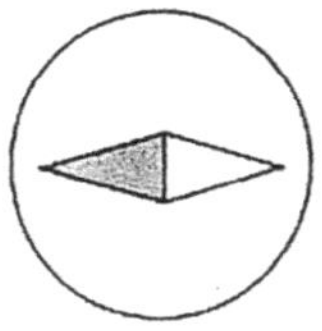

問２　コイルの中に鉄心を入れて，電磁石を作った。このとき，電流による磁界の強さはどうなるか。

［ 9 ］

① 強くなる。
② 弱くなる。
③ 変わらない。
④ 強くなる場合もあれば，弱くなる場合もある。

問3　電磁石の引き合う力，反発する力を用いることで物体を浮かすことができる。この性質を利用しているものは次のうちどれか。

10

①　スペースシャトル　　②　人工衛星

③　ドローン　　④　リニアモーターカー

3．　亜鉛と銅の金属板を図のようにある水溶液Xにひたしたあとに金属板をモーターにつないだ。これについて，あとの問いの答えとして適切なものを選びなさい。

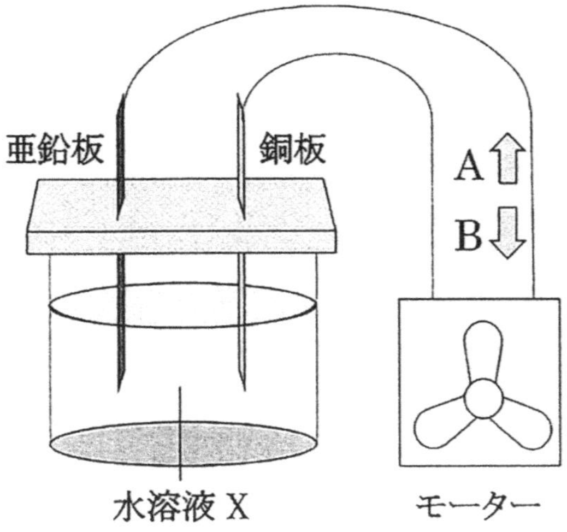

問１　モーターを動かしたいときに用いる水溶液**X**として，適切でないものは次のうちどれか。

11

①　うすい塩酸　　　　②　レモン果汁
③　エタノール水溶液　　④　水酸化ナトリウム水溶液

問２　モーターを動かしたときの，電流と電子の流れる方向は図のA，Bのどちらかである。その組み合わせとして正しいものは次のうちどれか。

12

	①	②	③	④
電流	A	A	B	B
電子	A	B	A	B

問３　モーターを動かしたときの亜鉛板の表面で起こる変化を表したものは次のうちどれか。

13

① $Zn \rightarrow Zn^{+} + e^{-}$　　② $Zn \rightarrow Zn^{+} + 2e^{-}$

③ $Zn \rightarrow Zn^{2+} + 2e^{-}$　　④ $Zn \rightarrow 2Zn^{+} + e^{2-}$

⑤ $2Zn \rightarrow 2Zn^{+} + 2e^{-}$　　⑥ $2Zn \rightarrow Zn^{2+} + e^{2-}$

⑦ $2Zn \rightarrow 2Zn^{+} + e^{2-}$　　⑧ $2Zn \rightarrow Zn^{2+} + 2e^{-}$

問４　金属板とモーターのつなぎ方を逆にすると，逆にする前と比較してモーターはどのような動作をするか。

14

① 回転速度が速くなる。
② 回転速度が遅くなる。
③ 特に変化は起こらず，同じように回転する。
④ 逆方向に回転し，回転速度が速くなる。
⑤ 逆方向に回転し，回転速度が遅くなる。
⑥ 逆方向に回転するが，回転速度は変わらない。
⑦ 回転が止まる。

問５　電池の説明として，適切でないものは次のうちどれか。

15

① 充電できない電池を一次電池，充電できる電池を二次電池という。
② 電池において，電解質の水溶液がこぼれないように改良されたものが乾電池である。
③ マンガン電池よりもアルカリマンガン電池の方が，大きな電流を出力できる。
④ 使用後のマンガン電池は，少し時間をおくと電圧が回復する。
⑤ リチウム電池は，放電時の電圧が安定していることから補聴器などに使われる。
⑥ スマートフォンには，小型で高性能なリチウムイオン電池が使われている。

4．ある濃度の塩酸に，ある濃度の水酸化ナトリウム水溶液を加え，できあがった水溶液を蒸発させたときにできる固体について調べることにした。以下の手順に沿って実験を行うとき，あとの問いの答えとして適切なものを選びなさい。

【手順 1】

ある濃度の塩酸 20cm^3 を入れたビーカーを 8 個用意し，それぞれ (1) ～ (8) の番号をつける。

【手順 2】

ビーカー (1) から順にある濃度の水酸化ナトリウム水溶液を加える。最初は5cm^{3}を加え，次の番号へ進むごとに加える量を 5cm^3 ずつ増やしていく。

【手順 3】

それぞれのビーカーに少量の BTB 溶液を加え，色の変化を調べる。このとき，ビーカー (4) の水溶液が緑色に変化した。

【手順 4】

それぞれのビーカーに入っている水溶液から水を蒸発させ，できあがった固体の重さを調べる。これらを調べ，整理したものが以下の表である。

ビーカーの番号	(1)	(2)	(3)	(4)	(5)	(6)	(7)	(8)
固体の重さ (g)	1.27	A	B	5.08	C	6.82	D	E

問 1　ビーカー (1) とビーカー (6) において，BTB 溶液を加えたあとの色の組み合わせとして正しいものはどれか。

16

	①	②	③	④	⑤	⑥	⑦	⑧	⑨
ビーカー (1)	青	青	青	緑	緑	緑	黄	黄	黄
ビーカー (6)	青	緑	黄	青	緑	黄	青	緑	黄

問 2　表の B と D に当てはまる数値の組み合わせとして適切なものはどれか。

17

	①	②	③	④	⑤	⑥	⑦	⑧	⑨
B	2.54	3.81	4.45	2.54	3.81	4.45	2.54	3.81	4.45
D	7.11	7.11	7.11	7.69	7.69	7.69	8.89	8.89	8.89

問3 【手順3】のあと，ビーカー(5)の水溶液を緑色にするには，何 cm^3 の塩酸を加えればよいか。

18

① $2.5cm^3$　② $5cm^3$　③ $7.5cm^3$　④ $10cm^3$
⑤ $12.5cm^3$　⑥ $15cm^3$　⑦ $17.5cm^3$　⑧ $20cm^3$

問4 ビーカー(8)からできる固体のうち，水酸化ナトリウムは何gあるか。

19

① 2.03g　② 3.12g　③ 3.48g　④ 3.81g
⑤ 4.08g　⑥ 4.27g　⑦ 4.79g　⑧ 5.08g

問5 【手順3】のあと，ビーカー(2)とビーカー(6)を混ぜ合わせて【手順4】を行う場合を考える。この混ぜ合わせた水溶液からできる固体のうち，塩は何gあるか。

20

① 5.08g　② 7.62g　③ 8.89g　④ 10.16g
⑤ 12.7g　⑥ 15.24g　⑦ 17.78g　⑧ 20.32g

5．　次の図は，動物の体細胞分裂の過程を (1) ～ (6) の段階ごとに模式的に表したものである。これについて，あとの問いの答えとして適切なものを選びなさい。

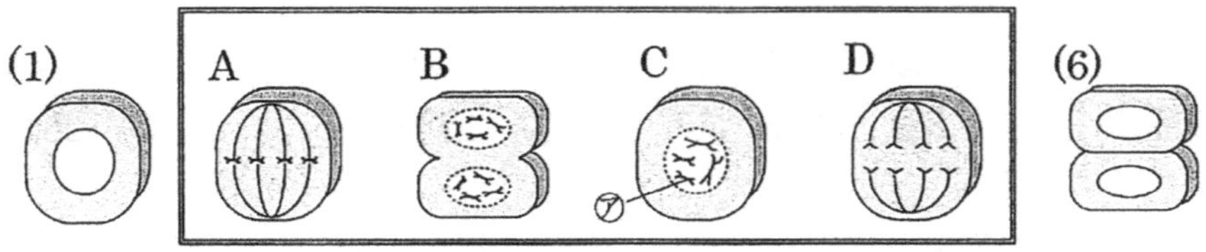

問１　図のＡ～Ｄと体細胞分裂の過程 (2) ～ (5) の段階の組み合わせとして正しいものは，次のうちどれか。

21

	①	②	③	④	⑤	⑥	⑦	⑧
(2)	A	D	C	C	C	B	A	C
(3)	D	A	D	A	B	C	C	A
(4)	C	C	A	D	A	A	B	B
(5)	B	B	B	B	D	D	D	D

問２　図の㋐を何というか。

22

①　核　　②　核片　　③　微細胞　　④　細胞片
⑤　染色毛　　⑥　染色体　　⑦　葉緑体　　⑧　分裂毛

問３　図の㋐の説明として，適切なものは次のうちどれか。

23

①　㋐の本数はすべての生物で同じである。
②　㋐の中には，生物の形質を決める遺伝子が含まれている。
③　体細胞分裂が行われたあと，細胞１個における㋐の数は半分になる。
④　酢酸オルセイン溶液を用いることで，㋐を青紫色に染めることができる。

問 4　細胞分裂の説明として，適切なものは次のうちどれか。

24

① 1 回の細胞分裂にかかる時間は，すべての生物で同じである。

② 単細胞生物の無性生殖は，体細胞分裂と仕組みが同じである。

③ 1 回の細胞分裂で 3 個以上に分裂する場合がある。

④ 人間の細胞分裂は，20 歳前後で停止する。

問 5　2007 年，日本の研究者により新しい細胞が作成された。この細胞は，人間の皮膚の細胞に複数の遺伝子を組みこんで作成され，再生医療や新薬の開発に期待されることから，のちに研究者にはノーベル生理学・医学賞が授与された。この細胞を何というか。

25

① ES 細胞　② PASS 細胞　③ HeLa 細胞　④ iPS 細胞

6.　エンドウの子葉について，黄色の形質を現す遺伝子をA，緑色の形質を現す遺伝子をaとする。このとき，遺伝子Aが顕性，遺伝子aが潜性の形質である。次の図において，Aaの遺伝子の組み合わせをもつものを親X，遺伝子の組み合わせが不明であるものを親Yとする。この2つをかけ合わせてできた受精卵をそれぞれP，Q，R，Sとするとき，あとの問いの答えとして適切なものを選びなさい。

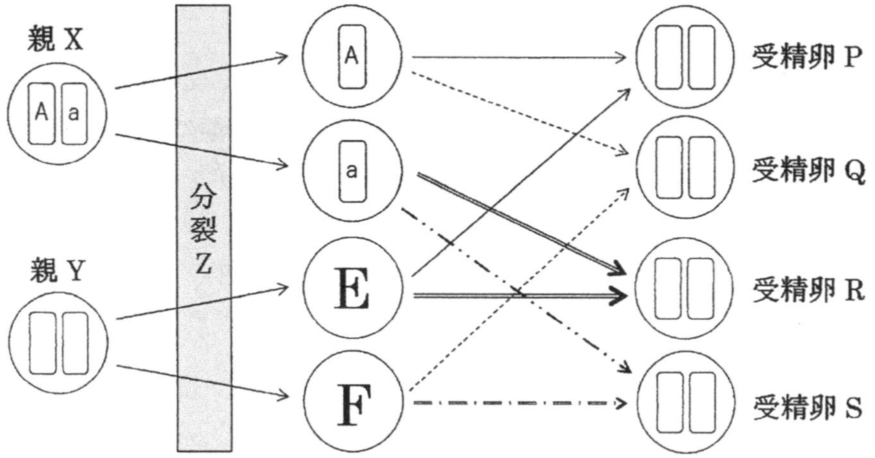

問1　親X，親Yはかけ合わせる前に，分裂Zにおいて細胞分裂を行う。この分裂の名称は次のうちどれか。

26

①　減数分裂　　②　体細胞分裂　　③　遺伝分裂　　④　生殖分裂

問2　受精卵P，Qの形質として，子葉の色は次のうちどれか。

P：27，Q：28

①　黄色　　②　緑色　　③　青色　　④　わからない

問3　受精卵R，Sの形質として子葉の色がともに黄色であるとき，図のE，Fに当てはまる遺伝子の組み合わせとして正しいものは次のうちどれか。

29

	①	②	③	④
E	A	a	A	a
F	a	A	A	a

問4　親Yの遺伝子の組み合わせがaaであるとき，受精卵P，Q，R，Sの形質として，子葉の色の配分が正しいものは次のうちどれか。

30

① すべて黄色である。
② すべて緑色である。
③ 黄色と緑色の比が1：3である。
④ 黄色と緑色の比が3：1である。
⑤ 黄色と緑色の比が1：1である。
⑥ 色はランダムで決まるので，配分はわからない。

7．次の図は，前線A，Bをともなう低気圧が日本列島付近を移動しているときを表したものである。これについて，あとの問いの答えとして適切なものを選びなさい。

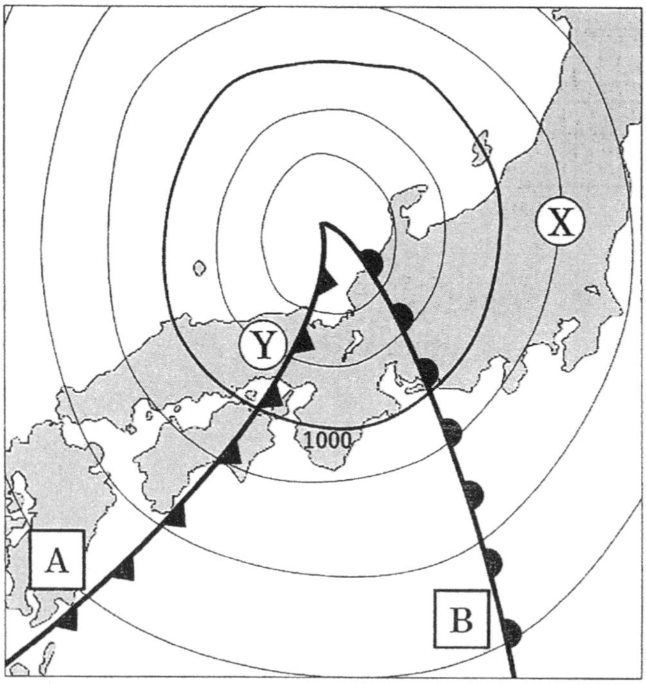

問１　２つの前線A，Bの名称の組み合わせとして，正しいものは次のうちどれか。

31

	①	②	③	④
A	温暖前線	寒冷前線	温暖前線	寒冷前線
B	寒冷前線	温暖前線	温暖前線	寒冷前線

問２　図の地点ⓧにおける風向として，最も適切なものは次のうちどれか。

32

①　北東　　②　北西　　③　南東　　④　南西

問３　図の地点Ⓨにおける天気の状態を説明したものとして，適切なものは次のうちどれか。

33

① 雲のない快晴が続く。
② やや雲が見えるくらいの晴れが続く。
③ 太陽が見えないほどの曇りが続く。
④ 乱層雲が発達し，長時間のゆるやかな雨が降った。
⑤ 積乱雲が発達し，短時間の激しい雨が降った。

問４　地点Ⓧと地点Ⓨの気圧の差は，次のうちどれか。

34

① 2hPa	② 4hPa	③ 6hPa	④ 8hPa
⑤ 10hPa	⑥ 12hPa	⑦ 16hPa	⑧ 20hPa

問５　ここからの前線の動きを説明したものが次の文章である。
《［㋐］は［㋑］よりも進み方が速い。やがて［㋐］は［㋑］に追いつき，［㋒］ができる。［㋒］ができると，地表付近は［㋓］におおわれる。》

この文章の空欄に当てはまる言葉の組み合わせとして，正しいものは次のうちどれか。

35

	①	②	③	④	⑤	⑥	⑦	⑧
㋐	温暖前線	温暖前線	寒冷前線	寒冷前線	温暖前線	温暖前線	寒冷前線	寒冷前線
㋑	寒冷前線	寒冷前線	温暖前線	温暖前線	寒冷前線	寒冷前線	温暖前線	温暖前線
㋒	停滞前線	停滞前線	停滞前線	停滞前線	閉塞前線	閉塞前線	閉塞前線	閉塞前線
㋓	暖気	寒気	暖気	寒気	暖気	寒気	暖気	寒気

8．　次の文章を読んで，あとの問いの答えとして適切なものを選びなさい。

面を押す力のはたらきを圧力(A) といい，特に大気によって生じた圧力を気圧(B) という。この気圧において，周囲より気圧が高いところを高気圧，低いところを低気圧という。低気圧の中でも，熱帯地方の海上で発達したものを熱帯低気圧といい，これの最大風速が17.2m/s 以上に発達したものを［　C　］という。

問 1　下線部 (A) について，あとの問いに答えなさい。

(1)　100g の物体にはたらく重力の大きさを 1N とする。底面積が $2m^2$，重さが 20kg の物体を机に乗せたとき，机にはたらく圧力の大きさは次のうちどれか。

［36］

① 10Pa　② 20Pa　③ 40Pa　④ 60Pa
⑤ 80Pa　⑥ 100Pa　⑦ 150Pa　⑧ 200Pa

(2)　次の文章のうち，圧力が大きくなる現象を表しているものはどれか。

［37］

① くぎは，先端がとがっているほど打ちこみやすい。
② スキー板をはいて移動すると，足が雪に沈みにくい。
③ ショルダーバッグのひもは，幅が広いほど肩にくいこみにくい。
④ びんのせんは，せんぬきを使うと簡単に開けられる。

問 2　以下の文章は，下線部 (B) に関する説明である。

《 密閉された袋を山のふもとから山頂に運ぶと，袋は [㋐] した。これは，山頂の気圧がふもと付近と比べ [㋑] なり，“周囲の気圧”よりも“袋内の圧力”の方が [㋒] なったからである。》

この文章の空欄に当てはまる言葉の組み合わせとして，正しいものは次のうちどれか。

[38]

	①	②	③	④	⑤	⑥	⑦	⑧
㋐	膨張	膨張	膨張	膨張	収縮	収縮	収縮	収縮
㋑	大きく	大きく	小さく	小さく	大きく	大きく	小さく	小さく
㋒	大きく	小さく	大きく	小さく	大きく	小さく	大きく	小さく

問 3　空欄 C について，あとの問いに答えなさい。

(1)　空欄 C に当てはまる語句は，次のうちどれか。

[39]

①　竜巻　　②　雷雨　　③　暴風　　④　台風

(2)　空欄 C の風速と中心気圧の関係を説明したものとして，適切なものは次のうちどれか。

[40]

①　中心気圧が大きいと，風速は速くなり，強い [C] となりやすい。
②　中心気圧が小さいと，風速は速くなり，強い [C] となりやすい。
③　中心気圧が大きいと，風速は速くなり，弱い [C] となりやすい。
④　中心気圧が小さいと，風速は速くなり，弱い [C] となりやすい。

問題は以上です。

令和6年度
入学試験問題

社　会

試験時間

14:30～15:20(50分)

注意事項

1　試験開始の指示があるまで、この問題用紙を開いてはいけません。

2　試験開始の合図があったら、この問題用紙の所定欄に受験番号を記入しなさい。また、マーク式解答用紙(マークシート)には出身中学校と受験番号を記入して、受験番号をマークしなさい。

3　マーク式解答用紙にマークし、各設問に記す解答番号に対応した解答欄にマークしなさい。

4　問題は35ページまであります。ページの脱落などがあった場合は、手をあげて試験監督に申し出なさい。

受験番号					

大阪夕陽丘学園高等学校

1　次の文を読み，以下の設問に答えなさい。

2022（令和 4）年 11 月 16 日に（ア）東京都の「東京三味線《しゃみせん》」「東京琴《こと》」「江戸表具《ひょうぐ》」が（イ）「伝統的工芸品」に指定された。これで国指定の「伝統的工芸品」は 240 品目となった。実はその 3 品目が指定される前から，「伝統的工芸品」を最も多く有する都道府県は東京都である。商業やサービス業といった（ウ）第 3 次産業が発達している東京のイメージからは意外に感じるかもしれない。実際,「伝統的工芸品」の指定が始まった 1975（昭和 50）年以降，昭和の時代に指定された東京都の「伝統的工芸品」は，現在 2 位の京都府の半分に満たなかった。しかし，（エ）平成以降になって，切子細工（ガラスの表面に彫刻を施したもの）や木版画などの「江戸」の香りを残す工芸品が軒並み指定されている。

京都府が多くの「伝統的工芸品」を有していることは，東京都と違い，イメージ通りだと感じる人が多いだろう。京都は明治維新による東京遷都まで長く（オ）都が置かれ，日本の歴史や伝統を最も色濃く残す都市の一つと言える。実際，（カ）世界遺産に登録された寺社をはじめ，国宝や重要文化財に指定されている建造物・美術工芸品が数多く残っている。

このように「日本の伝統」を感じさせる東京や京都の「伝統的工芸品」は，（キ）外国人観光客のお土産として根強い人気がある。その一方で，（ク）農林水産業と同様，伝統工芸は需要の減少，従事者の高齢化と後継者不足が課題になっている。そのため,「伝統的工芸品」を地域資源として活用し，海外を含めた需要の拡大を実現することが，その課題を克服するための重要な条件の一つになってきている。

問１　下線部（ア）について，次の設問に答えなさい。

(1) 以下の表は，東京都・愛知県・兵庫県・広島県の４つの都道府県の産業別製造品出荷額を示している。東京都のものを①～④の中から一つ選びなさい。

1

	①	②	③	④
自動車	171,398,415	48,774,023	618,825,085	4,595,080
プラスチック	12,659,722	97,250	12,751,086	27,019,948
生コンクリート	2,913,570	9,233,896	6,385,160	5,514,388
印刷	7,464,698	59,479,900	29,349,011	12,425,712

（金額の単位は万円）

【経済産業省 2020 年度工業統計調査より】

(2) 東京都に関する説明文として**適当でないもの**を，次の①～④の中から一つ選びなさい。

2

① 伊豆諸島や小笠原諸島などの太平洋に点在する島々も東京都の一部であり，その中には日本最南端の沖ノ鳥島も含まれる。

② 国会議事堂や多くの中央官庁は，東京で最も多くの人が住んでいる都心に集中して存在している。

③ 2021（令和 3）年度の利用旅客数が日本最多である東京国際空港（羽田空港）は，同年の貿易額では成田国際空港を下回っている。

④ 東京都周辺に広がる東京大都市圏には，横浜市やさいたま市などの政令指定都市が複数存在するが，東京都自体には政令指定都市は存在しない。

問２　下線部（イ）について，A：都道府県とB：「伝統的工芸品」の組合せとして**適当でないもの**を，次の①～④の中から一つ選びなさい。

3

①　A：青森県　B：南部鉄器　　②　A：新潟県　B：小千谷ちぢみ
③　A：京都府　B：清水焼　　④　A：沖縄県　B：三線

問３　下線部（ウ）について，第３次産業に明らかに**含まれないもの**を，次の①～④の中から一つ選びなさい。

4

①　宿泊・飲食業　　②　情報通信技術（ICT）関連産業
③　医療・福祉関連事業　　④　先端技術（ハイテク）産業

問 4　下線部（エ）について，次の設問に答えなさい。

(1)　次の説明文は平成以降に起きた大きな自然災害の一つについて述べたものである。その災害が起こった県として正しいものを，地図の①～④の中から一つ選びなさい。

5

2016（平成 28）年 4 月に震度 7 を観測する地震が続けて起こり，多くの死傷者を出しただけでなく，歴史的建造物も大きな被害を受けた。県庁所在地にある城でも重要文化財の建造物が損壊し，現在も修復工事が続いている。

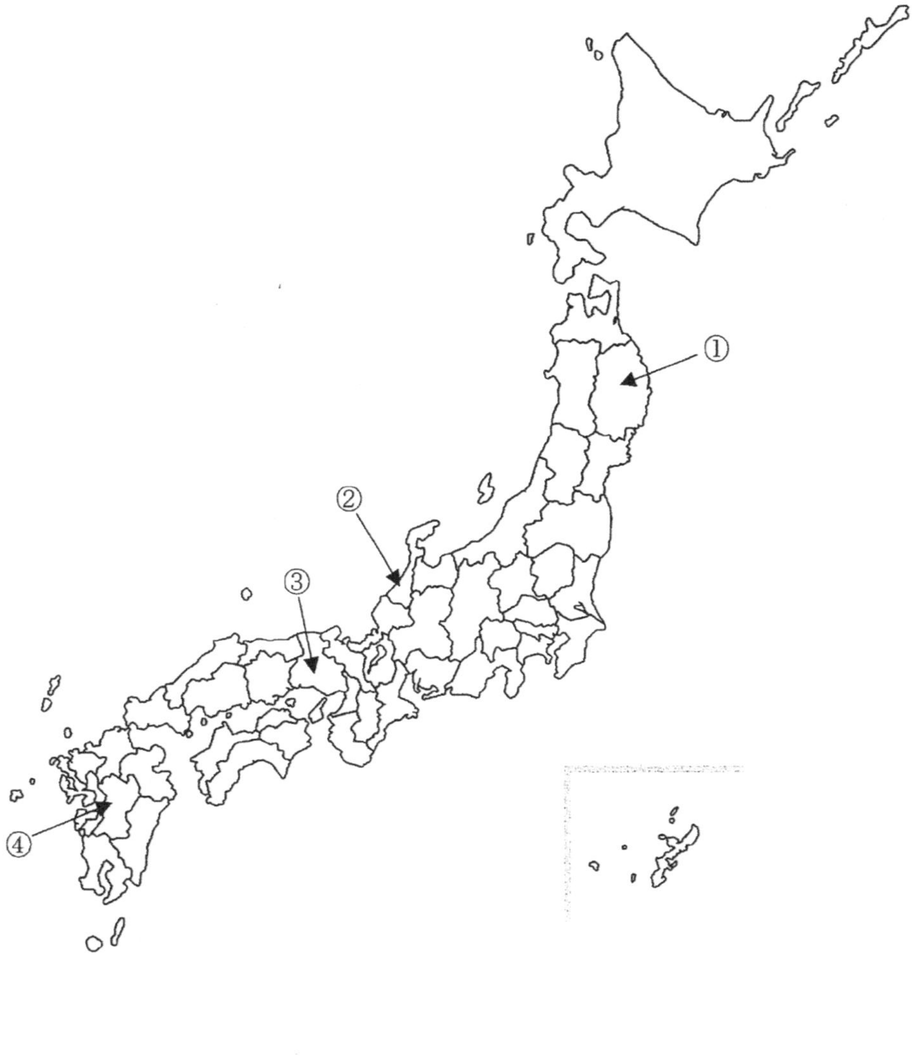

(2) 平成以降の日本に起きた社会の変化について，次の説明文の正誤の組合せとして正しいものを，次の①～④の中から一つ選びなさい。

6

X　少子高齢化が進んだ日本の人口は減少に転じ，2020（令和2）年の日本の人口ピラミッドは年少人口の少ない富士山型になっている。

Y　貿易摩擦の解消や人件費の節約，市場の開拓のために多くの企業が海外に生産拠点を移したことで，日本国内では産業の空洞化が問題となっている。

① X：正　Y：正　　② X：正　Y：誤

③ X：誤　Y：正　　④ X：誤　Y：誤

問5　下線部（オ）について，次の設問に答えなさい。

(1)　次のX・Yの説明文は，それぞれ以下の地図に見えるアジアの国の首都a～dのいずれかについて述べたものである。その組合せとして正しいものを，次の①～④の中から一つ選びなさい。

7

X　最近の日本がサウジアラビアに次いで多くの原油を輸入している国の首都。同国最大の都市は，近年世界でも有数の大都市に発展したドバイだが，この都市はこの国で最も大きな権力を持つ首長一族の本拠地として，同国の政治の中心地となっている。

Y　現在も人口が増加し続けている世界的な人口大国の首都。この都市の人口だけでも1000万人をはるかに超えている。伝統的に数学の教育水準が高いこの国では，ICT関連産業が近年急速に発達している。また，京都と同様に古い歴史を持つこの都市も，中心部はビルが立ち並ぶ現代的な大都市の姿を見せている。

①　X：a　Y：c　　②　X：b　Y：c

③　X：a　Y：d　　④　X：b　Y：d

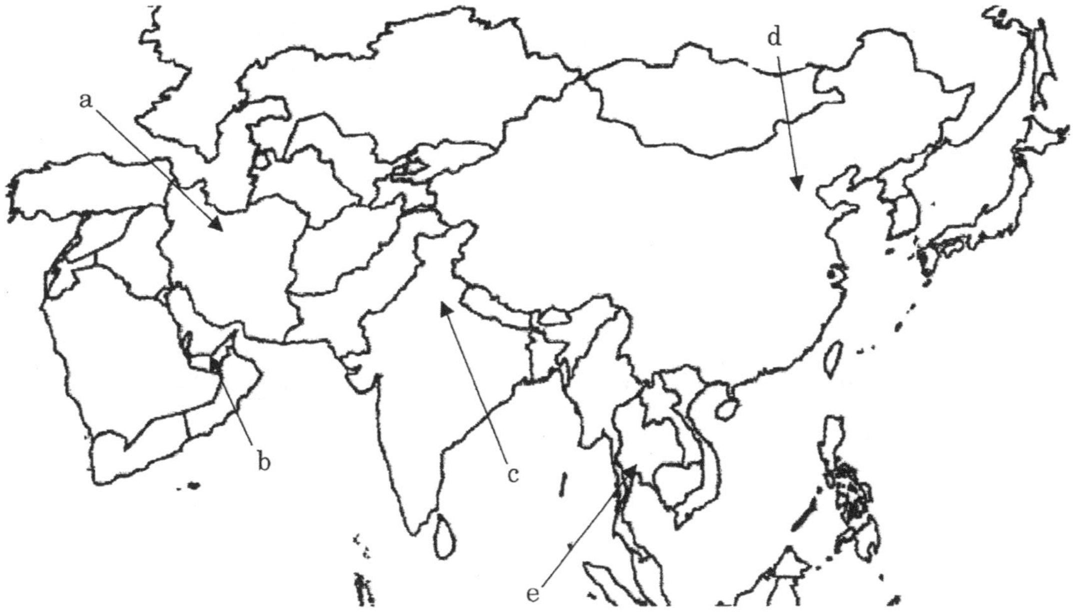

(2) 前ページ地図中のｅもある国の首都である。この都市の雨温図として正しいものを，次の①～④の中から一つ選びなさい。

8

①

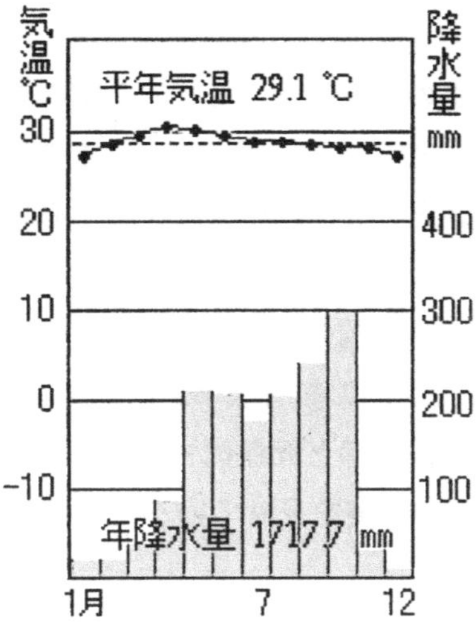

②

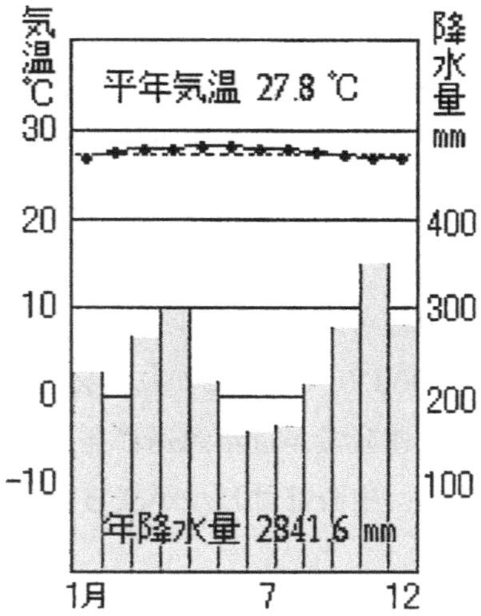

③

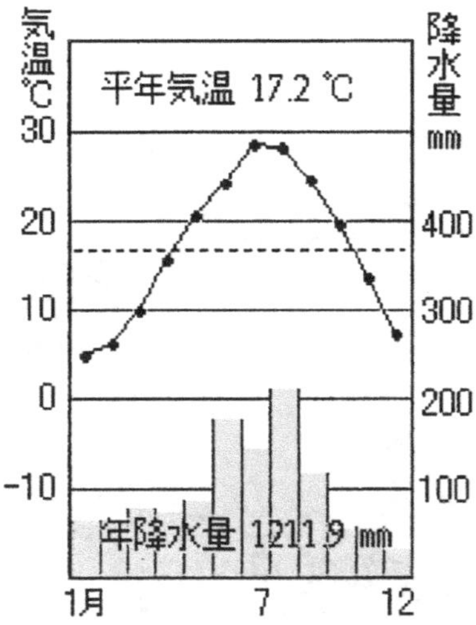

④

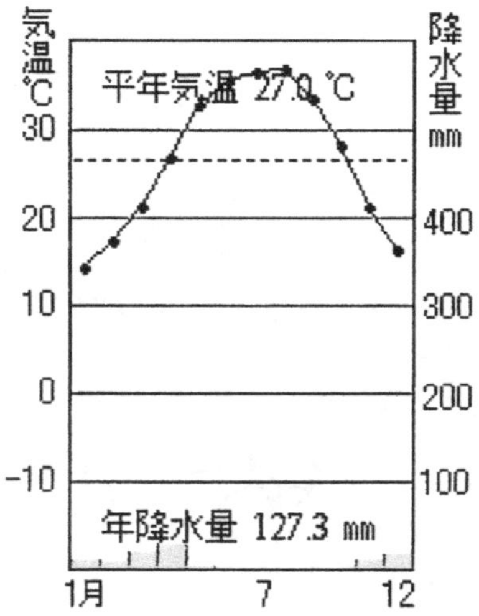

【気象庁 2020 より】

問6　下線部（カ）について，ブナの原生林で知られる日本の世界遺産を，次の①～④の中から一つ選びなさい。

9

①　屋久島　　②　熊野古道　　③　白神山地　　④　知床半島

問7　下線部（キ）について，以下の表は，1999（平成11）年，2009（平成21）年，2019（令和元）年の日本を訪れた外国人の上位三か国と合計の人数を表したものである（中国，台湾，香港は別の国として集計）。表中のA～Cの国の正しい組合せを，次の①～④の中から一つ選びなさい。

10

	1999年	2009年	2019年
1位	(A) 942, 674人	(A) 1,586,772人	(C) 9,594,394人
2位	台湾 931,411人	台湾 1,024,292人	(A) 5,584,597人
3位	(B) 697,630人	(C) 1,006,085人	台湾 4,890,602人
合計	4,437,863人	6,789,658人	31,882,049人

【政府観光局「日本の観光統計データ」より】

①　A：中国　B：フィリピン　C：韓国
②　A：中国　B：香港　C：韓国
③　A：韓国　B：アメリカ　C：中国
④　A：韓国　B：オーストラリア　C：中国

問 8　下線部（ク）について，次の設問に答えなさい。

(1) 以下の表は日本の漁業の種類別生産量の推移を示している。AとBにあてはまる漁業の組合せとして正しいものを，次の①～④の中から一つ選びなさい。

11

	2000年	2010年	2018年
沖合漁業	2,591	2,356	2,042
A	855	480	349
B	1,231	1,111	1,005

(単位は千 t)

【日本国勢図会 2021/2022 より】

① A : 遠洋漁業　B : 沿岸漁業

② A : 遠洋漁業　B : 養殖業

③ A : 沿岸漁業　B : 養殖業

④ A : 養殖業　　B : 遠洋漁業

(2) 農産物の輸入自由化などのグローバル化の動きによって，日本では自給率の低下が長らく問題になっている。以下の表は日本の主な農産物の 1991 年度及び 2016 年度の食料自給率を表している。A～C の組合せとして正しいものを，次の①～④の中から一つ選びなさい。

12

	1991 年度	2016 年度
米	100	97
A	90	80
B	59	41
C	12	12

（単位は%）

【農林水産省「食料需給表」より】

① A：小麦，B：野菜，C：果実
② A：野菜，B：果実，C：小麦
③ A：果実，B：小麦，C：野菜
④ A：果実，B：野菜，C：小麦

2　日本と海外の交流と，当時の世界事情に関する次の年表を見て，以下の設問に答えなさい。

日本			世界	
時代	年代	事項	年代	事項
旧石器	約 20 万～1 万数千年前	(ア) 大型動物を追って，大陸と地続きだった日本列島に新人が移動してくる。		
縄文			紀元前 3500～紀元前 1600 年頃	世界各地で (イ) 古代文明が生まれる。
弥生	～3 世紀頃	稲作とともに伝わった (ウ) 金属器が使われるようになる。	紀元前 3 世紀～	(エ) 地中海沿岸や中国で巨大帝国がつくられる。
古墳	5～6 世紀頃	渡来人が日本にさまざまな (オ) 大陸の文化を伝える。		
飛鳥	607 年 7 世紀～	(カ) 聖徳太子らが中国の王朝に使者を送る。 (　キ　) の派遣がはじまる。		
奈良	8 世紀頃	聖武天皇が (ク) 仏教の力で国を守る政治を行う。 中国の高僧の (　ケ　) が日本に招かれる。		
平安	894 年 12 世紀後半	(　キ　) が廃止される。 (コ) 国風文化が起こる。 (サ) 平清盛が中国の王朝との貿易を進める。		
鎌倉		中国から禅宗が伝わるなど，(シ) 新しい仏教がさかんになる。		

鎌倉	1274・1281年	(ス) 中国の王朝が日本に襲来する。		
	1297年	外国の襲来で大きな負担を受けた(セ) 御家人のために,幕府が徳政令を出す。		
室町	15世紀初め～	明と(ソ) 勘合貿易を始める。	15世紀後半～	(テ) 大航海時代が始まる。
	15世紀頃	貿易で栄えた町や(タ) 京都などで自治を行う人々があらわれる。		
		明にわたって水墨画を学んだ(　チ　)が名作を残す。		
	16世紀中頃～	(ツ) 戦国大名たちがヨーロッパ人と貿易する。		
安土桃山	1575年	(　ト-A　)が大量の鉄砲を効果的に用いて長篠の戦いで武田氏に勝利する。		
	1587年	(　ト-B　)がキリスト教宣教師の国外追放を命ずる。		
	1592・1597年	(　ト-C　)が朝鮮半島に出兵する。		
江戸	1641年	(ナ) 出島がつくられる。	17世紀～	ヨーロッパやアメリカで(ハ) 市民革命の動きがさかんになる。
	17世紀後半～	日本独自の文化として(ニ) 浮世絵が生まれる。		
	19世紀初め頃	(　ヌ　)のおこなった享保の改革で漢訳洋書の輸入制限が緩和される。		
	1854年	(ネ-A) 日米和親条約を結ぶ。	1840年	(ヒ) アヘン戦争が起こる。
	1858年	(ネ-B) 日米修好通商条約を結ぶ。		
		(ノ) 尊王攘夷運動がさかんになる。		

明治	1871～3年	(フ) 岩倉使節団がアメリカやヨーロッパを視察する。		
	1880年頃	不平等条約の改正を目指して，(ヘ) 鹿鳴館を建設するなどの欧化政策がとられる。		
	1894年	(ホ-A) 日清戦争が起こる。		
	1904年	(ホ-B) 日露戦争が起こる。		

問1　下線部（ア）について，この時代の大型動物に**含まれないもの**を，次の①～④の中から一つ選びなさい。

13

①　マンモス　②　ナウマンゾウ　③　スマトラトラ　④　オオツノジカ

問2　下線部（イ）について，次の説明文の正誤の組合せとして正しいものを，①～④の中から一つ選びなさい。

14

X　メソポタミア文明はティグリス川とユーフラテス川の流域で生まれ，くさび形文字を使用した。

Y　エジプト文明はナイル川の流域で生まれ，そこで時間を計る60進法が生み出された。

①　X：正　Y：正　　②　X：正　Y：誤

③　X：誤　Y：正　　④　X：誤　Y：誤

問３　下線部（ウ）について，この時代の金属器として正しいものを，次の①～④の中から一つ選びなさい。

15

①

②

③

④

問４　下線部（エ）について，この地域の巨大帝国に支配されていた民族から生まれ，当初は迫害されていたが４世紀末には帝国の国教になった宗教を，次の①～④の中から一つ選びなさい。

16

①　仏教　　②　儒教　　③　キリスト教　　④　イスラム教

問５　下線部（オ）について，古墳時代の渡来人が日本に伝えた技術によってつくられたものとして正しいものを，次の①～④の中から一つ選びなさい。

17

①

②

③

④

問6　下線部（カ）について述べた文として**適当でないもの**を，次の①～④の中から一つ選びなさい。

18

① 女性の推古天皇が即位すると，蘇我氏とともに新しい政治を行った。
② 冠位十二階の制度を定めて，家がらに関係なく，有能な人物を役人に用いた。
③ 中国の律令をまねて，十七条の憲法のもととなる大宝律令をつくった。
④ 世界最古の木造建築として知られる法隆寺を建てた。

問7　（　キ　）にはいずれも同じ中国の王朝への使節団をあらわす語句が入るが，その王朝として正しいものを，次の①～④の中から一つ選びなさい。

19

① 漢　　② 隋　　③ 唐　　④ 宋

問8　下線部（ク）について，次の説明文の正誤の組合せとして正しいものを，①～④の中から一つ選びなさい。

20

X　国ごとに国分寺を建てるように命じ，女性の出家を禁止した。
Y　民衆からの広い支持を受けていた行基の協力を得て，東大寺に大仏を造立した。

① X：正　Y：正　　② X：正　Y：誤
③ X：誤　Y：正　　④ X：誤　Y：誤

問9　（　ケ　）に入る人物を，次の①～④の中から一つ選びなさい。

21

①

②

③

④

2	7	① ② ③ ④
	8	① ② ③ ④
	9	① ② ③ ④
	10	① ② ③ ④

3	11	① ② ③ ④
	12	① ② ③ ④
	13	① ② ③ ④ ⑤ ⑥ ⑦ ⑧
	14	① ② ③ ④ ⑤ ⑥ ⑦
	15	① ② ③ ④ ⑤ ⑥

4	16	① ② ③ ④ ⑤ ⑥ ⑦ ⑧ ⑨
	17	① ② ③ ④ ⑤ ⑥ ⑦ ⑧ ⑨
	18	① ② ③ ④ ⑤ ⑥ ⑦ ⑧
	19	① ② ③ ④ ⑤ ⑥ ⑦ ⑧
	20	① ② ③ ④ ⑤ ⑥ ⑦ ⑧

6	27	① ② ③ ④
	28	① ② ③ ④
	29	① ② ③ ④
	30	① ② ③ ④ ⑤ ⑥

7	31	① ② ③ ④
	32	① ② ③ ④
	33	① ② ③ ④ ⑤
	34	① ② ③ ④ ⑤ ⑥ ⑦ ⑧
	35	① ② ③ ④ ⑤ ⑥ ⑦ ⑧

8	36	① ② ③ ④ ⑤ ⑥ ⑦ ⑧
	37	① ② ③ ④
	38	① ② ③ ④ ⑤ ⑥ ⑦ ⑧
	39	① ② ③ ④
	40	① ② ③ ④

20	3

番号	配点
21	3
22	2
23	3
24	3
25	2
26	2
27	2
28	2
29	3
30	3
31	2
32	2
33	3
34	2
35	3
36	3
37	3
38	3
39	2
40	2

大 阪 夕 陽 丘 学 園 高 等 学 校

SN-0026*(1054)

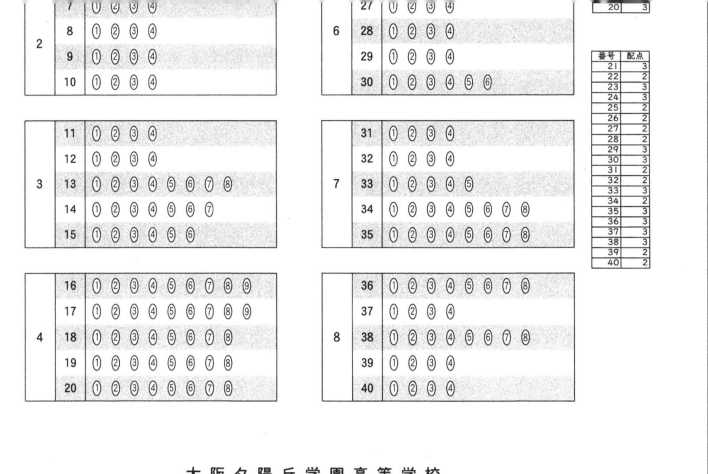

7	①	②	③	④
8	①	②	③	④
9	①	②	③	④
10	①	②	③	④
11	①	②	③	④
12	①	②	③	④
13	①	②	③	④
14	①	②	③	④
15	①	②	③	④
16	①	②	③	④
17	①	②	③	④
18	①	②	③	④
19	①	②	③	④
20	①	②	③	④

27	①	②	③	④
28	①	②	③	④
29	①	②	③	④
30	①	②	③	④
31	①	②	③	④
32	①	②	③	④
33	①	②	③	④
34	①	②	③	④
35	①	②	③	④
36	①	②	③	④
37	①	②	③	④
38	①	②	③	④
39	①	②	③	④
40	①	②	③	④

47	①	②	③	④
48	①	②	③	④
49	①	②	③	④
50	①	②	③	④
51	①	②	③	④
52	①	②	③	④
53	①	②	③	④
54	①	②	③	④
55	①	②	③	④
56	①	②	③	④
57	①	②	③	④
58	①	②	③	④
59	①	②	③	④
60	①	②	③	④

大 阪 夕 陽 丘 学 園 高 等 学 校

SN-0132*(545)

※100点満点

入学試験　解答用紙［社会］

番号	配点
1	2
2	2
3	1
4	2
5	1
6	2
7	1
8	2
9	2
10	2
11	1
12	2
13	1
14	2
15	2
16	1
17	2
18	2
19	2
20	1
21	2
22	2
23	2
24	1
25	2
26	2
27	1
28	2
29	2
30	1

番号	配点
31	2
32	1
33	2
34	2
35	2
36	1
37	2
38	2
39	1
40	2
41	2
42	1
43	2
44	1
45	2
46	1
47	2
48	2
49	1
50	2
51	2
52	1
53	2
54	2
55	2
56	1
57	2
58	1
59	2
60	2

受験番号				
⓪	⓪	⓪	⓪	⓪
①	①	①	①	①
②	②	②	②	②
③	③	③	③	③
④	④	④	④	④
⑤	⑤	⑤	⑤	⑤
⑥	⑥	⑥	⑥	⑥
⑦	⑦	⑦	⑦	⑦
⑧	⑧	⑧	⑧	⑧
⑨	⑨	⑨	⑨	⑨

出身中学校	中学校

1. 記入欄・マーク欄以外には記入しないで下さい。
2. 鉛筆で、しっかり濃くマークして下さい。
3. 間違った場合には、消しゴムで、きれいに消して下さい。

マーク例

良い例	●	悪い例	✓ ⦿ ◐

問	解答欄			
1	①	②	③	④
2	①	②	③	④
3	①	②	③	④
4	①	②	③	④

問	解答欄			
21	①	②	③	④
22	①	②	③	④
23	①	②	③	④
24	①	②	③	④

問	解答欄			
41	①	②	③	④
42	①	②	③	④
43	①	②	③	④
44	①	②	③	④

※100点満点

入学試験　解答用紙［理科］

受験番号				
0	0	0	0	0
1	1	1	1	1
2	2	2	2	2
3	3	3	3	3
4	4	4	4	4
5	5	5	5	5
6	6	6	6	6
7	7	7	7	7
8	8	8	8	8
9	9	9	9	9

出身 中学校	中学校

1. 記入欄・マーク欄以外には記入しないで下さい。
2. 鉛筆で、しっかり濃くマークして下さい。
3. 間違った場合には、消しゴムで、きれいに消して下さい。

マーク例

良い例	●	悪い例	✓ ⊙ ◐

大問	番号	解答欄
1	1	①②③④
	2	①②③④⑤⑥⑦⑧
	3	①②③④⑤⑥⑦⑧
	4	①②③④
	5	①②③④⑤⑥⑦⑧

大問	番号	解答欄
5	21	①②③④⑤⑥⑦⑧
	22	①②③④⑤⑥⑦⑧
	23	①②③④
	24	①②③④
	25	①②③④

番号	配点
1	2
2	2
3	3
4	3
5	3
6	3
7	2
8	2
9	3
10	2
11	2
12	2
13	2
14	3

【解答

問 10　下線部（コ）について，次の説明文の正誤の組合せとして正しいものを，次の①～④の中から一つ選びなさい。

22

X　漢字をもとにしたひらがなやカタカナが生まれ，それらを用いて『万葉集』や『源氏物語』などの文学作品がつくられた。

Y　貴族は日本の風土に合った書院造の住居で暮らしていた。

①　X：正　Y：正　　②　X：正　Y：誤

③　X：誤　Y：正　　④　X：誤　Y：誤

問 11　下線部（サ）について述べた文として正しいものを，次の①～④の中から一つ選びなさい。

23

①　天皇家や藤原氏の親族どうしの政権争いから始まった保元の乱で，勝利した側の武士として活躍した。

②　平治の乱で源義朝に勝利し，後鳥羽上皇の院政を助けて，政権の基礎をつくった。

③　武士として初めて征夷大将軍となり，一族も高位・高官につけた。

④　娘を天皇に嫁がせる藤原氏のような政治は行わず，武士中心の新しい政治を行った。

問 12　下線部（シ）について，鎌倉時代に生まれた新しい仏教の宗派Aと，それを開いた人物Bの組合せとして正しいものを，次の①～④の中から一つ選びなさい。

24

①　A：浄土宗　B：親鸞　　②　A：浄土真宗　B：栄西

③　A：臨済宗　B：道元　　④　A：時宗　B：一遍

問13　下線部（ス）について，この王朝はもともと別の地域から中国に侵入してきたが，その地域を示しているものを，次の①～④の中から一つ選びなさい。

25

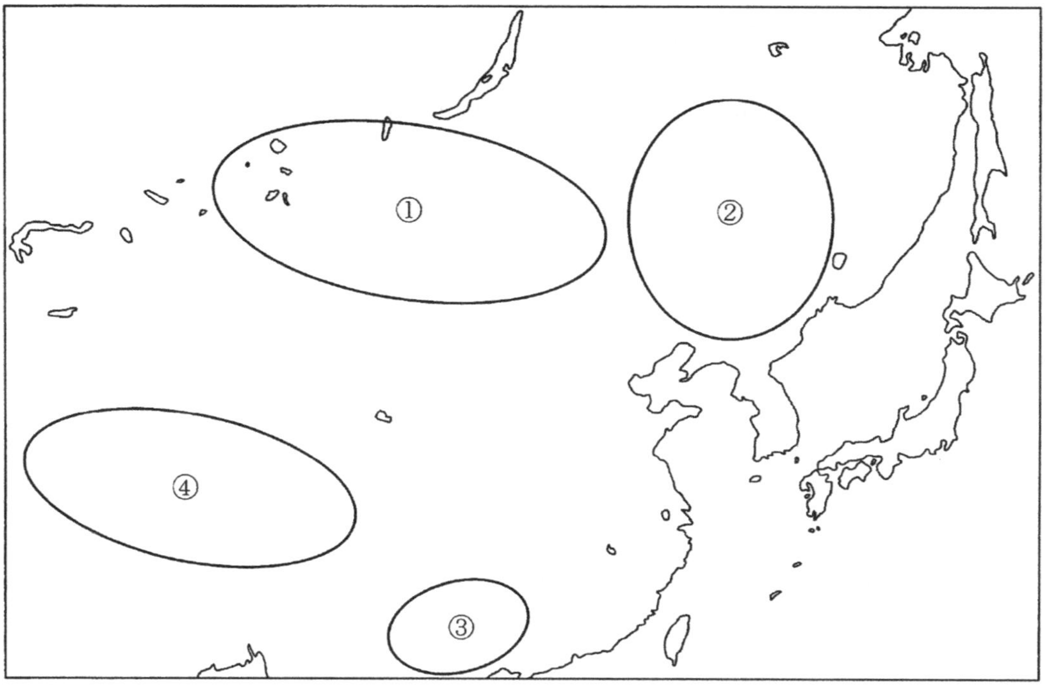

問 14　下線部（セ）について，次の説明文の正誤の組合せとして正しいものを，次の①～④の中から一つ選びなさい。

26

X　御家人には，平時でも京や鎌倉の警備など幕府に対する奉公の義務があった。
Y　御家人の領地は女性も相続することができ，女性の地頭も存在した。

①　X：正　Y：正　　②　X：正　Y：誤
③　X：誤　Y：正　　④　X：誤　Y：誤

問 15　下線部（ソ）をはじめた人物を，次の①～④の中から一つ選びなさい。

27

①　足利尊氏　　②　足利義昭　　③　足利義満　　④　足利義政

問 16　下線部（タ）について，京都で自治を行った人々を，次の①～④の中から一つ選びなさい。

28

①　惣　　②　座　　③　問丸　　④　町衆

問 17　（　チ　）に入る人物を，次の①～④の中から一つ選びなさい。

29

①　観阿弥　　②　世阿弥　　③　雪舟　　④　千利休

問18　下線部（ツ）について述べた文として正しいものを，次の①～④の中から一つ選びなさい。

30

① 1467年に起こった承久の乱が，幕府の弱体化と，領地の拡大を目指す戦国大名の登場の一因であった。
② 領国内の武士たちを強い力で従わせる下剋上の風潮によって，守護大名から戦国大名に成長した者もあった。
③ 戦国大名は，本拠地の城の周囲に商工業者を集めて，門前町と呼ばれる町をつくった。
④ 戦国大名の中には，自分の領国を治めるための独自の法律である分国法をつくる者もあった。

問19　下線部（テ）について述べた文として**適当でないもの**を，次の①～④の中から一つ選びなさい。

31

① 絹織物や香辛料などアジアの産物を直接手に入れることが，ヨーロッパ人の海外進出の理由の一つだった。
② ヨーロッパの国々のうち，最初に積極的な海外進出を行ったのは，ポルトガルとスペインだった。
③ ポルトガルは，インドや東南アジアの各地に拠点をつくり，香辛料などの交易で多大な利益を手に入れた。
④ スペインは，アフリカ大陸に進出し，インカ帝国などの先住民族の国々を征服した。

問20 （ト - A）（ト - B）（ト - C）には，「織田信長」か「豊臣秀吉」のいずれかが入る。その組合せとして正しいものを，次の①～④の中から一つ選びなさい。

32

① A：織田信長 B：織田信長 C：織田信長
② A：織田信長 B：織田信長 C：豊臣秀吉
③ A：織田信長 B：豊臣秀吉 C：豊臣秀吉
④ A：豊臣秀吉 B：豊臣秀吉 C：豊臣秀吉

問21 下線部（ナ）について，次の説明文の正誤の組合せとして正しいものを，次の①～④の中から一つ選びなさい。

33

X 長崎につくられ，ヨーロッパの国として幕府に唯一貿易が認められたオランダの商館はここに移された。
Y 将軍の就任祝いなどを目的に派遣された朝鮮通信使も，幕府の役人と交流することはここでしか許されていなかった。

① X：正 Y：正　② X：正 Y：誤
③ X：誤 Y：正　④ X：誤 Y：誤

問22　下線部（ニ）について，浮世絵に当てはまるものを次の①～④の中から一つ選びなさい。

34

①

②

③

④

問 23 （ ヌ ）に入る人物を，次の①～④の中から一つ選びなさい。

35

① 徳川吉宗　② 田沼意次　③ 松平定信　④ 水野忠邦

問 24 下線部（ネ-A）（ネ-B）について，次の説明文の正誤の組合せとして正しいものを，次の①～④の中から一つ選びなさい。

36

X Aの条約では下田と箱館（函館）を開港することになり，Bの条約ではそれらに加えて，神奈川・長崎・新潟・大坂（大阪）の開港も決められた。

Y Aの条約では港で燃料や食料などの必要な物資を供給することを認めたが，両国間の自由な貿易活動は，Bの条約が結ばれるまで認められなかった。

① X：正　Y：正　② X：正　Y：誤
③ X：誤　Y：正　④ X：誤　Y：誤

問 25 下線部（ノ）について述べた文として**適当でないもの**を，次の①～④の中から一つ選びなさい。

37

① 攘夷とは，幕府の開国和親の方針に対して，外国人を打ち払おうとする考えであった。
② 大老の井伊直弼は，桜田門外の変で尊王攘夷運動を厳しく取り締まった。
③ 尊王攘夷運動に積極的だった長州藩は，関門海峡を通る外国船に砲撃を加えた。
④ イギリスによって鹿児島を砲撃された薩摩藩は，攘夷の困難を認識し，倒幕を目指すようになった。

問 26　下線部（ハ）について，市民革命に関わる事件を年代順に正しくならべたものを，次の①〜④の中から一つ選びなさい。

38

① ピューリタン革命 → 名誉革命 → フランス革命 → アメリカ独立戦争
② ピューリタン革命 → 名誉革命 → アメリカ独立戦争 → フランス革命
③ 名誉革命 → ピューリタン革命 → フランス革命 → アメリカ独立戦争
④ 名誉革命 → ピューリタン革命 → アメリカ独立戦争 → フランス革命

問 27　下線部（ヒ）について，次のX・Yはその前後の日本の外交政策に関する説明文である。その正誤の組合せとして正しいものを，次の①〜④の中から一つ選びなさい。

39

X　アヘン戦争が起こったころ，幕府は日本の沿岸に近づいた外国船を，武力で追い払っていた。
Y　アヘン戦争で清がアメリカに負けたことを知った幕府は，日本の沿岸に近づく外国船に必要な物資を与えて帰すようになった。

① X：正　Y：正　　② X：正　Y：誤
③ X：誤　Y：正　　④ X：誤　Y：誤

問 28　下線部（フ）について，この使節団に日本最初の女子留学生の一人として同行し，2024 年発行の新五千円札に肖像画が刷られる予定の人物を，次の①〜④の中から一つ選びなさい。

40

① 与謝野晶子　② 津田梅子　③ 樋口一葉　④ 平塚らいてう

問 29　下線部（へ）について，当時の鹿鳴館の様子をあらわしているものを次の①～④の中から一つ選びなさい。

41

①

②

③

④

問 30　下線部（ホ - A）（ホ - B）について述べた文として正しいものを，次の①～④の中から一つ選びなさい。

42

① Aの戦争は，朝鮮半島への影響力を強めようとする日本を警戒した清が，ロシア・フランス・ドイツの協力を得て始めた戦争である。

② Aの戦争では日本が勝利し，遼東半島の支配権を得たが，ロシア・フランス・ドイツの干渉によって，それを返還することになった。

③ Bの戦争では，社会主義者らの戦争反対の意見を受けて，戦争に批判的な声が戦争を支持する声より大きくなった。

④ Bの戦争の講和会議に参加した外務大臣の小村寿太郎は治外法権の撤廃を実現した。

3　次の文や資料を見て，以下の設問に答えなさい。

(ア) 2019年の年末に中国で発症例が確認された新型コロナウイルス感染症 (COVID - 19) は，(イ) グローバル化が著しい現代において，急速に世界中に広がり多くの死者を出した。しかし，その足かけ3年以上に及ぶ猛威は，2023年に入ってようやく落ち着きを見せてきた。日本でも，2023年5月に感染症法上の分類が2類相当から5類に引き下げられ，(ウ) 感染拡大を防止するため，これまでの厳しい制限がすべて撤廃された。 このパンデミック (感染症の大流行) は，世界の (エ) 経済に与えた影響も多大なものだった。旅行・観光・外食などの業界は言うまでもなく，外出が厳しく制限された時期には従来の小売業が全般的に売り上げを下げた。一方で，人との直接的な接触がおさえられる情報通信技術の成長はさらに進み，世界の (オ) 情報化の流れは，このパンデミックによって，いよいよ決定的なものになったと言える。

問1　下線部 (ア) について，次の設問に答えなさい。

(1) 2019年は現在の天皇陛下が即位された年である。天皇について述べている以下の日本国憲法の条文の空欄A・Bに当てはまる組合せとして正しいものを，次の①～④の中から一つ選びなさい。

43

天皇は，日本国の（　A　）であり日本国民統合の（　A　）であって，この地位は，（　B　）の存する日本国民の総意に基づく。

①　A：代表　　B：自由
②　A：代表　　B：主権
③　A：象徴　　B：自由
④　A：象徴　　B：主権

(2) 2019年は消費税が一部を除き10%に引き上げられた年である。消費税についての説明文として正しいものを，次の①～④の中から一つ選びなさい。

44

① 消費税は，法人税などと同様に，税を納める者と税を負担する者が異なる間接税である。

② 消費税はすべて国の収入になる国税であるのに対し，酒類にかけられる酒税はすべて地方税である。

③ 消費税は，所得税のような累進課税の制度がないので，所得が低い人ほど自分の所得に対する税の割合が高くなる。

④ すべての飲食料品が，2019年の消費税率引き上げの際に税率が8%のままですえ置かれた。

問2 下線部（イ）について，次の設問に答えなさい。

(1) 世界が国境を越えて一つになるグローバル化の動きはいろいろな分野で進んでいるが，その具体例として**適当でないもの**を，次の①～④の中から一つ選びなさい。

45

① 近年の全人口における高齢者の割合の増加は，日本だけではなく，世界中の多くの国に見られる傾向である。

② 日本のアニメが世界中で放映され，そのゆかりの地を訪ねるために来日する外国人もいる。

③ 地震や火山の噴火などの大きな自然災害が起こった国に対して，世界各国から多くの支援がある。

④ インターネットを通じて簡単に世界中の人々と交流を持つことができるようになっている。

(2) グローバル化が進むことで，世界の貿易総額も海外旅行者数も大幅に増加している。貿易も旅行も，両国の使用通貨の交換比率である為替相場によって大きく左右される。以下の表のA～Dに入る言葉の組合せとして正しいものを，次の①～④の中から一つ選びなさい。

46

	A	B
C	安くなる	高くなる
D	高くなる	安くなる

① A：日本の輸出額　B：日本からの海外旅行費　C：円高　D：円安
② A：日本の輸入額　B：海外から日本への旅行費　C：円高　D：円安
③ A：日本の輸出額　B：海外から日本への旅行費　C：円安　D：円高
④ A：日本の輸入額　B：日本からの海外旅行費　C：円安　D：円高

(3) 経済のグローバル化について述べている以下の説明文の空欄A・Bに当てはまる組合せとして正しいものを，次の①～④の中から一つ選びなさい。

47

現在では日本で活動する海外資本の（　A　）企業よりはるかに多くの日系の（　A　）企業が海外で活動している。また，それぞれの国が得意分野の生産を受け持つ国際的な（　B　）もさかんに行われるようになっている。

① A：公　B：競争
② A：公　B：分業
③ A：多国籍　B：競争
④ A：多国籍　B：分業

問３　下線部（ウ）について，感染症の予防を行う社会保障制度として正しいものを，次の①～④の中から一つ選びなさい。

48

①　公的扶助　　②　公衆衛生　　③　社会保険　　④　社会福祉

問４　下線部（エ）について，次の設問に答えなさい。

(1)　日本の経済全体のしくみをあらわした以下の図において，空欄Ａ～Ｃに当てはまる組合せとして正しいものを，次の①～④の中から一つ選びなさい。

49

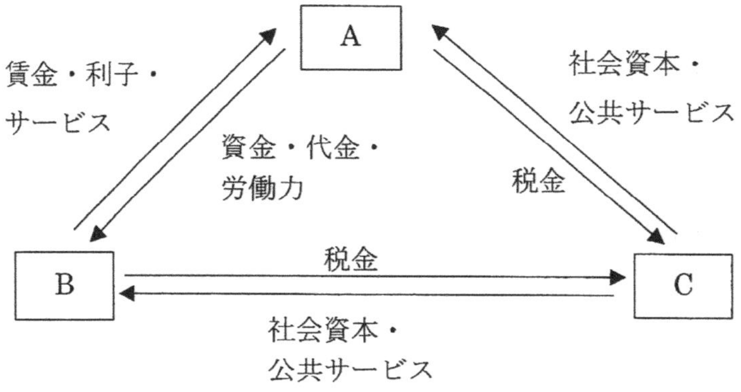

①　Ａ：家計　Ｂ：企業　Ｃ：政府
②　Ａ：家計　Ｂ：政府　Ｃ：企業
③　Ａ：企業　Ｂ：政府　Ｃ：家計
④　Ａ：企業　Ｂ：家計　Ｃ：政府

(2) 日本では企業の多くが株式会社である。株式会社について述べた以下の説明文の空欄A・Bに当てはまる組合せとして正しいものを，次の①～④の中から一つ選びなさい。

50

必要な資金を少額に分けた株式を出資者である（　A　）に購入してもらい，生産活動で利潤が出たときは，その利潤を（　B　）として（　A　）に分配する。

① A：取締役　B：資本
② A：取締役　B：配当
③ A：株主　　B：資本
④ A：株主　　B：配当

問5　下線部（オ）について述べた文として**適当でないもの**を，次の①～④の中から一つ選びなさい。

51

① 情報化が進んだ社会では，情報を適切に活用する能力である情報リテラシーが，情報を受け取る側にも求められる。
② 情報化が進んだ社会では，個人のプライバシーに関する情報もいろいろなところに記録されるので，その管理のしかたが課題の一つとなっている。
③ 企業も消費者の消費動向に関する情報を多く入手できるようになったが，その情報の管理を，日本ではPL法によって企業に義務付けている。
④ 人間の能力をはるかに上回る情報処理能力を持ち，人から指示を受けなくても，学習して新しいことを行える人工知能が登場してきている。

4　次の文を読み，(　　)に適する語や内容を，それぞれ①～④の中から一つずつ選びなさい。

2023（令和5）年4月1日に，前年公布された「こども基本法」が施行されるとともに，内閣府に置かれた「こども家庭庁」が業務を開始した。

「こども基本法」は，『日本国憲法』（以下『憲法』とする）の3つの基本原理の一つである（　ア　）が，こどもにも適用されることをふまえ，「全てのこどもが，将来にわたって幸福な生活を送ることができる社会の実現を目指し，こども政策を総合的に推進すること」を目的に作られた法律である。『憲法』第13条では，全ての国民が，（　イ　）に反しない限り最大限に優先される幸福追求権を持つとされている。「こども基本法」はこの精神にのっとっていると言えよう。なお，特に「こども」と関連する『憲法』の条文としては，国民の教育を受ける権利と合わせて，国民の3大（　ウ　）の一つである，自分のこどもに普通教育を受けさせる（　ウ　）が示されている第26条，労働においてこどもの酷使を禁じた第27条がある。（　エ　）では，『憲法』第27条をふまえて，未成年者の労働条件について具体的な規制を取り決めている。

この「こども基本法」の精神に合う政策に具体的に取り組むのが，「こども家庭庁」である。そもそも，この機関は「こども庁」の名称で設置の議論が開始されたが，議論が進む中で，子育てには家庭が重要な役割を果たすという考えから今の名称になった。

家庭と『憲法』という点では，第24条や，第14条でも示されている「両性の本質的（　オ　）」が婚姻および家族に関する事がらについても守られなければならないとしている。この考え方は現代の日本人にとってはもはや常識である。『憲法』第22条では，あらゆる人が（　カ　）の自由とともに職業選択の自由を持つとされており，今や夫婦共働きが日本の家庭の一般的な姿となった。

ところで，『憲法』第52条にもとづき毎年1回行われる2023年度の（　キ　）の初日の演説で，岸田首相は「次元の異なる少子化対策」を「最重要政策」と位置付けた。その国会の会期末に，『憲法』第69条にもとづいて，野党より（　ク　）に内閣不信任案が提出される直前，岸田首相は「先送りできない課題」に答えを出す必要があるとして，現時点での（　ク　）の解散を否定した。「少子化対策」も間違いなく「先送りできない課題」の一つであろう。この「少子化対策」を主に担当するのも「こども家庭庁」である。しかし，夫婦共働きの家庭における子育ての負担の大きさなど，少子化の改善に向けて，解決すべき課題は多い。『憲法』前文にあるように，全ての国民が（　ケ　）を享受できるような「少子化対策」が実現できるか，行政はその手腕が問われている。

（ア）① 国民主権　　② 基本的人権の尊重　　52
③ 平和主義　　④ 精神の自由

（イ）① 法律の範囲内　　② 国民の総意　　53
③ 法の下の平等　　④ 公共の福祉

（ウ）① 権利　　② 自由　　54
③ 義務　　④ 制度

（エ）① 労働基準法　　② 労働組合法　　55
③ 労働関係調整法　　④ 男女雇用機会均等法

（オ）① 自由　　② 平和　　56
③ 尊重　　④ 平等

（カ）① 集会，結社　　② 言論，出版　　57
③ 居住，移転　　④ 教育，勤労

（キ）① 常会　　② 臨時会　　58
③ 特別会　　④ 緊急集会

（ク）① 衆議院　　② 参議院　　59
③ 両院協議会　　④ 弾劾裁判所

（ケ）　①　権威　　　　②　権力　　　　60
　　　　③　福利　　　　④　福祉

問題は以上です。

令和５年度
入学試験問題

国　語

試験時間

9:00〜9:50（50分）

注意事項

1　試験開始の指示があるまで、この問題用紙を開いてはいけません。

2　試験開始の合図があったら、この問題用紙の所定欄に受験番号を記入しなさい。また、マーク式解答用紙（マークシート）には出身中学校と受験番号を記入して、受験番号をマークしなさい。

3　マーク式解答用紙にマークし、各設問に記す解答番号に対応した解答欄にマークしなさい。

4　問題は16ページまであります。ページの脱落などがあった場合は、手をあげて試験監督に申し出なさい。

受験番号					

大阪夕陽丘学園高等学校

第一問　次の文章を読み、以下の各問いに答えなさい。

①こぞの夏、竹植うる日のころ、憂《う》き節茂《ふししげ》き浮き世に生まれたる娘、おろかにしてものに聡《さと》かれとて、名を「さと」と呼ぶ。今年誕生日②祝ふころほひより、てうちてうちあはは、おつむてんてん、かぶりかぶりふりながら、同じ子どもの風車といふものを持てるを、しきりにほしがりてむづかれば、とみに取らせけるを、③やがてむしやむしやしやぶつて捨て、④露《つゆ》ほどの執念《しふねん》なくただちにほかの物に心うつりて、そこらにある茶碗《わん》を打ち破りつつ、それもただちに倦《う》みて、障子《しやうじ》のうす紙をめりめりむしるに、「よくしたよくした」と褒《ほ》むれば、まことと思ひ、きやらきやらと笑ひて、ひたむしりにむしりぬ。心のうち一点の塵《ちり》もなく、名月のきらきらしく清く見ゆれば、＊跡《あと》なき俳優《わざおぎ》見るやうに、なかなか心の皺《しわ》を伸ばしぬ。また人の来たりて、「わんわんはどこに」といへば、犬に⑤指さし、「かあかあは」と問へば、烏《からす》に指さすさま、口もとより爪先まで、愛敬《あいけう》こぼれて愛らしく、いはば春の初草に胡蝶《こてふ》の戯《たわむ》るるよりもやさしくなん覚ゆ侍《はべ》る。

（『おらが春』による）

（注）　跡なき俳優……あとを継げる者がいないほどの名俳優。

問一　――部①「こぞ」の表す意味として、最も適当なものを1～4の中から一つ選びなさい。解答番号は **1** 。

1　都会　　2　地方　　3　昨年　　4　今年

問二　――部②「祝ふ」を現代仮名遣いで表したものとして、最も適当なものを1～4の中から一つ選びなさい。解答番号は **2** 。

1　いはふ　　2　いわふ　　3　いわう　　4　いはう

問三　――部③「やがて」の表す意味として、最も適当なものを1～4の中から一つ選びなさい。解答番号は 3 。

1　ただちに　　2　とても　　3　いずれ　　4　いつも

問四　――部④「露《つゆ》」の表す意味として、最も適当なものを1～4の中から一つ選びなさい。解答番号は 4 。

1　かつて　　2　ほんの少し　　3　たくさん　　4　あらゆる

問五　――部⑤「指さし」の動作主はだれか、最も適当なものを1～4の中から一つ選びなさい。解答番号は 5 。

1　人　　2　筆者　　3　さと　　4　同じ年ごろの子ども

問六　娘「さと」について本文中で述べられていないものを1～4の中から一つ選びなさい。解答番号は 6 。

1　同じ年ごろの子どもが持っている風車をほしがる。
2　ほめられたと思い、喜んで障子をむしる。
3　愚かでなく、とても聡明で聞き分けがよい。
4　家にある茶碗を何度も割る。

問七　本文の出典は『おらが春』である。この作品の作者として、最も適切なものを1～4の中から一つ選びなさい。
解答番号は 7 。

1　正岡子規　　2　松尾芭蕉　　3　与謝蕪村　　4　小林一茶

第二問　次の各問いに答えなさい。

問一　次の（　）に入れる語として、最も適当なものを1～4の中から一つずつ選びなさい。解答番号は 8 ～ 10 。

(1) 三つ子の魂（　）まで　8

1 十　2 百　3 千　4 万

(2) 木で（　）をくくる　9

1 足　2 腹　3 鼻　4 手

(3) 火中の（　）を拾う　10

1 芋　2 栗　3 粟　4 石

問二　次の（　）に入れる四字熟語として、最も適当なものを1～4の中から一つずつ選びなさい。解答番号は 11 ～ 12 。

(1) 新しくできた店は、品物は豊富だが遠くて不便であるという（　）なところがある。　11

1 一日千秋　2 一朝一夕　3 一長一短　4 一石二鳥

(2) （　）という考えを大切に、歴史を学ぶ。　12

1 温故知新　2 臥薪嘗胆《がしんしょうたん》　3 大器晩成　4 呉越同舟

問三　次のカタカナ語の意味として、最も適当なものを1～4の中から一つずつ選びなさい。解答番号は 13 ～ 14 。

(1) ディスカッション　13

1 提案する　2 反省する　3 探求する　4 議論する

(2) メディア・リテラシー　14

1 メディアを正しく使いこなせる能力のこと。
2 どのメディアが最も便利か見分けられる能力のこと。
3 メディアを常にチェックする能力のこと。
4 メディアだけに頼らない生活を送られる能力のこと。

問四　――部に相当する漢字を含むものとして、最も適当なものを1～4の中から一つずつ選びなさい。
解答番号は 15 ～ 19 。

(1) 成人式は通過ギレイの一つだ。　15　1 疑問　2 会議　3 義理　4 儀式

(2) 銀行でスイトウ係に就く。　16　1 出題　2 治水　3 推薦　4 純粋

(3) ゼッタイ絶命のピンチだ。　17　1 体育　2 退屈　3 対応　4 交代

(4) ここの空気はキハクだ。　18　1 漂白　2 博士　3 薄氷　4 宿泊

(5) カンキュウをつけて話す。　19　1 慣性　2 保管　3 寒暖　4 緩和

問五　次の作者の作品として、適していないものを1～4の中から一つずつ選びなさい。解答番号は 20 ～ 22 。

(1) 夏目漱石　20
1『細雪』　2『坊っちゃん』　3『こころ』　4『吾輩は猫である』

(2) 芥川龍之介　21
1『トロッコ』　2『蜘蛛の糸』　3『山月記』　4『羅生門』

(3) 森鷗外　22
1『伊豆の踊子』　2『最後の一句』　3『高瀬舟』　4『舞姫』

問六　次の古典作品の冒頭文はどれか、最も適当なものを後の1～4の中から一つずつ選びなさい。
解答番号は 23 ～ 24 。

(1)『枕草子』　23

(2)『奥の細道』　24

1 月日は百代の過客にして、行き交ふ年もまた旅人なり。

2 春はあけぼの。やうやう白くなりゆく山ぎは、少し明りて、紫だちたる雲の細くたなびきたる。

3 祇園精舎の鐘の声、諸行無常の響きあり。沙羅双樹の花の色、盛者必衰の理をあらはす。

4 つれづれなるままに、日暮しすずりに向かひて心にうつりゆくよしなしごとを、そこはかとなく書きつくれば、あやしうこそものぐるほしけれ。

第三問　次の文章を読み、以下の各問いに答えなさい。

> お詫び
> 著作権上の都合により、文章は掲載しておりません。
> ご不便をおかけし、誠に申し訳ございません。
> 教英出版

（ミヒャエル・エンデ『モモ』による）

問一　――部①「さっそく」・③「小さな」・⑦「すてきな」の品詞名として、最も適当なものを1～4の中から一つずつ選びなさい。解答番号は①[25]・③[26]・⑦[27]。

①「さっそく」　[25]
　1 形容詞　2 副詞　3 動詞　4 接続詞

③「小さな」　[26]
　1 連体詞　2 形容詞　3 名詞　4 形容動詞

⑦「すてきな」　[27]
　1 副詞　2 動詞　3 形容動詞　4 形容詞

問二　――部②「できるだけ」が修飾する文節として、最も適当なものを1～4の中から一つ選びなさい。解答番号は[28]。

1 ところ　2 住みやすい　3 する　4 はじめました

問三 ——部④「られ」と同じ意味・用法として、最も適当なものを1～4の中から一つ選びなさい。解答番号は[29]。

1 ここから満天の星が見られます。
2 あなたはとても優秀な方だと見受けられます。
3 先生は、学校からすでに出られましたか。
4 大阪城は、豊臣秀吉によって建てられました。

問四 ——部⑤「女の人たちが」の述語として、最も適当なものを1～4の中から一つ選びなさい。解答番号は[30]。

1 ついた　2 はこびました　3 やぶれた　4 使い

問五 ——部⑥「これできもちのいい小べやになりました」の文中にある動詞として最も適当なものを、さらに、それの活用形として最も適当なものを1～4の中から一つずつ選びなさい。解答番号は[31]～[32]。

《動詞》[31]　1 なり　2 いい　3 これで　4 ました

《活用形》[32]　1 連体形　2 終止形　3 連用形　4 未然形

第四問　次の文章を読み、以下の各問いに答えなさい。

栞《しおり》と山椒魚

ふいに隣に立っていた女性がうずくまった。都内の大学に向かう地下鉄の中でのことであった。もう夕方近くになっていて、[A]通勤客が増え出すという頃で、車内は、やや混んでいた。

私は、重いカバンを持ち、吊革につかまり、ぼんやりとしていた。私の斜め前には、頭髪も少なくなってきている一人の男性が座っていて、本を膝の上に広げていた。やや太めのその男性は、会社勤めの方のようではなく、かなりラフな身だしなみで、定年になって三、四年というⒶフンイキであった。

今や、電車の中では、新聞を読む方はほとんど見かけず、本を読む方も、以前に比べるとかなり少なくなった。スマートフォンを手にしている人がほとんどの中、＊上製本に目を落としている姿は珍しく、①それ故、私も憶えているのだろう。でも、熱心に本を読んでいるかというと、そんな様子は感じられず、(a)時間つぶしになんとなく開《あ》けている、という印象であった。文字しかないように見えたから、何かの小説を読んでいたのだろうか。私の右隣の女性は、その男性の真ん前の吊革に手を掛け、立っていたのだった。

その女性が[B]うずくまったのは、それから三駅か四駅、進んだ頃だったと思う。どうしたのかと振り向くと、女性の足元に長方形の白い紙が見えた。栞だ！　と私は思った。同時に、先程の本から滑り落ちたんだと察した。その(b)当事者の男性はというと、本を膝に広げたまま、眠り込んでいた。十数分前の(c)熱のこもっていない読書の様子から、この眠りは容易に納得ができた。女性は栞を拾うと、立ち上がりつつ、男性の膝に置かれた本の上に、そっと②それを乗せた。瞬時の出来事であった。

多分、私を除けば、その車両に乗っていて気づいた人間はいなかったと思う。栞をもどしてもらった③本人でさえも。その位、自然な振る舞いであった。目の前に座っている男性の本から[C]落ちていった栞を見て、なんのためらいもなく、④しゃがんだのだ。私は、そのⒷキトクさに小さくⒸカンプクをし、どんな方か見たくなった。しかし、隣に立っている女性をわざわざ覗《のぞ》き込むほど無神経ではない。窓ガラスに映り込んだ姿からは、[D]していて、スーツを着ていて、20代後半という感じを受けた。しばらくして、大きめの乗り換え駅に着き、多数の乗客が乗り降りした。私の前の席も空き、私は座り、重いカバンを膝の上にやれやれと乗せた。本を膝の上に乗せたまま眠っていた男性は、今や、私の左隣になって、相変わらず、眠りこけたままである。彼の本の上には、先程の栞が何事もなかったかのように⑤鎮座《ちんざ》している。その時、私は、先程の女性も、今の乗り換え駅で降りたことに気がついた。私の小さなカンプクは、伝わったのだろうか、いや、それは無理な話だろう。

⑥隣の男性の手が動き出した。目が醒《さ》めたのだ。膝に置かれていた本を少し顔の方に向け、読み出した。しかし、相変わらず、熱のはいっていない読書であった。栞を本の喉《のど》にちょっと押し込んで、読み始めたわけだが、栞がそこにもどったいきさつは、知る由《よし》もない。栞が本から滑り落ち、普通なら、そのまま乗客の足蹴《あしげ》にされ、持ち主が気がつかないまま、ゴミとして捨てられてしまうという危機から救われたなんて、思う由はないのである。その真実を知っているのは、彼女と私だけなのである。彼女だって、あの自然な振る舞いからして、もう忘れたことかもしれない。[W]、この事実を知っているのは、私だけ……。

⑦この些細《ささい》な出来事は、なぜか独特なざわつきを持って心に残った。この世の中は、数多《あまた》のことが我々の感知しえないところで起こり、それで成立していることを象徴的に見せられたからなのか？[X]、私たちの生活、大袈裟《おおげさ》に言えば、存在すらも、自分が知る由もない無数のことで担保されている。そんな教訓めいたものを、この栞の一件は指し示してくれているようにも思える。いや、[Y]最初は、そう考えるのがいいと思っていた。しかし、栞をⒹ巡る一連の出来事を、ふと思い出す時に感じるざわつきは、⑧そんな教訓とは異なる気がしてならないのである。

私は、小学校の高学年になると、日曜日には決まって自転車で⑨『冒険』に出かけた。一人の時もあるが、[Z]、近所に住む友達と、二人とか三人で出かけた。『冒険』の行く先は、駿河湾に面した波の打ちつける岩場だったり、休みで人のいない遠くの造船所だったり、潮流の仕業《しわざ》で砂鉄ばかりが集まる砂浜のⒺ一角だったりした。

ある日曜日、朝ご飯を食べて外に出ると、もう友達のYが自転車と一緒に待っていた。網元の息子であるYは、他の漁師の子どもと違って、⑩粗野なところがまったくなかった。

今日の『冒険』どこに行く？　私は、道龍川《どうりゅうがわ》を上流まで辿《たど》ってみないか、と答えた。いつもの海周りの『冒険』でないところが興味をそそったのか、即決で、行こう行こうとなった。私が生まれ育った村には、大川と道龍川という二つの川があったが、私は、小さい方の道龍川が好きだった。海との境の＊汽水《きすい》の場所では天然のウナギがよく取れた。

Yと私は、川に沿って、上流へとどんどん自転車を漕《こ》いだ。山に近くなると、勾配がきつくなってきたが、それでも、力いっぱい漕いだ。とうとう、自転車では登れない急勾配の所まで来て、そこに自転車を置き、その後は、川伝いに徒歩で登ることにした。その頃には、道龍川は、幅が1、2メートルほどの沢になっていた。高い樹が、沢に被さるように茂っていた。人など来ない沢沿いのごろごろ岩を必死で伝い歩き、小一時間も過ぎた頃だろうか、急に人工物が現れた。コンクリートで作られた＊堰《せき》だった。⑪こんな所にも既に人間が来ている、私たちは驚いた。そして、その堰を『ダム』と呼んだ。規模は、極小ではあるが、格好は立派なダムであった。樹林に囲まれた急な流れを一旦止める役目の『ダム』は、まるで大自然に＊象嵌《ぞうがん》されているが如くであった。そのダムの下には、澄んだ水が溜《た》まり、深い淵《ふち》のようになっていた。Yと私は、水際に立ち、Ⓕ呆然として、その淵を眺めた。どこまでも透明な水は、深さが2メートルも3メートルもあることを教えてくれた。大きな岩が重なりあうように底を造っていた。山奥の急勾配の地で、突如、我々の目の前に現れた『ダム』と水の溜まりは、『冒険』の成果としては充分であった。

その時、突然、淵の底の大きな岩が動いた。6、70センチもあろうという塊《かたまり》が、のそっと動いて奥の深いところに向かったのである。

「山椒魚だ、山椒魚だ、大山椒魚《オオサンショウウオ》だ！」私は叫んだ。Yは⑫無言で、その行方を見ている。私が山椒魚を見たのは、それが初めてで最後でもある。山の神にも思えたその存在に、私たちは、動けなくなった。間違いなく、この大山椒魚の存在を知ってしまったのは、僕ら二人だけだろう、そんな気持ちだった。そして、小学生の心は、誰も知る由もないことに遭遇できた有り難さでいっぱいになったのだった。

混んだ電車での栞を巡る一連の出来事とあの大山椒魚は、⑬同じであった。片や、出来事で、片や、一匹の生物なので、並び称するのは妙かもしれないが、私にとっては、「誰も知る由もない有り難いこと」という点で、心の中に並んでしまったのである。同じ引き出しの中に、入っているのである。

栞を拾い上げて、元あったところに人知れず返す行為は、その行為があろうがなかろうが、世の中は、一見、変わるわけではない。でも、そんな稀少《きしょう》なものが確かにこの世界に存在している事自体を、私は目撃したのである。私が感じ入ったのは、自分たちの知らないところで、誰かが、何かをやってくれているんだよというような教訓話では、まったくなかったのである。
山奥の大山椒魚は、私たちに⑭具体的なことは何も及ぼさない。強いて言うなら、いてくれているだけである。こんな有り難いことはないと、二人の小さな冒険家は、あの時、感じたのである。そう、私は、都心の地下鉄の中で、山椒魚を見たのであった。

（佐藤雅彦「栞と山椒魚」による）

（注）　上製本……硬い表紙で覆われた本。
汽水……淡水と海水が混ざり合った水。河口部の海水。
堰……水流や量を調節するために川に設けられたもの。
象嵌……一つの素材に異なった材質をはめこむこと。

問一　━部Ⓐ「フンイキ」・Ⓑ「キトク」・Ⓒ「カンプク」のカタカナ傍線部に相当する漢字として、最も適当な漢字を1～4の中から一つずつ選びなさい。解答番号は 33 ～ 35 。

Ⓐ「フンイキ」　33　1 囲　2 以　3 意　4 井
Ⓑ「キトク」　34　1 得　2 徳　3 特　4 督
Ⓒ「カンプク」　35　1 副　2 複　3 福　4 服

問二　━線Ⓓ「巡る」Ⓔ「一角」Ⓕ「呆然」の漢字の読み方として、最も適当なものを1～4の中から一つずつ選びなさい。解答番号は 36 ～ 38 。

Ⓓ「巡る」　36　1 さわる　2 いたる　3 めぐる　4 かける
Ⓔ「一角」　37　1 いちかく　2 ひとすみ　3 いちすみ　4 いっかく
Ⓕ「呆然」　38　1 ぼうぜん　2 あぜん　3 とつぜん　4 きぜん

問三　〜〜部(a)「時間つぶし」(b)「当事者」(c)「熱のこもっていない」の本文中の意味として、適当でないものを一つずつ選びなさい。解答番号は **39** 〜 **41** 。

(a)「時間つぶし」 **39**　1 適当に過ごす　2 忙しく過ごす　3 空いた時を過ごす　4 むだに過ごす

(b)「当事者」 **40**　1 直接関与する人　2 その事柄に関わる本人　3 張本人　4 全く関係ない人

(c)「熱のこもっていない」 **41**　1 無気力な　2 気持ちが入っていない　3 熱心な　4 無関心な

問四　 A 〜 D に入れる語の組み合わせとして、最も適当なものを1〜4の中から一つ選びなさい。

解答番号は **42** 。

1　A そろそろ　B さっと　C ひらりと　D すらっと

2　A そっと　B さっと　C やれやれと　D すらっと

3　A そろそろ　B ひらりと　C するっと　D そっと

4　A どんどん　B すらっと　C ひらりと　D そっと

問五　 W 〜 Z に入れる語として、最も適当なものを1〜4の中から一つずつ選びなさい。

解答番号は **43** 〜 **46** 。

W **43**　1 あるいは　2 それにしても　3 たとえば　4 とすると

X **44**　1 確かに　2 しかし　3 ひょっとしたら　4 なぜなら

Y **45**　1 たとえ　2 むしろ　3 まさか　4 つまり

Z **46**　1 いつも　2 ほとんどは　3 あまり　4 かならず

問六 ――部①「それ故、私も憶えているのだろう」とあるが「私」が「憶えている」理由として、最も適当なものを1～4の中から一つ選びなさい。解答番号は **47** 。

1 近頃の電車内では、スマートフォンを触る人が少なく、その姿が珍しいから。
2 近頃の電車内では、本や新聞を読む人が少なく、それらを読む姿が珍しいから。
3 近頃の電車内では、本や新聞を読む人が多く、それらを読む姿が珍しくないから。
4 近頃の電車内では、通勤客が多く乗っているため、本や新聞を読む姿が珍しいから。

問七 ――部②「それ」が指示する内容として、最も適当なものを1～4の中から一つ選びなさい。解答番号は **48** 。

1 本　2 新聞　3 栞　4 スマートフォン

問八 ――部③「本人でさえも」とあるが、この後に省略されていると考えられる語句として、最も適当なものを1～4の中から一つ選びなさい。解答番号は **49** 。

1 気づかなかった。　2 見過ごした。　3 関心がなかった。　4 忘れていた。

問九 ――部④「しゃがんだのだ」とあるが、誰がしゃがんだのか、最も適当なものを1～4の中から一つ選びなさい。解答番号は **50** 。

1 女性　2 私　3 男性　4 多数の乗客

問十 ――部⑤「鎮座《ちんざ》している」に用いられている修辞法として、最も適当なものを1～4の中から一つ選びなさい。解答番号は **51** 。

1 体言止め　2 擬人法　3 倒置法　4 直喩

問十一　——部⑥「隣の男性」とあるが、男性について説明したものとして、最も適当なものを1～4の中から一つ選びなさい。
解答番号は 52 。

1　初めは、女性の右隣に立って本を読んでいた男性。
2　初めは、「私」の正面に座って本を読んでいた男性。
3　初めは、「私」の左斜め前に座って本を読んでいた男性。
4　初めは、「私」の右斜め前に座って本を読んでいた男性。

問十二　——部⑦「この些細《ささい》な出来事」とあるが、これを説明したものとして、最も適当なものを1～4の中から一つ選びなさい。解答番号は 53 。

1　女性が栞を拾って、男性の元にそっと戻したこと。
2　男性が眠ってしまい、栞を落としたことに気がつかなかったこと。
3　真実を知っているのは、私と女性だけであるかもしれないこと。
4　本から滑り落ちた栞が、ゴミとなってしまったこと。

問十三　——部⑧「そんな教訓」とあるが、これを説明したものとして、最も適当なものを1～4の中から一つ選びなさい。
解答番号は 54 。

1　この世には、誰かを助けないといけないことがあること。
2　この世にある数多のことは、象徴的過ぎて感知しえないこと。
3　この世は、自分たちが知らないことやものによって構成されていること。
4　この世に存在していることは、誰もその理由をしらないこと。

問十四 ——部⑨「『冒険』」とあるが、『冒険』の行き先として例がいくつ挙がっているか。その答えとして最も適当なものを1～4の中から一つ選びなさい。解答番号は 55 。

1 一つ　2 二つ　3 三つ　4 四つ

問十五 ——部⑩「粗野なところがまったくなかった」とあるが、その様子として適当でないものを、1～4の中から一つ選びなさい。解答番号は 56 。

1 わんぱくで荒々しい様子。　2 どこか洗練された様子。
3 快活で聡明な様子。　4 無口だが思いやりがある様子。

問十六 ——部⑪「こんな所」とあるが、これを説明したものとして、最も適当なものを1～4の中から一つ選びなさい。解答番号は 57 。

1 大自然に象嵌されている山奥。　2 ダムに囲まれた山奥。
3 人の手が入っていないはずの山奥。　4 『冒険』にふさわしい山奥。

問十七 本文中にある『冒険』と『ダム』について述べたものとして、最も適当なものを1～4の中から一つ選びなさい。解答番号は 58 。

1 「私」と「Y」は大山椒魚を探しに行くことだけを『冒険』と称し、その途中で見た小さな堰を『ダム』と呼んだ。
2 「私」と「Y」は、友達と遊びに行くことを『冒険』と称することと同様に、山奥で見た小さな堰を『ダム』と呼んだ。
3 「私」と「Y」は日常空間を抜け出すことを『冒険』と呼び、山奥で遭遇した人工物を『ダム』と呼ぶことを忘れなかった。
4 友達と遠くまで遊びに行くことを『冒険』と呼ばれているので、「私」と「Y」は道龍川の上流にあった堰を『ダム』と呼ぶことにした。

問十八　――部⑫「無言で、その行方を見ている」とあるが、「Y」が無言で見ている理由として、最も適当なものを1～4の中から一つ選びなさい。解答番号は 59 。

1　大山椒魚が放つ存在感に圧倒されたから。
2　大山椒魚が想像以上に大きくて驚いたから。
3　大きな岩が突然動いて驚いたから。
4　大山椒魚を見たのは、それが初めてだったから。

問十九　――部⑬「同じであった」とあるが、何が同じなのか。それを説明したものとして、最も適当なものを1～4の中から一つ選びなさい。解答番号は 60 。

1　電車の中で栞が拾われたことと、大山椒魚の存在は、「私」にとって有り難いこと。
2　混んだ電車内で栞が落ちたことと、『ダム』に大山椒魚がいることは、誰にとっても迷惑なこと。
3　女性が栞の存在に気がついたことと、私と友だちのYが『ダム』で大山椒魚に気がついたこと。
4　栞が持ち主の元に戻ったことと、『ダム』で大山椒魚を見つけたことは誰も知らない有り難いことであること。

問二十　――部⑭「具体的」の対義語として、最も適当なものを1～4の中から一つ選びなさい。解答番号は 61 。

1　象徴的　　2　客観的　　3　抽象的　　4　相対的

問二十一　この文章について述べた次の文のうち、最も適当なものを1～4の中から一つ選びなさい。解答番号は 62 。

1　電車の床に落ちた栞が拾われた些細な出来事が、文章後半に描かれている少年時代の思い出と重ね合わせて描かれており、それらは意味や利益を生み出さないが、確実に存在するものとして筆者の心に残っているとして、最後に「都心の地下鉄の中で、山椒魚を見た」の比喩的な表現で文章を閉じている。

2　文章前半で描かれていた、地下鉄での出来事で感じた「ざわつき」に対しての具体的な説明として、小学生のときの「私」と友だちの「Y」の『冒険』から思い出された存在の有り難さが後半で述べられており、それが大人になっても冒険心を大切にすることの必要性を訴える筆者の主張となっている。

3　文章前半では、現在大人である「私」が見た栞に関するいきさつを描く一方、文章後半では、過去の「私」が子どもの頃に見つけた山奥にいる大山椒魚の秘密を知ったいきさつを描くことで、現在と過去では存在の有り難さに対する見解の相違があることを強調している。

4　文章前半で描かれていた栞を巡る一連の出来事に対する説明と、文章後半で描かれている大山椒魚の存在を知ってしまった筆者の体験は、ともに「誰も知る由もない有り難いこと」という点で同義であり、人知れず誰かが何かをやってくれている行為に気づくべきだと筆者は主張している。

問題は以上です。

令和５年度

入学試験問題

数　学

試験時間

10:20～11:10（50分）

注意事項

1　試験開始の指示があるまで、この問題用紙を開いてはいけません。

2　試験開始の合図があったら、この問題用紙の所定欄に受験番号を記入しなさい。また、マーク式解答用紙（マークシート）には出身中学校と受験番号を記入して、受験番号をマークしなさい。

3　マーク式解答用紙にマークし、各設問に記す解答番号に対応した解答欄にマークしなさい。

4　問題は12ページまであります。ページの脱落などがあった場合は、手をあげて試験監督に申し出なさい。

受験番号					

大阪夕陽丘学園高等学校

1　次の計算の結果として適切なものを１つ選びなさい。

問１　$-9-(-15)$　　1

①　-24　　②　-6
③　6　　④　24

問２　$\frac{3}{5}\div\frac{6}{5}-\left(-\frac{5}{2}\right)\times1.4$　　2

①　4　　②　-4
③　3　　④　-3

問３　$-24\div(-2)^3+(-2)\times(-4^2)$　　3

①　-29　　②　-35
③　29　　④　35

問４　$\frac{2x+1}{3}-\frac{5x-2}{4}$　　4

①　$-7x-2$　　②　$-7x+10$
③　$\frac{-7x-2}{12}$　　④　$\frac{-7x+10}{12}$

2023(R5) 大阪夕陽丘学園高
K 教英出版

問5　$\frac{2}{3}xy^2 \times (-3xy^2)^3 \div \left(\frac{3}{2}xy\right)^2$　[5]

① $-8x^2y^6$　② $-8x^2y^8$

③ $-12x^2y^6$　④ $-12x^2y^8$

問6　$(x-3)^2-(x+2)(x-5)$　[6]

① $-3x-1$　② $-3x+19$

③ $-9x-1$　④ $-9x+19$

問7　$\frac{2+\sqrt{5}}{\sqrt{5}}-(\sqrt{5}-2)(\sqrt{5}+3)$　[7]

① $\frac{7\sqrt{5}}{5}$　② $\frac{10+7\sqrt{5}}{5}$

③ $-\frac{3\sqrt{5}}{5}$　④ $\frac{10-3\sqrt{5}}{5}$

2　次の式を因数分解したときの結果として適切なものを１つ選びなさい。

問１　$x^2+2x-15$　　8

①　$(x-3)(x-5)$　　②　$(x+3)(x-5)$

③　$(x-3)(x+5)$　　④　$(x+3)(x+5)$

問２　$\dfrac{ax^2}{2}-8ay^2$　　9

①　$\dfrac{a}{2}(x+2y)(x-2y)$　　②　$\dfrac{a}{2}(x+4y)(x-4y)$

③　$a(x+2y)(x-2y)$　　④　$a(x+4y)(x-4y)$

3　次の方程式の解として適切なものを１つ選びなさい。

問１　$3x+6=5x-4$　10

①　$x=5$　②　$x=-5$

③　$x=\frac{2}{5}$　④　$x=-\frac{2}{5}$

問２　$3-\frac{3}{2}x=\frac{1}{3}x-8$　11

①　$x=6$　②　$x=8$

③　$x=-8$　④　$x=-6$

問３　$\begin{cases} 2x-3y=6 \\ 3x-2y=5 \end{cases}$　12

①　$x=\frac{3}{5},\ y=\frac{8}{5}$　②　$x=-\frac{3}{5},\ y=\frac{8}{5}$

③　$x=\frac{3}{5},\ y=-\frac{8}{5}$　④　$x=-\frac{3}{5},\ y=-\frac{8}{5}$

問４　$x^2+4x-16=0$　13

①　$x=2\pm\sqrt{5}$　②　$x=2\pm2\sqrt{5}$

③　$x=-2\pm\sqrt{5}$　④　$x=-2\pm2\sqrt{5}$

4　次の問いの答えとして適切なものを１つ選びなさい。

問１　n を 100 以下の自然数とするとき，$\sqrt{\dfrac{32n}{5}}$ の値が整数となるような n の値はいくつあるか。　14

①　２つ　　②　３つ
③　４つ　　④　５つ

問２　グラフが点（-3，2）を通る反比例の式はどれか。　15

①　$y=6x$　　②　$y=\dfrac{6}{x}$
③　$y=-6x$　　④　$y=-\dfrac{6}{x}$

問３　１周 3200m の池沿いの道を太郎くんと次郎くんが同じ場所から反対向きに同時に歩きだすとスタートから 20 分後に出会った。また，同じ場所から同じ向きに同時に歩きだすと 80 分後に太郎くんが次郎くんに初めて追いついた。このとき二人の歩く速さは一定だとすると，それぞれの歩く速さの組み合わせとして適切なものはどれか。　16

	①	②	③	④
太郎くん	100m/分	60m/分	120m/分	80m/分
次郎くん	60m/分	100m/分	40m/分	120m/分

問4　8%の食塩水が一定量ある。これに15%の食塩水を200g加えると12%の食塩水になった。もとの8%の食塩水は何gあったか。 [17]

① 100g　　② 150g
③ 200g　　④ 250g

問5　1個120円の菓子パンと1個70円のプリンを合わせて20個，合計2000円分だけ買った。このとき菓子パンは何個買ったか。 [18]

① 8個　　② 10個
③ 12個　　④ 14個

問6　関数$y=\frac{1}{3}x^2$のxの変域が$-3 \leqq x \leqq 6$であるとき，yの変域はどれか。 [19]

① $-3 \leqq y \leqq 12$　　② $0 \leqq y \leqq 4$
③ $3 \leqq y \leqq 12$　　④ $0 \leqq y \leqq 12$

問7　次の図のように∠ABC = 40°の△ABCにおいて，辺AB上に点Dを取り，線分CDを折り目に△ABCを折り返した。頂点Aが移った先の点をPとして，PD∥BCのとき，∠PDCは何度になるか。 [20]

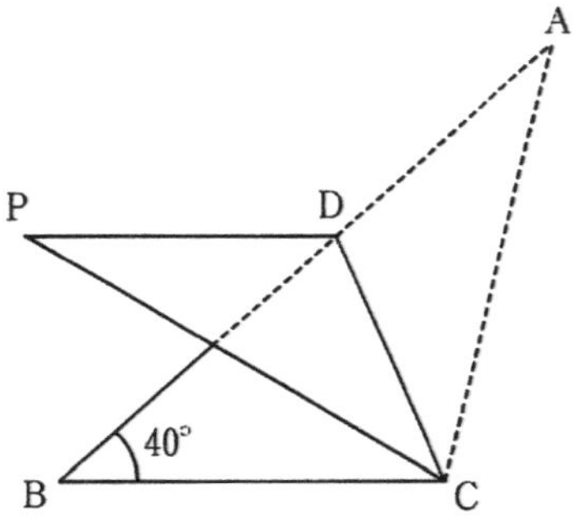

① 110°　　② 115°
③ 120°　　④ 125°

問8　ある学校の2つのクラスの合計77人の生徒を対象に数学の小テストを行い，その得点をもとにして次のようなヒストグラムを作った。このヒストグラムに対応する箱ひげ図として適切なものはどれか。　21

ヒストグラム

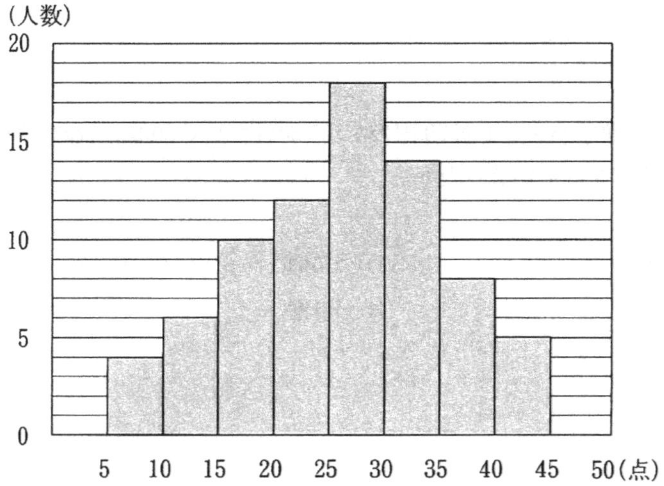

箱ひげ図

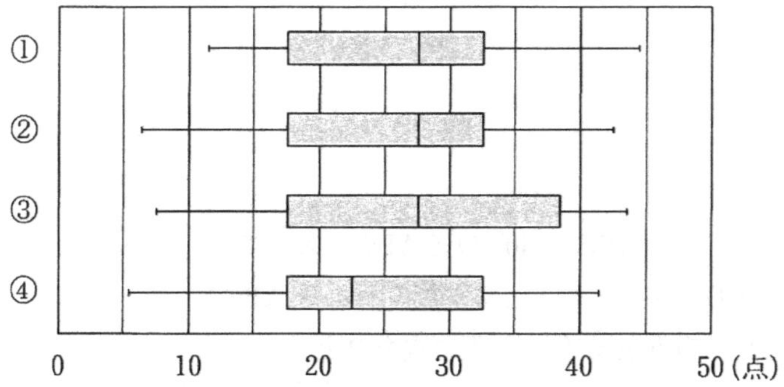

問9　次の図形について，直線ℓを軸として1回転してできる回転体の表面積と体積の組み合わせとして適切なものはどれか。　22

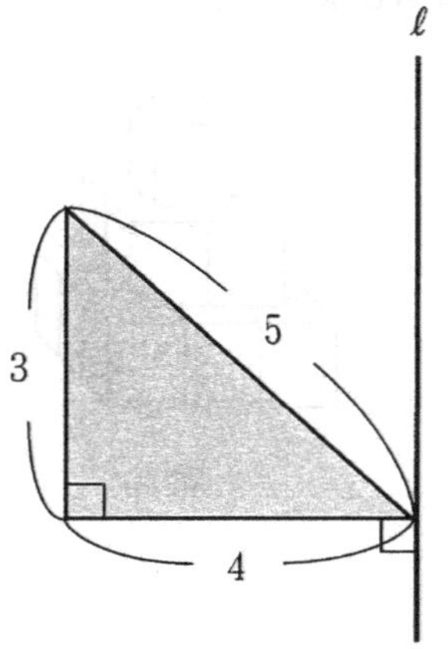

	①	②	③	④
表面積	52π	52π	60π	60π
体積	32π	36π	32π	36π

問10　大小2つのさいころを投げ，大きいさいころの出た目を十の位，小さいさいころの出た目を一の位として2桁の整数を作る。このときにできる2桁の整数が3の倍数となる確率はいくらか。　23

①　$\dfrac{11}{36}$　　②　$\dfrac{5}{18}$

③　$\dfrac{1}{3}$　　④　$\dfrac{2}{3}$

5　次の図のように，1辺の長さが1の立方体の積み木を1段ずつ規則よく積み重ねて，左から順に1番目，2番目，3番目，・・・と底面が正方形となるような立体を作っていく。以下の問いの答えとして適切なものを1つ選びなさい。

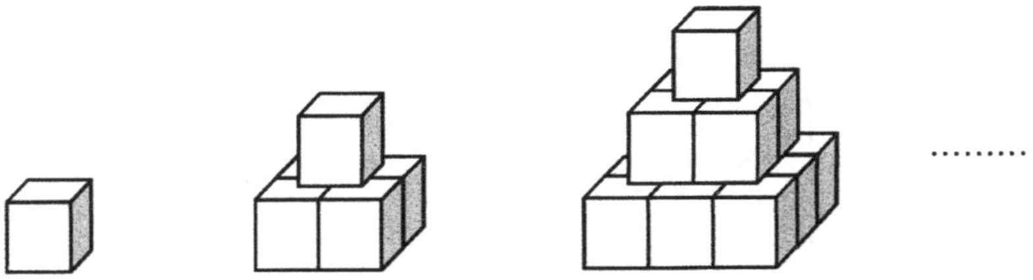

1番目　　2番目　　3番目　　………

問1　5番目にできる立体に使われる積み木の個数はどれか。　24

①　25個　　②　30個
③　55個　　④　91個

問2　7番目にできる立体の表面積と体積の組み合わせとして，適切なものはどれか。　25

	①	②	③	④
表面積	294	294	210	210
体積	150	140	150	140

6　次の図のように，放物線 $y = ax^2$ 上に 2 点 A$(-2,\ 1)$，B$(b,\ 4)$ がある。以下の問いの答えとして適切なものを 1 つ選びなさい。ただし a，b はともに正の数とする。

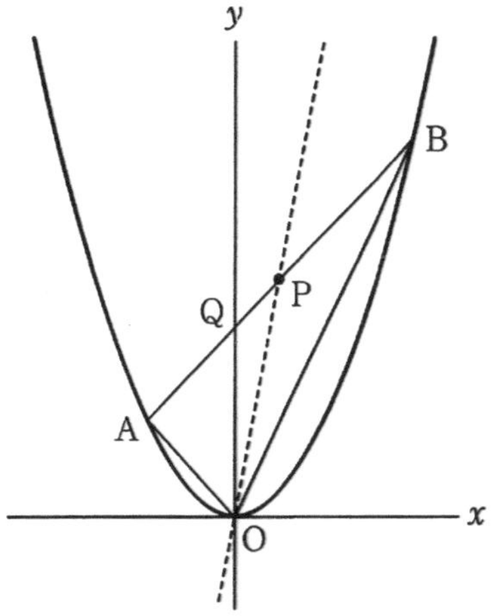

問 1　a の値はどれか。　$\boxed{26}$

①　$\dfrac{1}{4}$　　②　$\dfrac{1}{2}$

③　2　　④　4

問 2　b の値はどれか。　$\boxed{27}$

①　1　　②　4

③　8　　④　16

問 3　△OAP の面積が △OAB の面積の半分となる点 P の座標はどれか。ただし点 P は線分 AB 上にあるものとする。　$\boxed{28}$

①　$\left(1,\ \dfrac{3}{2}\right)$　　②　$\left(1,\ \dfrac{5}{2}\right)$

③　$\left(3,\ \dfrac{3}{2}\right)$　　④　$\left(3,\ \dfrac{5}{2}\right)$

問 4　点 P の座標が $\boxed{28}$ のとき，直線 AB と y 軸の交点を Q とすると，△OPQ の面積は △OPB の面積の何倍になるか。　$\boxed{29}$

①　$\dfrac{1}{4}$ 倍　　②　$\dfrac{1}{3}$ 倍

③　3 倍　　④　4 倍

7　太郎くんと花子さんは，夕陽先生のアドバイスのもと，次の図の四角形 AQPR が平行四辺形であることを調べました。次の 3 人の対話文について，以下の問いの答えとして適切なものを 1 つ選びなさい。

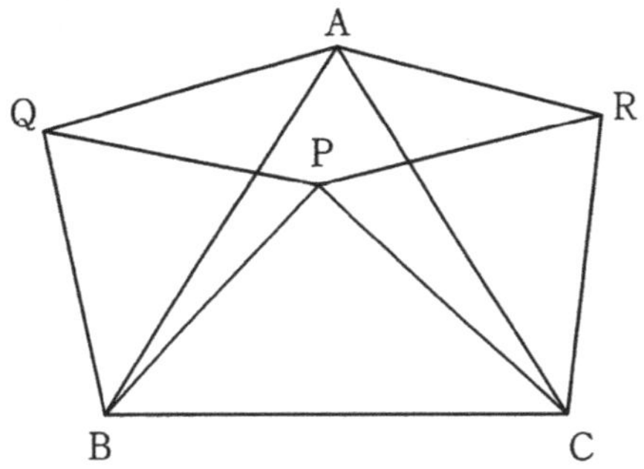

夕陽先生：ではまず図を確認しましょう。△ABC は正三角形でその内側に点 P があります。また △PQB と △PCR も正三角形です。

太郎くん：これらの条件から四角形 AQPR が平行四辺形になるための条件を見つけたいね。

花子さん：3 つの正三角形を上手に使いたいけど，どうしたらいいのかしら？

夕陽先生：では，ヒントを出しましょう。実は △PBC と △QBA は合同になります。

太郎くん：そうなのですか？

花子さん：正三角形の △ABC と △PQB から，2 組の辺の長さがそれぞれ等しいことはわかりますけど，3 つ目の条件はどうしたらいいのでしょうか？

夕陽先生：その 2 辺の間の角 ∠QBA と ∠PBC に注目してみてください。

太郎くん：・・・あっ，わかりました！
△ABC と △PQB の 1 つの内角の大きさは等しいから，[(1)] を除けば注目する 2 つの三角形に対応する 1 組の角の大きさが等しくなりますね。

花子さん：ということは・・・，2 組の辺とその間の角がそれぞれ等しいから，
△PBC と △QBA は合同ですね！

夕陽先生：はい，よくできました。

太郎くん：となると，△PBC と △QBA は合同だから，CP＝AQ だね。

花子さん：それに △PCR は正三角形だから，CP＝RP ね。これで AQ＝RP がわかったわ。

太郎くん：やった！四角形 AQPR が平行四辺形だということに一歩近づいたぞ。
すると先生，もしかして △PBC と △RAC も合同ですか？

夕陽先生：よく気づきましたね。その通りです。

花子さん：では同じように考えると・・・，AR＝QP になるわね。

太郎くん：やった！これで四角形 AQPR は，向かい合う 2 組の辺がそれぞれ等しいから平行四辺形だ！

夕陽先生：よくがんばりましたね。

2 人：ありがとうございます。

夕陽先生：ではせっかくなので，このままもう少しこの図について考えてみましょう。△PBC にある条件を 1 つ追加すると，四角形 AQPR は特別な平行四辺形になるのですが，それは何かわかりますか？

太郎くん：条件を追加するのですか・・・。うーん，思いつかないなあ。

花子さん：特別な平行四辺形って，種類が限られているわよね。辺の長さや角度の大きさに注目したらいいのかしら。

夕陽先生：いい着眼点です。

太郎くん：夕陽先生，ありがとうございました。あとは2人で考えてみます。

夕陽先生：がんばってください。

問 1　会話文の中にある [(1)] に入るものとして，適切なものはどれか。 [30]

① ∠QBA　　② ∠ACP

③ ∠PBC　　④ ∠ABP

問 2　四角形 AQPR が特別な平行四辺形となるために △PBC に追加する条件と，その条件を追加してできる特別な平行四辺形の名称の組み合わせとして適切なものはどれか。 [31]

	①	②	③	④
△PBC に追加する条件	∠BPC = 120°	∠BPC = 90°	PB=PC	PB=PC
特別な平行四辺形の名称	ひし形	長方形	ひし形	長方形

問題は以上です。

令和５年度

入学試験問題

英　語

試験時間

11:40～12:30（50分）

注意事項

1　試験開始の指示があるまで、この問題用紙を開いてはいけません。

2　試験開始の合図があったら、この問題用紙の所定欄に受験番号を記入しなさい。また、マーク式解答用紙（マークシート）には出身中学校と受験番号を記入して、受験番号をマークしなさい。

3　マーク式解答用紙にマークし、各設問に記す解答番号に対応した解答欄にマークしなさい。

4　問題は14ページまであります。ページの脱落などがあった場合は、手をあげて試験監督に申し出なさい。

受験番号					

大阪夕陽丘学園高等学校

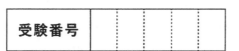

1. 次の英文の意味が通るように，[1]～[15]に入る適切なものを①～④から選びなさい。

問 1　I go to the [1] to buy some food.
　① hospital　② post office　③ library　④ supermarket

問 2　We use [2] to look up English words.
　① dictionaries　② notebooks　③ newspaper　④ department stores

問 3　We usually cook food in a [3].
　① bathroom　② gate　③ kitchen　④ stairs

問 4　Kyoto is famous for its many old [4].
　① temples　② theaters　③ stadiums　④ technology

問 5　I walked all day and I was very [5].
　① tall　② cheap　③ tired　④ right

問 6　It's very [6] there. Do not enter.
　① fat　② difficult　③ happy　④ dangerous

問 7　Smart phones are very [7].
　① delicious　② soft　③ useful　④ careful

問 8　You must be [8] in the library.
　① quiet　② short　③ strange　④ sleepy

問 9　I'm thirsty. Please give me something to [9].
　① eat　② drink　③ write　④ do

問 10　Can you [10] me your passport.
　① look　② see　③ watch　④ show

問 11　The sun rises [11] the east.
　① to　② in　③ during　④ since

問 12　It is impossible to live [12] water.
　① for　② without　③ through　④ over

問 13　I like to [13] to music.
　① hear　② sound　③ listen　④ ask

問 14　I haven't [14] a bath yet.
　① taken　② talked　③ taught　④ tasted

問 15　I want to visit Minato Zoo. Where should I [15] off the bus?
　① put　② get　③ give　④ take

2023(R5) 大阪夕陽丘学園高
K 教英出版

2. 次の英文の意味が通るように，[16]～[25]に入る適切なものを①～④から選びなさい。

問 1　I [16] visit Tokyo next summer.

①　am　②　was　③　am going to　④　have been

問 2　He hopes [17] a soccer player.

①　to be　②　being　③　be　④　become

問 3　[18] you ever been to Shikoku?

①　Do　②　Were　③　Did　④　Have

問 4　His car is the [19] of all.

①　best　②　better　③　good　④　well

問 5　My father gives advice [20] me.

①　as　②　for　③　with　④　to

問 6　"Have you finished your homework yet?"　"No, not yet. I [21] it."

①　am still doing　②　have already done

③　did　④　was doing

問 7　" [22] go skating after school?"　"Yes, let's."

①　Will you　②　Can you　③　Shall we　④　Shall I

問 8　Your idea is different from [23].

①　me　②　mine　③　myself　④　I

問 9　This is the watch [24] my father gave me last week.

①　who　②　what　③　which　④　why

問 10　It is difficult [25] me to read this book.

①　by　②　on　③　to　④　for

3. 次の会話文を読んで，質問の 26 ～ 28 に入る最も適切な文を①～④から選びなさい。

問 1　A: Lucy, I heard that you had a bicycle accident yesterday.　　26

B: 26

A: Did you go to the hospital?

① Yes, I am a little tired.

② Yes, I fell down and hit my head.

③ Yes, I lost my wallet.

④ Sure. I felt sick after lunch.

問 2　A: What are you going to buy for Mother's Day?　　27

B: Mother's Day? I've forgotten about that. 27

A: A sweater.

① What are you wearing?

② What should I talk about?

③ What are you going to give your mother?

④ What should I get from her?

問 3　A: Hello, OYG Hotel. How can I help you?　　28

B: Hi. I'd like to speak with Mr. William Hill. He's in Room No. 514.

A: One moment, please. I'm sorry, but Mr. Hill is not in his room right now.

28

B: Yes. Please tell him that Erika Ito called and I'll call him again later.

① May I take a message for him?

② Can I leave a message?

③ Could you give me your name, please?

④ What would you like him to do?

4. 次の広告を見て，あとの質問の答えとして最も適切な文を①～④から選びなさい。

ABC SHOPPING CENTER
OPENS on April 14 at 10 am

We are going to open ABC Shopping Center in April, 2023 along South Street.

In ABC Shopping Center, there are ninety-seven special shops, five restaurants, a movie theater with three screens, and of course ABC Supermarket. Our new ABC Shopping Center will be the biggest shopping center in Southlake City.

You can enjoy not only shopping but also watching movies, and eating delicious dishes.

You can come by car because we have a large parking area which can hold 5,000 cars.

For more information, please visit our webpage at http://www. abcshoppingcenter/.

EVENTS:

○ *OPENING SALE*
To celebrate the opening, we're planning Special Sale from April 14 to April 20. All items[*1] are 20% off.

○ *OPENING CONCERT*
A rock concert by a band "George and his group" will be held at the Center Space on April 15 at 11 a.m. Anyone can join the concert for free.

Check out what experiences you can have at ABC SHOPPING CENTER!

OUR HISTORY We opened the first ABC Shopping Center in New York in 1993, and now we already have 107 shopping centers across the U.S.

◎ Business hours: Monday-Saturday 10 a.m. -10 p.m.; Sunday 10 a.m. - 8 p.m.

語注：item(s)[*1] 品目

問 1 What will happen at the Center Space on April 15? 29

① A concert will be held.
② Special Sale will end.
③ A large parking area will be opened.
④ A new movie will start.

問 2 What is true about ABC SHOPPING CENTER? 30

① The first ABC SHOPPING CENTER was born about 30 years ago.
② You can buy anything at a special price at the shopping center on April 25.
③ You have to pay some money to see the concert on April 15.
④ The new ABC Supermarket is open for 12 hours on Sundays.

問 3 If you want to know more about ABC SHOPPING CENTER, what should you do? 31

① You should visit the shopping center yourself.
② You should see the homepage the shopping center has.
③ You should visit the first ABC SHOPPING CENTER in New York.
④ You should call the shopping center.

5. 次の英文を読んで，質問の答えとして適切なものを①～④から選びなさい。

A puffin is a small bird with a black-and-white body like a penguin[*1]. Penguins are seen in the Southern Hemisphere[*2], from Antarctica[*3] to South America, but puffins are seen on the other side of the earth, in the Northern Hemisphere, and about 60% of them live in Iceland[*4].

You'll find puffins spend most of their lives out at sea and float[*5] on the water when they are not swimming. They have large parrot-like beaks[*6], so they are often called "sea parrots." They swim in water with their wings to catch their favorite fish, just like penguins, but only dive[*7] under water for 20 to 30 seconds at a time.

Though they may not swim as deep as penguins, puffins can fly very fast. Puffins are able to move so quickly because they are very light. They usually weigh less than[*8] 1 kilogram, and they can flap[*9] their wings up to 400 times a minute and fly through the air at 88km an hour.

語注：penguin[*1] ペンギン　Southern Hemisphere[*2] 南半球　Antarctica[*3] 南極
Iceland[*4] アイスランド　float[*5] 浮かぶ　beak[*6] くちばし　dive[*7] 潜《もぐ》る
less than[*8] ～以下　flap[*9] 振る

問 1 Where can we find puffins? 　32

① Near penguins.
② Very deep in the water.
③ In Iceland.
④ In South America.

問 2 Why are puffins called "sea parrot" ? 　33

① They float on the sea.
② They speak words like parrots.
③ They can't stay under water for a long time.
④ Their beaks are as large as those of parrots.

問 3 Which picture shows the thing a puffin doesn't do? 　34

①

②

③

④

用紙 ［国 語］

1. 記入欄・マーク欄以外には記入しないでください。
2. 鉛筆で、しっかり濃くマークしてください。
3. 間違った場合には、消しゴムで、きれいに消してください。

マーク例	良い例	●	悪い例	✓ ◉ ◐

※100点満点

解答欄
④
④
④
④
④
④
④
④
④
④
④
④
④
④
④
④
④
④
④
④
④
④
④
④
④

問	解答欄
51	① ② ③ ④
52	① ② ③ ④
53	① ② ③ ④
54	① ② ③ ④
55	① ② ③ ④
56	① ② ③ ④
57	① ② ③ ④
58	① ② ③ ④
59	① ② ③ ④
60	① ② ③ ④
61	① ② ③ ④
62	① ② ③ ④

番号	配点
1	2
2	2
3	2
4	2
5	2
6	2
7	3
8	1
9	1
10	1
11	1
12	1
13	1
14	1
15	1
16	1
17	1
18	1
19	1
20	2
21	2
22	2
23	2
24	2
25	2
26	2
27	2
28	2
29	2
30	1
31	1

番号	配点
32	1
33	2
34	2
35	2
36	1
37	1
38	1
39	2
40	2
41	2
42	2
43	1
44	1
45	1
46	1
47	2
48	2
49	2
50	1
51	2
52	1
53	2
54	2
55	2
56	2
57	2
58	1
59	2
60	2
61	1
62	3

高 等 学 校

2	8	①	②	③	④
	9	①	②	③	④
3	10	①	②	③	④
	11	①	②	③	④
	12	①	②	③	④
	13	①	②	③	④

	21	①	②	③	④
	22	①	②	③	④
	23	①	②	③	④
5	24	①	②	③	④
	25	①	②	③	④
6	26	①	②	③	④
	27	①	②	③	④
	28	①	②	③	④
	29	①	②	③	④
7	30	①	②	③	④
	31	①	②	③	④

22	3
23	3
24	3
25	3
26	3
27	3
28	3
29	3
30	3
31	3

大阪夕陽丘学園高等学校

SN-0296*(965)

7	①	②	③	④
8	①	②	③	④
9	①	②	③	④
10	①	②	③	④
11	①	②	③	④
12	①	②	③	④
13	①	②	③	④
14	①	②	③	④
15	①	②	③	④
16	①	②	③	④
17	①	②	③	④
18	①	②	③	④
19	①	②	③	④
20	①	②	③	④

27	①	②	③	④
28	①	②	③	④
29	①	②	③	④
30	①	②	③	④
31	①	②	③	④
32	①	②	③	④
33	①	②	③	④
34	①	②	③	④
35	①	②	③	④
36	①	②	③	④
37	①	②	③	④
38	①	②	③	④
39	①	②	③	④
40	①	②	③	④

47	①	②	③	④
48	①	②	③	④
49	①	②	③	④
50	①	②	③	④

番号	配点
1	2
2	2
3	2
4	2
5	2
6	2
7	2
8	2
9	2
10	2
11	2
12	2
13	2
14	2
15	2
16	2
17	2
18	2
19	2
20	2
21	2
22	2
23	2
24	2
25	2

番号	配点
26	2
27	2
28	2
29	2
30	2
31	2
32	2
33	2
34	2
35	2
36	2
37	2
38	2
39	2
40	2
41	2
42	2
43	2
44	2
45	2
46	2
47	2
48	2
49	2
50	2

大 阪 夕 陽 丘 学 園 高 等 学 校

SN-0132*(678)

※100点満点

入学試験　解答用紙［英語］

出身中学校	中学校

1. 記入欄・マーク欄以外には記入しないで下さい。
2. 鉛筆で、しっかり濃くマークして下さい。
3. 間違った場合には、消しゴムで、きれいに消して下さい。

マーク例

良い例	●	悪い例	✓ ◉ ◐

受験番号				
⓪	⓪	⓪	⓪	⓪
①	①	①	①	①
②	②	②	②	②
③	③	③	③	③
④	④	④	④	④
⑤	⑤	⑤	⑤	⑤
⑥	⑥	⑥	⑥	⑥
⑦	⑦	⑦	⑦	⑦
⑧	⑧	⑧	⑧	⑧
⑨	⑨	⑨	⑨	⑨

問	解答欄			
1	①	②	③	④
2	①	②	③	④
3	①	②	③	④
4	①	②	③	④

問	解答欄			
21	①	②	③	④
22	①	②	③	④
23	①	②	③	④
24	①	②	③	④

問	解答欄			
41	①	②	③	④
42	①	②	③	④
43	①	②	③	④
44	①	②	③	④

※100点満点

入学試験　解答用紙［数学］

出身 中学校	中学校

1. 記入欄・マーク欄以外には記入しないで下さい。
2. 鉛筆で、しっかり濃くマークして下さい。
3. 間違った場合には、消しゴムで、きれいに消して下さい。

マーク例

良い例		悪い例	

受験番号				
0	0	0	0	0
1	1	1	1	1
2	2	2	2	2
3	3	3	3	3
4	4	4	4	4
5	5	5	5	5
6	6	6	6	6
7	7	7	7	7
8	8	8	8	8
9	9	9	9	9

大問	解答番号	解答欄			
1	1	①	②	③	④
	2	①	②	③	④
	3	①	②	③	④
	4	①	②	③	④
	5	①	②	③	④

大問	解答番号	解答欄			
4	14	①	②	③	④
	15	①	②	③	④
	16	①	②	③	④
	17	①	②	③	④
	18	①	②	③	④

番号	配点
1	4
2	4
3	4
4	4
5	4
6	4
7	4
8	3
9	3
10	3
11	3
12	3
13	3
14	3
15	3
16	3

【解答

出身中学校	中学校

入学試験 解

受験番号				
⓪	⓪	⓪	⓪	⓪
①	①	①	①	①
②	②	②	②	②
③	③	③	③	③
④	④	④	④	④
⑤	⑤	⑤	⑤	⑤
⑥	⑥	⑥	⑥	⑥
⑦	⑦	⑦	⑦	⑦
⑧	⑧	⑧	⑧	⑧
⑨	⑨	⑨	⑨	⑨

問	解答欄	問
1	① ② ③ ④	26
2	① ② ③ ④	27
3	① ② ③ ④	28
4	① ② ③ ④	29
5	① ② ③ ④	30
6	① ② ③ ④	31
7	① ② ③ ④	32
8	① ② ③ ④	33
9	① ② ③ ④	34
10	① ② ③ ④	35
11	① ② ③ ④	36
12	① ② ③ ④	37
13	① ② ③ ④	38
14	① ② ③ ④	39
15	① ② ③ ④	40
16	① ② ③ ④	41
17	① ② ③ ④	42
18	① ② ③ ④	43
19	① ② ③ ④	44
20	① ② ③ ④	45
21	① ② ③ ④	46
22	① ② ③ ④	47
23	① ② ③ ④	48
24	① ② ③ ④	49
25	① ② ③ ④	50

大阪夕陽丘

6. 次の対話文を読んで，あとの問いに答えなさい。

Mika : Hi, Jason. (　35　) is your school life here in our school?

Jason: I'm having a good time, but I'm always surprised at the (　36　) between this school and my school in America.

M: Oh, really? I'm going to America next month, so I'm curious* about that. What differences have you found?

J: Well, students in America usually move from classroom to classroom, but here you always study in your own classroom. We also don't have school uniforms or we don't bring our lunch to school. We usually buy lunch at a school cafeteria. But over here you bring your *bento* to school.

M: How do you feel about that? Do you enjoy eating *bento*, or do you miss eating lunch in America?

J: I like American food, but I'm always amazed by [㋐ makes / ㋑ my host mother / ㋒ for / ㋓ the *bento* / ㋔ me]. She puts many kinds of food in it and it looks very colorful. I like her *bento* very much. I enjoy lunch time the most.

M: I'm glad you like Japanese *bento*.

語注：curious* 好奇心をそそられる，知りたい

問 1 (　35　) に入れる語として最も適切なものを①～④から選びなさい。 35

① What　② How　③ Why　④ Which

問 2 (　36　) に入れる語として最も適切なものを①～④から選びなさい。 36

① ideas　② teachers　③ classrooms　④ differences

問 3 [　　] 内の㋐～㋔の語句を並べかえて，正しい英文を作るとき，２番目と４番目にくる記号の組み合わせとして適切なものを，①～④から選びなさい。 37

① ２番目… ㋐　４番目… ㋔
② ２番目… ㋑　４番目… ㋒
③ ２番目… ㋔　４番目… ㋐
④ ２番目… ㋐　４番目… ㋓

問 4 本文の内容に関する次の質問の答えとして適切なものを①～④から選びなさい。

How do they prepare lunch in Jason's school in America? 38

① They make their own lunch at home.
② They buy lunch at a school cafeteria.
③ They ask their host mothers to make it.
④ They eat lunch in their classrooms.

7. 次の英文を読んで，あとの問いに答えなさい。

We are so excited to announce[*1] the release[*2] of “GoodDreams.”

Most of us dream several times a night, and of course some dreams are good, and (39) are not. But what do you think if we can decide what dream we have tonight?

If you want to create dreams you want to experience, our newly developed[*3] smartphone app[*4], GoodDreams, will help you. It was already downloaded by thousands of people in Europe and America (40) want to create their perfect dreams, and many of them say, “It’s really a great app.”

So how does GoodDreams work? Well, before going to sleep, you select[*5] on the app the type of dream you want to have. Then you place[*6] your smartphone that GoodDreams is installed in[*7] next to your head on the pillow[*8]. The app, GoodDreams, quietly plays something that is called a “soundscape.” It is birds’ singing, sound of ocean waves, city noises, or the voices of celebrities[*9]. Soundscape helps you create your perfect dreams.

You will no longer suffer from unpleasant dreams. GoodDreams makes your night sleep full of pleasant dreams.

語注：announce[*1] 発表する　release[*2] 発売　newly developed[*3] 新たに開発された
app[*4] アップ，アプリケーション　select[*5] 選ぶ　place[*6] 置く
install in[*7] ～にインストールする　pillow[*8] 枕　celebrities[*9] 有名人

問 1 （ 39 ）に入れる語として最も適切なものを①～④から選びなさい。 39

① another　② other　③ others　④ the other

問 2 （ 40 ）に入れる語として最も適切なものを①～④から選びなさい。 40

① which　② where　③ why　④ who

問 3 本文の内容に合うものを①～④から選びなさい。 41

① People in Europe and America have never used GoodDreams.

② The app, GoodDreams, let you have dreams you want to see during your sleep.

③ When you use the app, GoodDreams, you can't choose the kinds of dreams you want to have.

④ The app, GoodDreams, must be installed in your pillow.

問 4 下線部 GoodDreams makes your night sleep full of pleasant dreams. の意味として適切なものを①～④から選びなさい。 42

① GoodDreams はあなたの眠りを完全なものに作り変えます。

② GoodDreams を使うと，あなたの夢は現実になります。

③ GoodDreams を使うと，あなたの眠りは心地よい夢で満たされます。

④ GoodDreams があれば，あなたは一晩中気持ちよく眠れます。

8. 次の英文を読んで，あとの問いに答えなさい。

Once upon a time, there lived a happy couple. They had a pet cat, but for some reasons, the husband didn't like the cat. He always wished to get rid of[*1] the cat.

One day he finally made a plan to get rid of him. He put the cat into a sack[*2] and drove away from their house. "I'll drop him two miles away, and he will never come back," laughed the man and stopped two miles away from their home.

He left the cat there and started for home. When he arrived home, he noticed that the cat was walking around outside their house. He was so shocked and angry. "How could he be back here!?" he said.

A few days passed and he came up with[*3] another plan. "This time I'll drop him four miles away, and [44]," he said to himself. He put the cat in a sack and dropped him off four miles away from their house. When he returned, the cat was already at home. He got very angry, stomped his feet[*4] and said, "How could he return home?"

He came up with one last plan to get rid of the cat. He put him in a sack and started driving. He turned left, turned right, turned left, and turned right. He drove more than ten miles. When he finally arrived as far from their house as he could, he reached for[*5] the sack, but it was empty[*6]!

He called his wife at home and asked, "Hey, honey, is the cat home?"

"Yes, he is," she replied.

"Can you give him the phone? I need to ask him how to get back home," said the man.

語注：get rid of[*1] ～を追い出す　　sack[*2]（粗《あら》い布製の）袋
came up with[*3] ～を思いついた　　stomped his feet[*4] 足を踏み鳴らした
reached for[*5] ～のほうへ手をのばした　　empty[*6] 空っぽの

問 1 he が示すものとして適切なものを①～④から選びなさい。 [43]

① the man ② the husband ③ the wife ④ the cat

問 2 [44] に入るものとして適切なものを①～④の中から選びなさい。 [44]

① he will be happy

② he can never return

③ he will never laugh at me

④ he can know how I love him

問 3 本文の内容に合うものを①～④から選びなさい。 [45]

① The husband tried to get rid of the cat three times.

② The husband tried to get rid of the cat, but finally he got rid of his wife.

③ The cat liked to drive around in the car with its owner.

④ The husband was worried that his cat wouldn't come back safely.

問 4 本文の内容に関する次の質問の答えとして適切なものを①～④から選びなさい。 [46]

Could the husband get rid of the cat?

① Yes, he could. But he started to have another cat.

② Yes, he could. He told his wife on the phone that he was very happy to say good-bye to the cat.

③ No, he couldn't. He tried to do so, but finally he liked the cat.

④ No, he couldn't. He took it as far away from his house as he could, but he himself got lost.

9. 次の英文を読んで，あとの問いに答えなさい。

On January 24, 1848, gold was discovered in San Francisco, California, by workers on a farm. The owner of the farm, John Sutter, instead of [*1] being happy, tried to keep the discovery a secret because he was afraid that people would take his land[*2]. But rumors[*3] about the discovery started to spread. Two months later, these rumors appeared on a San Francisco newspaper. By August of that year, news of the discovery arrived in Washington, D.C. Then, in December, President[*4] James Polk had to announce[*5] that the discovery of gold in California was true.

By January 1849, thousands of people traveled to San Francisco from across America and from all parts of the world. That was the start of the California Gold Rush[*6]. San Francisco was a small town of about 500 people before the gold rush began. However, in a single year, the population of the town reached over 25,000. Several expensive hotels were built and all the hotels tried to attract[*7] people who became rich. Because people had extra[*8] money, gambling[*9] became popular. One man lost $16,000 in poker[*10] in one night!

As the population of San Francisco grew fast, many ships that carried various[*11] goods sailed into San Francisco Bay. However, these ships never sailed out again because their crews[*12] abandoned[*13] them to look for gold. The port of San Francisco became a forest of masts[*14], because hundreds of ships were abandoned there. Some people turned them into stores and hotels. One of the ships was even used as a jail[*15].

語注：instead of [*1] ～の代わりに　land[*2] 土地　rumor(s)[*3] うわさ
President[*4] 大統領　announce[*5] 発表する　rush[*6] 群衆の殺到
attract[*7] 惹《ひ》きつける　extra[*8] 余分な　gambling[*9] ギャンブル，博打《ばくち》
poker[*10] ポーカー　various[*11] さまざまな　crew(s)[*12] 乗組員
abandoned[*13] 放棄した　mast(s)[*14] 船の帆を張るための柱，マスト
jail[*15] 刑務所

問 1 本文の内容と合うように，[47] と [48] に入れるのに適切な語を，それぞれ①〜④から選びなさい。

The rumor that reached Washington, D.C. in August, 1848 was about [47].

① John Sutter's farmland

② John Sutter's workers

③ the discovery of gold in California

④ President James Polk

San Francisco became a big city because [48].

① it was the best town to travel to

② it was famous for its expensive hotels

③ many people came to look for gold

④ many people who liked gambling came to the city

問 2 本文の内容に関する次の質問の答えとして適切なものを，①〜④から選びなさい。 [49]

Ships came into San Francisco Bay, but they didn't go out again. Why?

① Because gold was too heavy to carry on ships.

② Because the ships had no goods to carry out of San Francisco.

③ Because the crews went to look for gold and didn't return to their ships.

④ Because the ships were so old that they had to be used for stores and hotels.

問 3 本文の内容に一致するものを，次の①〜④から選びなさい。 [50]

① John Sutter named the discovery of gold the California Gold Rush.

② People in Washington D.C. heard the news of the discovery of gold about eleven months after people in California did.

③ The population of San Francisco in 1849 was about five times as large as that in 1848.

④ Some ships which came to San Francisco were used as stores and hotels during the gold rush.

問題は以上です。

令和５年度
入学試験問題

理　科

試験時間

13:10～14:00（50分）

注意事項

1　試験開始の指示があるまで、この問題用紙を開いてはいけません。

2　試験開始の合図があったら、この問題用紙の所定欄に受験番号を記入しなさい。また、マーク式解答用紙（マークシート）には出身中学校と受験番号を記入して、受験番号をマークしなさい。

3　マーク式解答用紙にマークし、各設問に記す解答番号に対応した解答欄にマークしなさい。

4　問題は14ページまであります。ページの脱落などがあった場合は、手をあげて試験監督に申し出なさい。

受験番号					

大阪夕陽丘学園高等学校

1　太陽の光を凸レンズの軸と並行になるよう凸レンズに入射させると、図１のように１つの点に光が集まった。この凸レンズについて、あとの問いに答えなさい。

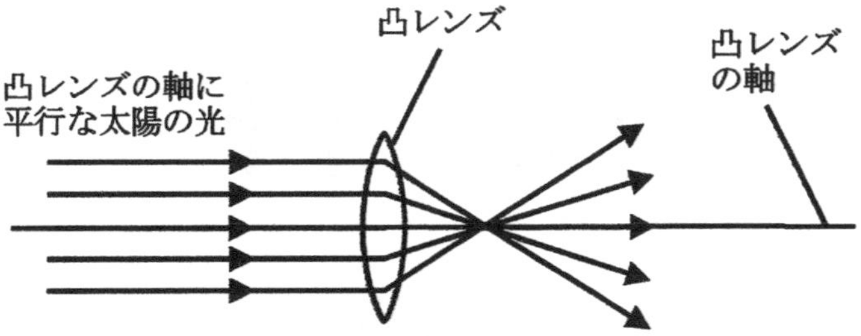

＜図１＞

問１　図１の光が集まる点を何というか。正しいものを、次の①～④より１つ選びなさい。

1

①　光点　　②　焦点　　③　盲点　　④　集点

図１の凸レンズを用いて、図２のような装置で実験を行った。図２のように、凸レンズを点Ｏの位置に固定し、文字Ｐが書かれているガラスを点Ａ，Ｂ，Ｃ，Ｄの位置へ順に動かす。それぞれのガラスの位置について、ついたてを移動させつつ、ついたてにどのような像ができるか調べた。ただし、像は凸レンズの側から見るものとする。点F_1，点F_2は、図１のように凸レンズの軸に平行な光が１つに集まる点の位置を表し、ついたては光を通さないものとする。

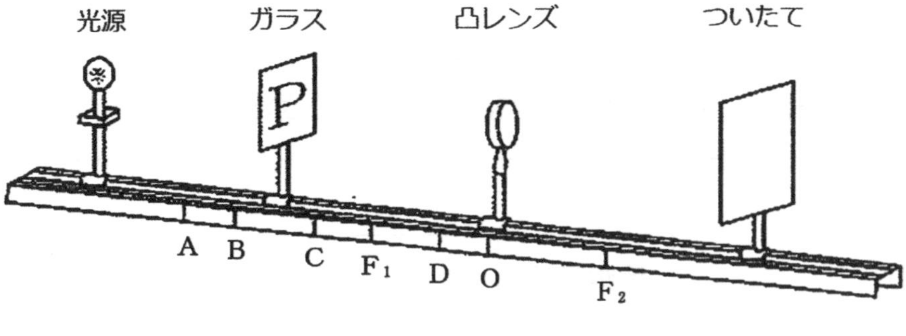

＜図２＞

問２　ガラスを点Ｂの位置に置いたとき、ついたてにできる像はどれか。図３の①～④より１つ選びなさい。　2

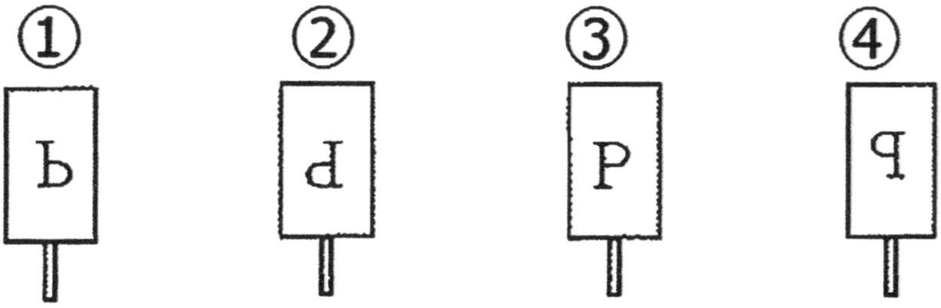

＜図３＞

問３　ガラスを点Ａ，Ｂ，Ｃと移動させたときの、ついたてにできる像の大きさの説明について、正しいものを次の①～⑤より１つ選びなさい。　3

① ガラスをＡからＢへ移動させると像は大きくなり、ガラスをＢからＣへ移動させると像は小さくなる。
② ガラスをＡからＢへ移動させると像は小さくなり、ガラスをＢからＣへ移動させると像は大きくなる。
③ ガラスをＡ，Ｂ，Ｃと移動させるにつれ、像は大きくなる。
④ ガラスをＡ，Ｂ，Ｃと移動させるにつれ、像は小さくなる。
⑤ ガラスを移動させても、像の大きさは変わらない。

問４　ついたてにはっきりとした像がうつるように、ついたてを移動させた。ガラスを点Ａ，Ｂ，Ｃと移動させる場合、ついたてをどのように動かすと良いか。次の①～⑤より１つ選びなさい。　4

① ガラスをＡ，Ｂ，Ｃと移動させるにつれ、ついたては凸レンズから遠ざかる。
② ガラスをＡ，Ｂ，Ｃと移動させるにつれ、ついたては凸レンズに近づく。
③ ついたては、ガラスをＡからＢへ移動させると凸レンズから遠ざかり、ガラスをＢからＣへ移動させると凸レンズに近づく。
④ ついたては、ガラスをＡからＢへ移動させると凸レンズに近づき、ガラスをＢからＣへ移動させると凸レンズから遠ざかる。
⑤ ガラスを点Ａ，Ｂ，Ｃと移動させても、ついたての位置は変わらない。

問５　問４のついたてにはっきりとうつった像を何というか。正しいものを、次の①～⑥より１つ選びなさい。　5

①　明像　②　虚像　③　写像　④　立像　⑤　実像　⑥　反像

問６　ガラスを点Ｄへ移動させたとき、ついたてに像ができなかった。このとき、像を観察するにはどのようにしたらよいか。次の①～④より１つ選びなさい。　6

①　光源の光を強くする。
②　ついたて側から凸レンズをのぞく。
③　ついたての位置を変える。
④　ガラスに書かれている文字Ｐを大きくする。

2　光が空気中と水中を進む道すじに関して、次の問いに答えなさい。

問1　次の図1は、空気中の光源装置から水面に、斜めに当てた光が水中へと進む道すじを表している。

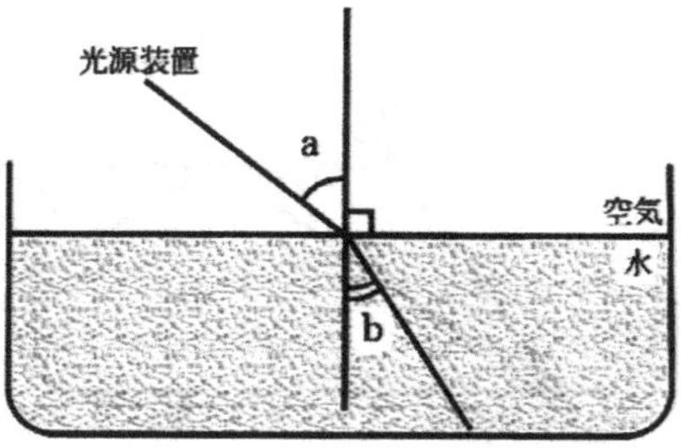

＜図1＞

（1）　水面へ斜めに当てた光が、水と空気の境界面で折れ曲がって進んでいる。
このような現象を何というか。正しいものを、次の①～④より1つ選びなさい。

7

①　反射　　②　入射　　③　屈折　　④　曲射

（2）　図1の角度についてａとｂの大きさの関係について、最も適したものを次の①～④より1つ選びなさい。

8

①　常にａ＜ｂである。
②　常にａ＞ｂである。
③　ａの大きさが、ある一定の値を基準に、ａとｂの大きさが逆転する。
④　ａとｂの大きさの関係に法則性はない。

問２　次の図２は、水中の光源装置からＡ、またはＢの方向へ水面に当てた光の進む道すじを表している。

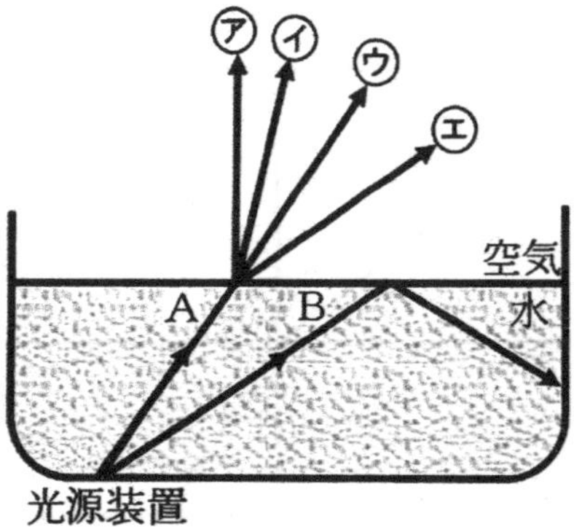

＜図２＞

（１）　Ａの方向へ進む光について、水中から空気中へ出たあとの進み方を次の①～④より１つ選びなさい。　9

①　ア　　②　イ　　③　ウ　　④　エ

（２）　Ｂの方向へ進んだ光は、空気中へ進むことなく、すべて水面で反射した。
この現象を利用したものを、次の①～④より１つ選びなさい。　10

①　光ファイバー　　②　プリズム　　③　レーザー光　　④　ソーラーパネル

3　図1のように、銅粉をステンレス皿に入れ、よくかき混ぜながら十分に加熱し、酸化銅に変える実験を行った。図2のグラフは、このときに用いた銅の質量とできた酸化銅の質量との関係を表したものである。あとの問いに答えなさい。

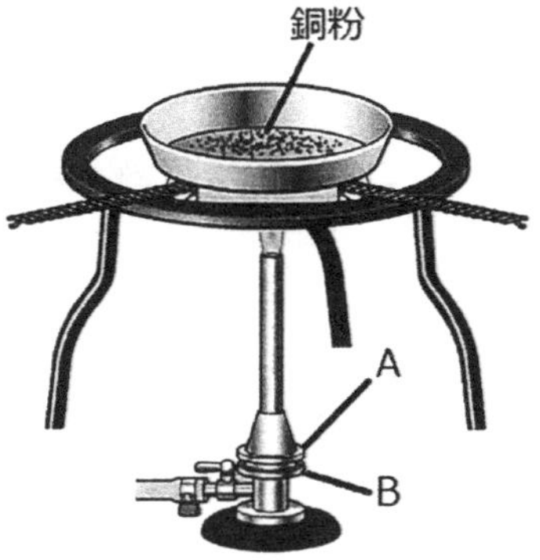

＜図1＞

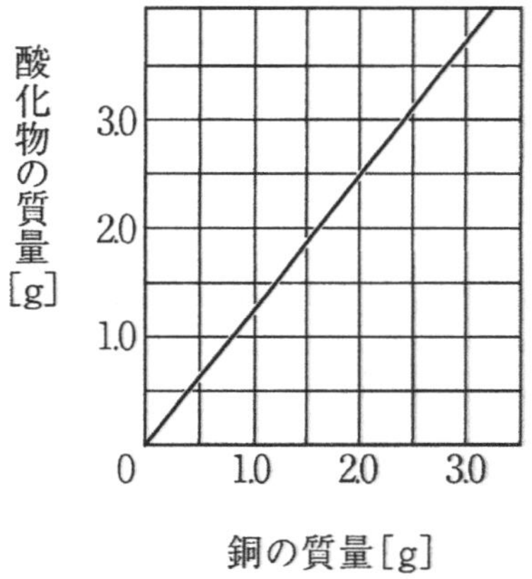

＜図2＞

問1　この実験でガスバーナーに火をつけると、赤色の炎が見られた。適正な青色の炎にするためには、図1のAとBのどちらのねじを、上から見てどのように回せばよいか。正しい組み合わせを①～④より1つ選びなさい。　11

	①	②	③	④
ねじ	A	A	B	B
回す方向	反時計（左）回り	時計（右）回り	反時計（左）回り	時計（右）回り

問2　この化学変化を化学反応式で表したものとして、正しいものを①～④より1つ選びなさい。

12

① $Cu + O \rightarrow CuO$

② $Cu + O_2 \rightarrow 2CuO$

③ $2CuO \rightarrow 2Cu + O_2$

④ $2Cu + O_2 \rightarrow 2CuO$

問３　銅と酸素が反応するときの質量の比として、正しいものを①～④より１つ選びなさい。

13

① 銅 ： 酸素 ＝ 4 ： 5

② 銅 ： 酸素 ＝ 4 ： 1

③ 銅 ： 酸素 ＝ 1 ： 4

④ 銅 ： 酸素 ＝ 5 ： 4

問４　20 gの銅粉を加熱し、すべて酸化銅に変化させた。このとき、酸化銅の質量は何gか。次の①～⑦より１つ選びなさい。

14

① 24 g　② 25 g　③ 36 g　④ 45 g　⑤ 72 g

⑥ 80 g　⑦ 100 g

問５　12.5 gの銅粉を加熱したところ、一部の銅が酸化し、全体の質量が14.0 gになった。酸化した銅と酸化しなかった銅の質量の比として、正しいものを①～⑧より１つ選びなさい。

15

① 酸化した銅 ： 酸化しなかった銅 ＝ 5 ： 4

② 酸化した銅 ： 酸化しなかった銅 ＝ 13 ： 12

③ 酸化した銅 ： 酸化しなかった銅 ＝ 4 ： 5

④ 酸化した銅 ： 酸化しなかった銅 ＝ 12 ： 13

⑤ 酸化した銅 ： 酸化しなかった銅 ＝ 5 ： 6

⑥ 酸化した銅 ： 酸化しなかった銅 ＝ 6 ： 5

⑦ 酸化した銅 ： 酸化しなかった銅 ＝ 10 ： 11

⑧ 酸化した銅 ： 酸化しなかった銅 ＝ 11 ： 10

4　水に溶ける物質について、あとの問いに答えなさい。

問１　次の図は100 gの水に溶ける硝酸カリウムの質量と水の温度の関係を表したものである。

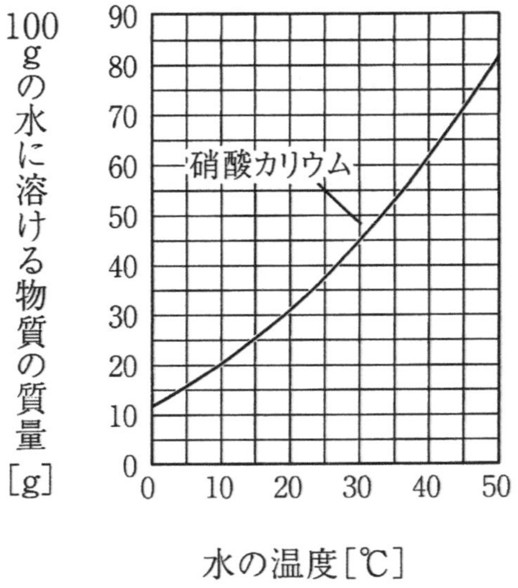

＜図＞

（1）　20℃の水100 gに硝酸カリウムは約何g溶かすことができるか。適切なものを①～④より１つ選びなさい。

16

①　10 g　　②　20 g　　③　30 g　　④　40 g

（2）　40℃の水100 gに硝酸カリウムを50 g溶かしたあと、その水溶液を10℃まで冷やした。このとき、約何gの結晶を取り出すことができるか。
適切なものを①～④より１つ選びなさい。

17

①　10 g　　②　20 g　　③　30 g　　④　40 g

（3）　水200 gに90 gの硝酸カリウムを溶かすには、水の温度を約何℃以上にすればよいか。
適切なものを①～④より１つ選びなさい。

18

①　20℃　　②　30℃　　③　45℃　　④　55℃

（4） 40℃の水 200 g に硝酸カリウムを入れ、すべて溶かしたところ、濃度は 20%になった。入れた硝酸カリウムの質量は約何 g か。適切なものを①～④より 1 つ選びなさい。

19

① 20 g　② 25 g　③ 40 g　④ 50 g

問２ ある物質Aがあり、これを水に溶かしたものを石灰水という。

（1） この物質Aは何か。次の①～④より 1 つ選びなさい。

20

① 水酸化カリウム
② 水酸化ナトリウム
③ 水酸化カルシウム
④ 水酸化マグネシウム

（2） 物質Aの特徴として、適切でないものを①～④より 1 つ選びなさい。

21

① こんにゃくを固めるのに使われる。
② 目に入ると失明する危険性がある。
③ 「漆喰《しっくい》」と呼ばれる塗《ぬ》り壁《かべ》材にも使われる。
④ 石けんや洗浄剤の材料になる。

（3） 石灰水にある気体Bを加えると白く濁った。この気体Bは何か。次の①～④より 1 つ選びなさい。

22

① 窒素　② 酸素　③ 二酸化炭素　④ 水素

5　**次の図は、ゼニゴケ、タンポポ、スギナ、イチョウ、イネの5種類の植物を、ア～エの特徴ごとに分類したものである。○はあてはまるもの、×はあてはまらないものを表している。ア～エの特徴は以下の通りである。「種子を作る」、「葉、茎、根の区別がある」、「子葉が2枚ある」、「子房がある」。**

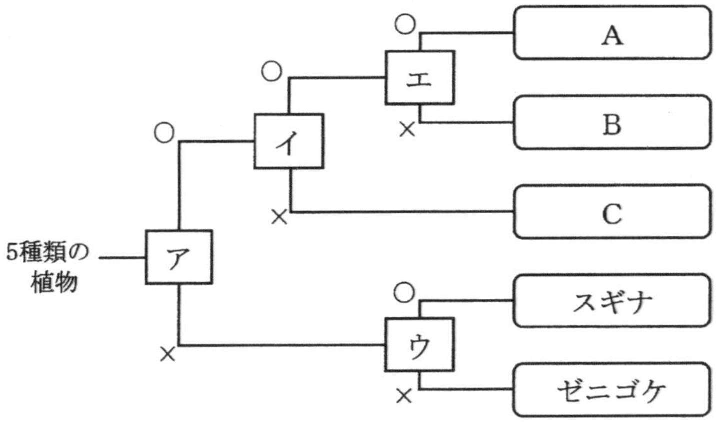

＜図＞

問1　図のイ，エにあてはまる特徴として適切なものを、次の①～④よりそれぞれ1つずつ選びなさい。

イ 23　　　　エ 24

① 子葉が2枚ある。
② 子房がある。
③ 葉、茎、根の区別がある。
④ 種子をつくる。

問2　図のA～Cに入る植物の組み合わせとして、正しいものを次の①～⑥より1つ選びなさい。 25

	①	②	③	④	⑤	⑥
A	イネ	イネ	イチョウ	タンポポ	タンポポ	イチョウ
B	タンポポ	イチョウ	タンポポ	イチョウ	イネ	イネ
C	イチョウ	タンポポ	イネ	イネ	イチョウ	タンポポ

問3　スギナの分類で、正しいものを次の①～⑤より1つ選びなさい。

26

①　被子植物・双子葉類　②　被子植物・単子葉類　③　シダ植物
④　裸子植物　⑤　コケ植物

問4　ゼニゴケの特徴として適切なものを、次の①～⑤より1つ選びなさい。

27

①　葉脈は平行に通る。
②　花弁はつながっている。
③　水を体の表面から取り入れる。
④　雄花に花粉のうがある。
⑤　維管束がある。

6　次の図は、人の腕の骨格と筋肉を模式的に表したものである。骨と骨は、Aの部分でつながっている。また、骨と筋肉はBの部分でつながっている。これについて、あとの問いに答えなさい。

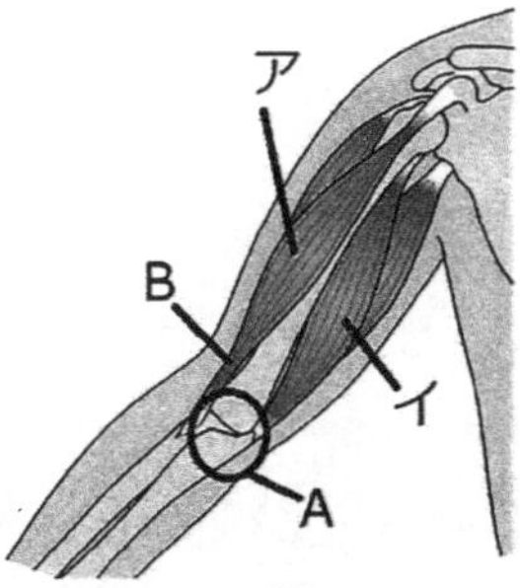

<図>

問１　Aの部分の名称を、次の①～④より１つずつ選びなさい。

28

①　骨格　　②　神経　　③　関節　　④　じん帯

問２　腕を曲げるときと腕を伸ばすときの筋肉ア、イの説明について、適切なものを次の①～④よりそれぞれ１つ選びなさい。

腕を曲げるとき　29　　　　腕を伸ばすとき　30

①　筋肉アも筋肉イもゆるむ。

②　筋肉アはゆるみ、筋肉イは縮む。

③　筋肉アも筋肉イも縮む。

④　筋肉アは縮み、筋肉イはゆるむ。

問３　Bの中でも、人体で最も大きいものは何か。次の①～④より１つ選びなさい。

31

①　アキレス腱《けん》　　②　大腿《たい》四頭筋　　③　股《こ》関節　　④　大腿《たい》骨

問４　熱いものにふれると、熱いという意識が生まれる前に手をひっこめる反応をする。この反応の命令が出されるのはどこか。次の①～④より１つ選びなさい。

32

①　感覚神経　　②　脳　　③　せきずい　　④　皮膚

7　次の図1はある地震が発生した地下と地表の様子を、図2はその地震を3つの地点A，B，Cで観測したものである。ある地震が発生したのは、図1の点Pの地点であり、その真上の地表の地点を点Qとする。これについて、あとの問いに答えなさい。

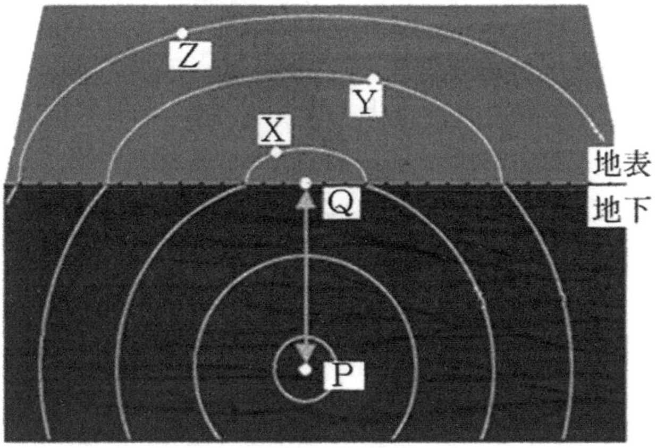

＜図1＞

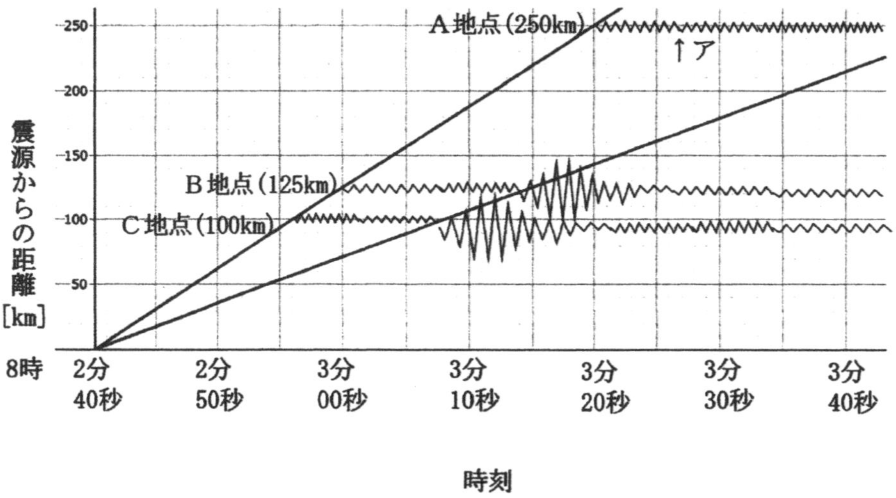

＜図2＞

問1　点Pと点Qの名称を、次の①～④より1つずつ選びなさい。

P [33]　　Q [34]

①　観測点　　②　断層　　③　震点　　④　震源　　⑤　震央

問２　図２で地震の観測がされた３つの地点Ａ，Ｂ，Ｃは、図１の３つの地点Ｘ，Ｙ，Ｚのいずれかである。地点Ａ，Ｂ，Ｃと地点Ｘ，Ｙ，Ｚの組み合わせとして、正しいものを次の①～⑥より１つ選びなさい。

	①	②	③	④	⑤	⑥
Ａ地点	Ｚ	Ｘ	Ｘ	Ｙ	Ｙ	Ｚ
Ｂ地点	Ｘ	Ｙ	Ｚ	Ｘ	Ｚ	Ｙ
Ｃ地点	Ｙ	Ｚ	Ｙ	Ｚ	Ｘ	Ｘ

35

問３　図２のアのゆれを伝える波と、このゆれの名称を、次の①～⑧より１つずつ選びなさい。

波 36　　ゆれ 37

① 小振動　② 主要動　③ 初期微動　④ Ｐ波
⑤ マグニチュード　⑥ Ｓ波　⑦ α波　⑧ 小振動波

問４　この地震が発生した時刻で、正しいものを次の①～④より１つ選びなさい。

38

① ８時２分00秒　② ８時２分40秒　③ ８時２分52秒　④ ８時３分00秒

問５　Ａ地点でゆれが確認できたのは、Ｃ地点でゆれが確認できてから何秒後か。次の①～④より１つ選びなさい。

39

① 12秒後　② 16秒後　③ 24秒後　④ 42秒後

問６　図２のアの波が伝わる速さを、Ｂ地点の記録をもとに計算し、正しいものを次の①～④より１つ選びなさい。ただし、答えは小数第２位を四捨五入しなさい。

40

① 3.6 km/秒　② 6.3 km/秒　③ 6.7 km/秒　④ 8.3 km/秒

問題は以上です。

令和５年度

入学試験問題

社　会

試験時間

14:30～15:20（50分）

注意事項

1　試験開始の指示があるまで、この問題用紙を開いてはいけません。

2　試験開始の合図があったら、この問題用紙の所定欄に受験番号を記入しなさい。また、マーク式解答用紙（マークシート）には出身中学校と受験番号を記入して、受験番号をマークしなさい。

3　マーク式解答用紙にマークし、各設問に記す解答番号に対応した解答欄にマークしなさい。

4　問題は26ページまであります。ページの脱落などがあった場合は、手をあげて試験監督に申し出なさい。

受験番号					

大阪夕陽丘学園高等学校

1　次の文章を読み，以下の設問に答えなさい。

2022年，日本は鉄道を開業してから150周年を迎えた。(ア) イギリスからの技術や資金援助を受けて，(イ) 新橋～横浜駅間が最初の開業となった。鉄道は開業以来，旅客として人を運ぶだけではなく，(ウ) 野菜や果物などの農産品や青果物，(エ) 工場で作られた製品などを運ぶ (オ) 貨物輸送としての役割も担っている。

また，鉄道はこれまで日本の発展と密接に関わってきている。1964年に日本で初めて開催された東京 (カ) オリンピックに合わせて (キ) 東海道新幹線が東京～新大阪間で開業した。そして，1970年に大阪の吹田市で開催された大阪万国博覧会でも北大阪急行の新駅開業などがあった。さらに，2025年に大阪の夢洲で開催される万博に合わせて，大阪メトロが延伸する予定となっている。

近年では，観光列車を走らせることで地域活性化を目指す動きも全国各地で活発となっている。(ク) 九州や中四国をはじめとした地域では，工業デザイナーによる趣向を凝らした観光列車が数多く走っており，乗車客のみならず訪れた観光客たちの目も楽しませてくれている。

問1　下線部 (ア) について，次の設問に答えなさい。

(1) イギリスに関する説明文として**適当でないもの**を，次の①～④の中から一つ選びなさい。

1

① 首都はロンドンであり，本初子午線が旧グリニッジ天文台を通っている。

② 主な宗教はキリスト教で，公用語は英語である。

③ オーストラリアは，かつてはイギリスの植民地であった。

④ 2020年にEUを離脱したが，使用通貨はユーロである。

(2) イギリスのロンドンの雨温図として正しいものを，次の①～④の中から一つ選びなさい。

2

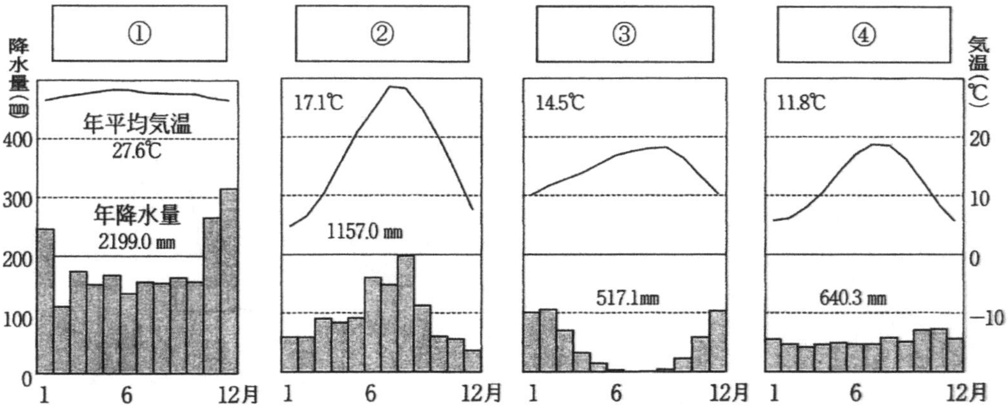

【世界国勢図会 2021/2022 より】

問２　下線部（イ）について，新橋～横浜は日本で最も広い関東平野に位置している。関東平野における地形や気候の特徴として正しいものを，次の①～④の中から一つ選びなさい。

3

① 東京湾の沿岸は一切人の手は加えられていないままの海岸線であり，工業用地などに利用されている。

② 火山の噴火によって大量の火山灰が積もってできた赤土におおわれた台地がある。

③ やませとよばれる冷たい風が太平洋側からふき，農作物に影響を及ぼしている。

④ 太平洋側に面する九十九里浜では，リアス式海岸が広がっている。

問３　下線部（ウ）について，次の設問に答えなさい。

(1) 次のグラフは，ぶどうとももの収穫量割合を示したグラフである。A・Bにあてはまる都道府県は，次の地図中のどの場所に位置するか。AとBにあてはまる組合せとして正しいものを，次の①～④の中から一つ選びなさい。

4

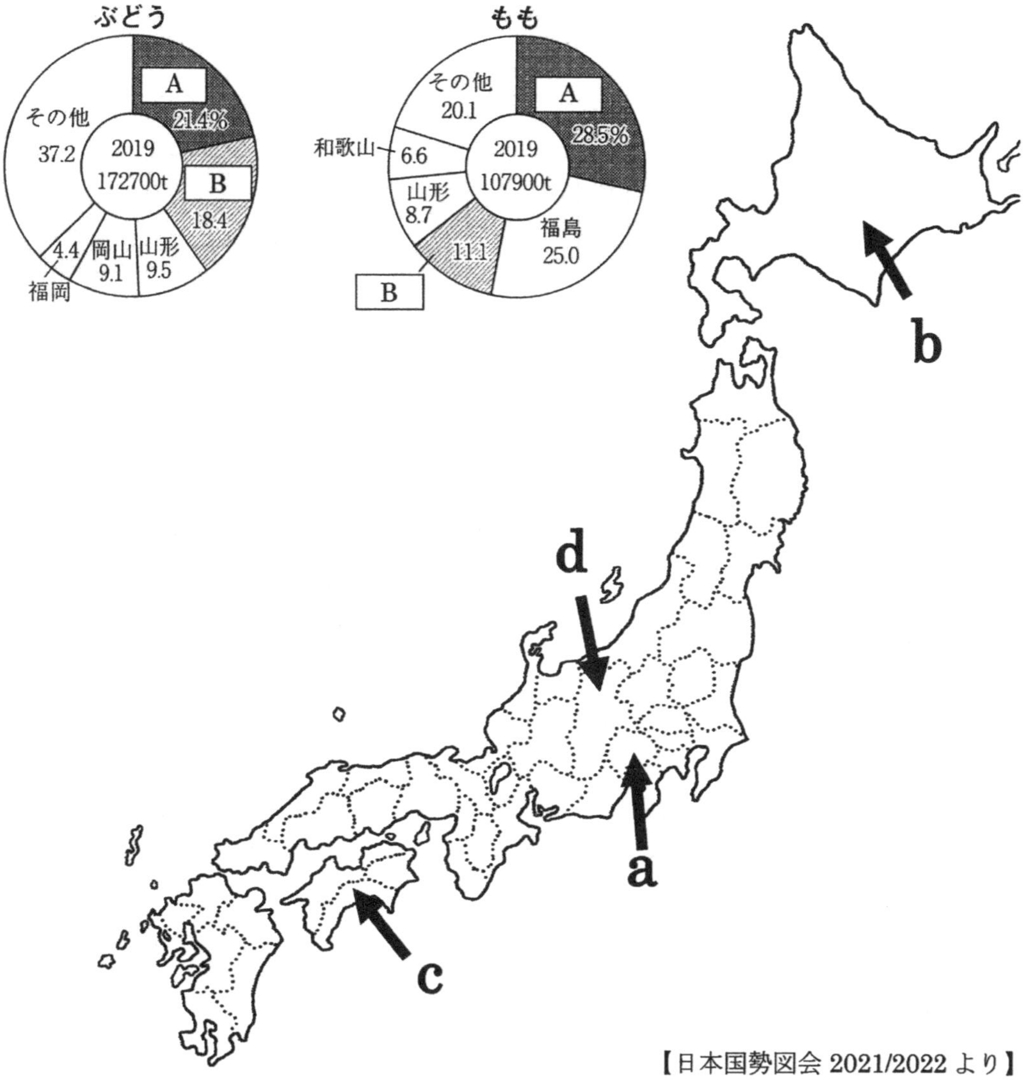

【日本国勢図会 2021/2022 より】

① A：a　B：d　② A：b　B：c

③ A：a　B：b　④ A：d　B：c

(2) 野菜の栽培方法について，次の説明文のうち正誤の組合せとして正しいものを，次の①～④の中から一つ選びなさい。

5

X　群馬県の嬬恋《つまごい》や長野県の野辺山原では夏の涼しい気候を利用して，レタスやキャベツなどを促成栽培している。

Y　渥美半島（愛知）の電照きくのように，夜間を通して電灯をつけながら作物を育てることは抑制栽培の方法の一つである。

① A：正　B：正　　② A：正　B：誤
③ A：誤　B：正　　④ A：誤　B：誤

問 4　下線部（エ）について，次の表はある製品の産業別出荷額の都道府県別ランキングである。AとBに当てはまる組合せとして正しいものを，次の①～④の中から一つ選びなさい。

6

A		
順位	都道府県	出荷額（億円）
1	北海道	22310
2	埼　玉	20363
3	愛　知	17439
4	兵　庫	17350
5	千　葉	16446
全国		300366

B		
順位	都道府県	出荷額（億円）
1	静　岡	8595
2	愛　媛	5427
3	埼　玉	5067
4	愛　知	4500
5	北海道	3951
全国		76057

【日本国勢図会 2021/2022 より】

① A：花　　　B：パルプ・紙・紙加工品
② A：食料品　B：パルプ・紙・紙加工品
③ A：花　　　B：自動車
④ A：食料品　B：自動車

問5　下線部（オ）について，国内の輸送手段に関する次の文を読み，空欄A～Cにあてはまる組合せとして正しいものを，次の①～④の中から一つ選びなさい。

7

> 1960年では国内の貨物輸送手段としては（　A　）の割合が一番高かったが，高度経済成長期以降，高速交通網の整備が進んだことで，都市間を結ぶ高速交通網が整備されてきた。それにより，現在の国内貨物輸送では（　B　）が輸送手段として一番多い割合となっている。また，旅客輸送は1960年では（　C　）が輸送手段として一番の割合であったが，現在では（　B　）が貨物輸送と同じく一番割合の高い輸送手段となっている。

①　A：船　　B：鉄道　　C：自動車
②　A：鉄道　　B：自動車　　C：船
③　A：自動車　　B：航空　　C：鉄道
④　A：船　　B：自動車　　C：鉄道

問6　下線部（カ）について，以下の文を読み，次の設問に答えなさい。

大阪太郎さんは，オリンピック・パラリンピックの開催地の決め方と今後の開催地について調べ，以下のことが分かった。

○開催地の決め方：国際オリンピック委員会が会議を開催し，多数決投票で決定
○今後の夏季オリンピック・パラリンピック開催予定地（2032年まで）

開催年	開催予定国・都市
2024年	フランス・パリ
2028年	アメリカ合衆国・ロサンゼルス
2032年	オーストラリア・ブリスベン

(1) 太郎さんは2028年にオリンピック開催予定であるアメリカ合衆国の特徴についてまとめた。アメリカ合衆国の説明文として**適当でないもの**を，次の①～④の中から一つ選びなさい。

8

① ジャズといった，現在でもよく知られている音楽が生まれた。
② 工業の中心地は、ICT関連産業が集中しているシリコンバレーを含む、サンベルトと呼ばれる地域である。
③ 17世紀以降にヨーロッパからの移民が，アボリジニという先住民から土地をうばって開拓を進めた。
④ 農業が盛んで，とうもろこし，小麦，大豆を生産し，世界中に大量輸出している。

(2) 続いて，太郎さんは2032年開催予定であるオーストラリアの貿易相手国について表にまとめた。次のA～Cにあてはまる国の組合せとして正しいものを，次の①～④の中から一つ選びなさい。

9

＜オーストラリアにおける貿易相手国の上位5か国の変化＞

	1965年	2018年
1位	イギリス	A
2位	C	B
3位	B	C
4位	西ドイツ	韓国
5位	ニュージーランド	インド

① A：フランス　B：日本　C：中国
② A：日本　B：フランス　C：アメリカ
③ A：日本　B：アメリカ　C：中国
④ A：中国　B：日本　C：アメリカ

問7　下線部（キ）について，次の設問に答えなさい。

(1) 下記の地図は2022年8月までに開業した日本の新幹線網を示している。AとBにあてはまる都市名の組合せとして正しいものを，次の①～④の中から一つ選びなさい。

10

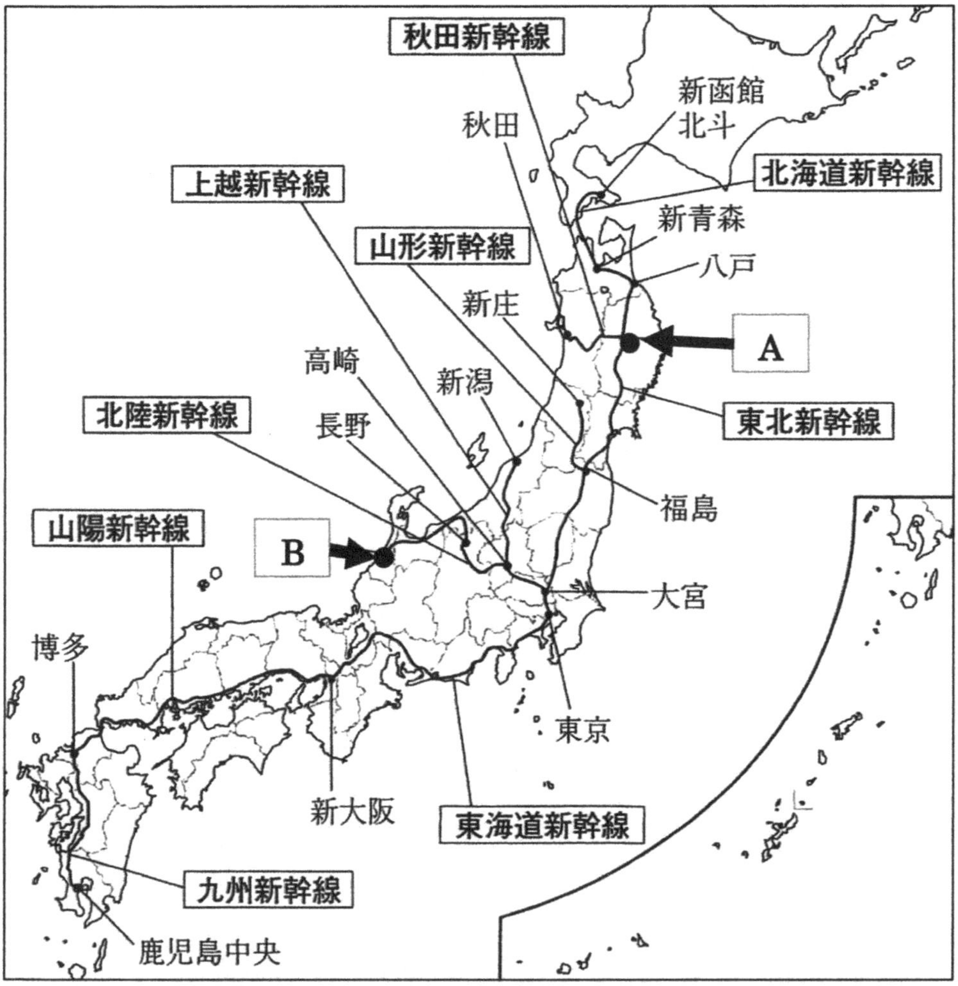

① A : 仙台　B : 金沢　　② A : 盛岡　B : 金沢

③ A : 仙台　B : 福井　　④ A : 盛岡　B : 福井

(2) 新幹線の発展，ならびに高速道路の発達などで都市間の交通網が整備されたことで，大都市に労働人口・商業施設が集中し，その代わりに地方都市が衰退する現象のことを何というか。次の①～④の中から一つ選びなさい。

11

① ヒートアイランド現象
② ストロー現象（効果）
③ ドーナツ化現象
④ フェーン現象

問 8 下線部（ク）について，九州地方は火山が多い地域である。九州地方の火山にまつわる説明文として正しいものを次の①～④の中から一つ選びなさい。

12

① 熊本にある霧島山には，カルデラとよばれる火山活動によってできた大きなくぼ地がある。
② 九州南部は過去の火山活動によるシラスが積もった台地があり，その地域ではサツマイモの栽培が盛んである。
③ 鹿児島湾の中に位置している雲仙岳は，火山活動が現在も活発である。
④ 2013 年に起きた有珠山の噴火では，地域住民や温泉街などに大きな被害を与えた。

2　次の年表を見て，以下の設問に答えなさい。

日本			世界	
時代	年代	事項	年代	事項
縄文	約 13000 年前	(ア) 土器の使用が始まる。 定住する暮らしが始まり (イ) 集落が出現する。		
弥生	紀元前 4 世紀～	(ウ) 小国をまとめる王が出現し，中国に使いを送るものが現れる。	紀元前 3 世紀	(エ) 中国が統一され，匈奴の侵入を防ぐ万里の長城が修築される。
古墳	5 世紀頃	ヤマト政権で (オ) 大王が出現する。 多くの(カ)渡来人が来訪する。		
飛鳥	645 年	(キ) 大化の改新が始まる。		
奈良	710 年 743 年 8 世紀頃	(ク) 平城京へ遷都する。 (ケ) 墾田永年私財法が発布される。 シルクロードを通じて，多くの (コ) 宝物が伝わる。		
平安	9 世紀初め 894 年 10 世紀後半～	(サ) 最澄・空海によって新しい仏教が日本に伝わる。 (　　シ　　) の提言により遣唐使を廃止する。 (ス) 女性による仮名文学が作られる。		

鎌倉	1192年 13世紀初め～	(　セ　)が征夷大将軍に任命される。 (ソ) 北条氏が実権をにぎる。 (タ) 東大寺南大門が再建される。	13世紀	フビライ・ハンが(チ)元を建国する。
室町	1333年 1338年 15世紀	(　ツ　)が天皇中心の政治を始める。 室町幕府が開かれる。 (テ) 琉球王国が建国される。 (ト) 室町文化が栄える。	14世紀～16世紀 16世紀	イタリアから西ヨーロッパにかけて(ナ) ルネサンスが広がる。 宗教改革がおこる。
安土桃山	1549年 16世紀後半	(ニ)キリスト教が伝来し,ヨーロッパとの貿易が始まる。 大名や豪商を中心とする(ヌ)桃山文化が栄える。		
江戸	1604年 1641年 18世紀～	アイヌ民族との交易を(ネ)特定の藩が独占する。 (ノ) 鎖国政策が始まる。 (ハ) 産物の国産化が進み，工業が発達する。	17世紀～18世紀	ヨーロッパで(ヒ) 啓蒙思想家が政治に影響を与える。
明治	1872年 19世紀後半～	(フ)富岡製糸場が設立される。 (ヘ) 文明開化が広がる (ホ) 産業革命が始まる。		

問１　下線部（ア）について，縄文土器を，次の①～④の中から一つ選びなさい。

13

①

②

③

④

問２　下線部（イ）について，次の説明文のうち正誤の組合せとして正しいものを，①～④の中から一つ選びなさい。

14

X　集落には高床倉庫があり，安定した食物供給をおこなうことができた。
Y　この時代の集落の遺跡からは，銅鏡などの祭具が発掘されている。

①　X：正　Y：正　　②　X：正　Y：誤
③　X：誤　Y：正　　④　X：誤　Y：誤

問３　下線部（ウ）について述べた文として正しいものを，次の①～④の中から一つ選びなさい。

15

①　『後漢書』東夷伝によると，倭には100あまりの国があったと記されている。
②　卑弥呼が，「漢委奴国王」と刻印された金印を漢の皇帝より授けられた。
③　『漢書』地理志によると，楽浪郡を通じて貢ぎ物を贈る国もあった。
④　倭の軍は，百済の援軍として高句麗・新羅と戦った。

問４　下線部（エ）について，この王朝を次の①～④の中から一つ選びなさい。

16

①　殷　　②　周　　③　漢　　④　秦

問５　下線部（オ）について，「ワカタケル大王」の名が刻まれた鉄剣が発掘された古墳を，①～④の中から一つ選びなさい。

17

①　高松塚古墳　　②　大仙陵古墳　　③　稲荷山古墳　　④　キトラ古墳

問6　下線部（カ）について述べた文として正しいものを，次の①～④の中から一つ選びなさい。

18

①　渡来人の知識を活用して勢力を強めた物部氏が，推古天皇を即位させた。
②　飛鳥地方には渡来人が創建に携わった寺がいくつもあり，東大寺もその一つである。
③　漢字や儒学，仏教を伝え，日本の文化や信仰に大きな影響を与えた。
④　低温で焼いた赤褐色で丈夫な土器を作る技術や，かまどなどの生活文化を伝えた。

問7　下線部（キ）について大化の改新とその後の政治の内容を述べた文として正しいものを，次の①～④の中から一つ選びなさい。

19

①　天智天皇の死後は，皇后である持統天皇が即位した。
②　公地・公民を方針とし，権力が天皇家へ集中されるよう朝廷の組織を改編した。
③　唐・新羅連合軍と戦った白村江の戦いで勝利し，百済の復興を助けた。
④　中大兄皇子は政治の中心を難波（なにわ）に移し，天武天皇となった。

問8　下線部（ク）について，平城京造営の際に参考にした中国の都の名称を，次の①～④の中から一つ選びなさい。

20

①　北京　　②　長安　　③　南京　　④　洛陽

大問	番号	解答欄
	7	① ② ③ ④
2	8	① ② ③ ④
	9	① ② ③ ④
	10	① ② ③ ④

大問	番号	解答欄
	11	① ② ③ ④
	12	① ② ③ ④
3	13	① ② ③ ④
	14	① ② ③ ④ ⑤ ⑥ ⑦
	15	① ② ③ ④ ⑤ ⑥ ⑦ ⑧

大問	番号	解答欄
	16	① ② ③ ④
	17	① ② ③ ④
	18	① ② ③ ④
4	19	① ② ③ ④
	20	① ② ③ ④
	21	① ② ③ ④
	22	① ② ③ ④

大問	番号	解答欄
	29	① ② ③ ④
6	30	① ② ③ ④
	31	① ② ③ ④
	32	① ② ③ ④

大問	番号	解答欄
	33	① ② ③ ④ ⑤
	34	① ② ③ ④ ⑤
	35	① ② ③ ④ ⑤ ⑥
7	36	① ② ③ ④ ⑤ ⑥ ⑦ ⑧
	37	① ② ③ ④ ⑤ ⑥ ⑦ ⑧
	38	① ② ③ ④
	39	① ② ③ ④
	40	① ② ③ ④

15	3
16	2
17	2
18	2
19	2
20	2
21	2
22	2
23	3
24	2
25	2
26	3
27	2
28	3
29	3
30	2
31	2
32	3
33	3
34	3
35	3
36	3
37	3
38	3
39	2
40	3

大阪夕陽丘学園高等学校

SN-0026*(966)

7	①	②	③	④	27	①	②	③	④	47	①	②	③	④
8	①	②	③	④	28	①	②	③	④	48	①	②	③	④
9	①	②	③	④	29	①	②	③	④	49	①	②	③	④
10	①	②	③	④	30	①	②	③	④	50	①	②	③	④
11	①	②	③	④	31	①	②	③	④	51	①	②	③	④
12	①	②	③	④	32	①	②	③	④	52	①	②	③	④
13	①	②	③	④	33	①	②	③	④	53	①	②	③	④
14	①	②	③	④	34	①	②	③	④	54	①	②	③	④
15	①	②	③	④	35	①	②	③	④	55	①	②	③	④
16	①	②	③	④	36	①	②	③	④	56	①	②	③	④
17	①	②	③	④	37	①	②	③	④	57	①	②	③	④
18	①	②	③	④	38	①	②	③	④	58	①	②	③	④
19	①	②	③	④	39	①	②	③	④	59	①	②	③	④
20	①	②	③	④	40	①	②	③	④	60	①	②	③	④

23	2
24	1
25	2
26	2
27	1
28	2
29	2
30	1
31	2
32	1
33	2
34	2
35	2
36	1
37	2
38	2
39	1
40	2
41	2
42	1
43	2
44	1
45	2
46	1
47	2
48	2
49	1
50	2
51	2
52	1
53	2
54	2
55	2
56	1
57	2
58	1
59	2
60	2

大 阪 夕 陽 丘 学 園 高 等 学 校

SN-0132*(545)

※100点満点

入学試験　解答用紙［社会］

出身中学校	中学校

1. 記入欄・マーク欄以外には記入しないで下さい。
2. 鉛筆で、しっかり濃くマークして下さい。
3. 間違った場合には、消しゴムで、きれいに消して下さい。

マーク例

良い例	●	悪い例	✓ ⊙ ◐

受験番号				
⓪	⓪	⓪	⓪	⓪
①	①	①	①	①
②	②	②	②	②
③	③	③	③	③
④	④	④	④	④
⑤	⑤	⑤	⑤	⑤
⑥	⑥	⑥	⑥	⑥
⑦	⑦	⑦	⑦	⑦
⑧	⑧	⑧	⑧	⑧
⑨	⑨	⑨	⑨	⑨

問	解答欄			
1	①	②	③	④
2	①	②	③	④
3	①	②	③	④
4	①	②	③	④

問	解答欄			
21	①	②	③	④
22	①	②	③	④
23	①	②	③	④
24	①	②	③	④

問	解答欄			
41	①	②	③	④
42	①	②	③	④
43	①	②	③	④
44	①	②	③	④

番号	配点
1	2
2	2
3	1
4	2
5	1
6	2
7	1
8	2
9	2
10	2
11	1
12	2
13	1
14	2
15	2
16	1

【解答用

※100点満点

入学試験　解答用紙［理科］

出身中学校	中学校

1. 記入欄・マーク欄以外には記入しないで下さい。
2. 鉛筆で、しっかり濃くマークして下さい。
3. 間違った場合には、消しゴムで、きれいに消して下さい。

マーク例

良い例	●	悪い例	✓ ⦿ ◐

受験番号				
⓪	⓪	⓪	⓪	⓪
①	①	①	①	①
②	②	②	②	②
③	③	③	③	③
④	④	④	④	④
⑤	⑤	⑤	⑤	⑤
⑥	⑥	⑥	⑥	⑥
⑦	⑦	⑦	⑦	⑦
⑧	⑧	⑧	⑧	⑧
⑨	⑨	⑨	⑨	⑨

解答欄		
1	1	① ② ③ ④
	2	① ② ③ ④
	3	① ② ③ ④ ⑤
	4	① ② ③ ④ ⑤
	5	① ② ③ ④ ⑤ ⑥
	6	① ② ③ ④

解答欄		
5	23	① ② ③ ④
	24	① ② ③ ④
	25	① ② ③ ④ ⑤ ⑥
	26	① ② ③ ④ ⑤
	27	① ② ③ ④ ⑤

番号	配点
1	2
2	3
3	3
4	3
5	3
6	3
7	2
8	2
9	2
10	2

【解答用

問 9　下線部（ケ）について，この法令を発布した天皇を，次の①～④の中から一つ選びなさい。

21

①　聖武天皇　　②　桓武天皇　　③　白河天皇　　④　持統天皇

問 10　下線部（コ）について，現在，正倉院に収められている宝物として**<u>適当でないもの</u>**を，次の①～④の中から一つ選びなさい。

22

①

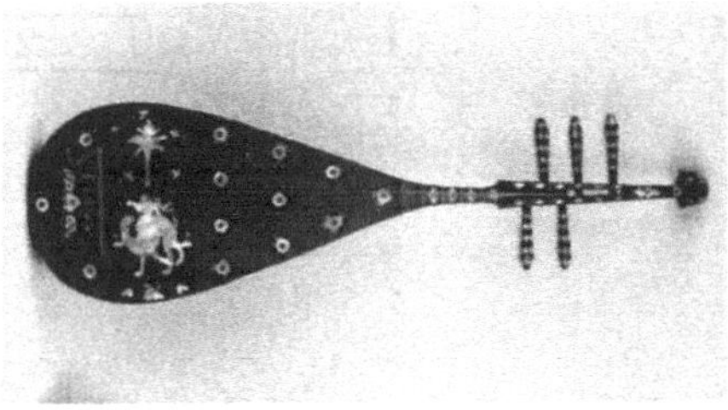

②

③

④

問 11　下線部（サ）について，次の説明文のうち正誤の組合せとして正しいものを，次の①～④の中から一つ選びなさい。

23

X　空海は真言宗を伝え，高野山に金剛峯寺を建てた。
Y　最澄は浄土宗を伝え，比叡山に延暦寺を建てた。

① X：正　Y：正　　② X：正　Y：誤
③ X：誤　Y：正　　④ X：誤　Y：誤

問 12　（　シ　）にあてはまる人物を，次の①～④の中から一つ選びなさい。

24

①　坂上田村麻呂　　②　菅原道真　　③　小野妹子　　④　鑑真

問 13　下線部（ス）について，次の説明文のうち正誤の組合せとして正しいものを，次の①～④の中から一つ選びなさい。

25

X　清少納言が書いた『枕草子』は，世界最古の長編小説ともいわれている。
Y　紫式部が書いた『源氏物語』は，平安時代の貴族社会を描写している。

① X：正　Y：正　　② X：正　Y：誤
③ X：誤　Y：正　　④ X：誤　Y：誤

問 14　（　セ　）にあてはまる人物を，次の①～④の中から一つ選びなさい。

26

①　源義経　　②　源義仲　　③　源実朝　　④　源頼朝

問 15　下線部（ソ）について，北条氏がおこなった政治を何というか。次の①～④の中から一つ選びなさい。

27

①　執権政治　　②摂関政治　　③　幕藩体制　　④　院政

問 16　下線部（タ）について，東大寺南大門に関連するものを，次の①～④の中から一つ選びなさい。

28

①

②

③

④

問17　下線部（チ）について述べた文として正しいものを，次の①～④の中から一つ選びなさい。

29

① 1274年に火薬を使った武器で鹿児島を攻めたが，短期間で引きあげた。
② 元の襲来には，当時の執権である北条泰時が対応した。
③ 1281年に日本を攻めた際，幕府が築いた防塁で上陸できず失敗に終わった。
④ フビライ・ハンは高麗を従えた後に，明をほろぼした。

問18　（　ツ　）にあてはまる人物を，次の①～④の中から一つ選びなさい。

30

①　後醍醐天皇　　②　後白河天皇　　③　後鳥羽天皇　　④　後三条天皇

問19　下線部（テ）について，琉球王国がおこなった貿易を，次の①～④の中から一つ選びなさい。

31

①　中継貿易　　②　三角貿易　　③　朱印船貿易　　④　南蛮貿易

問20　下線部（ト）について述べた文として**適当でないもの**を，次の①～④の中から一つ選びなさい。

32

① 足利義満が建てた金閣は三階建てで，一階は寝殿造になっている。
② 龍安寺には，岩石と砂利を使って自然の情景を表現した枯山水の庭園がある。
③ 観阿弥と世阿弥によって能（能楽）が大成された。
④ 足利義政が建てた銀閣には書院造が取り入れられ，北山文化を代表する建造物である。

2023(R5) 大阪夕陽丘学園高
K 教英出版

問 21　下線部（ナ）の作品として**適当でないもの**を，次の①～④の中から一つ選びなさい。

33

①

②

③

④

問 22　下線部（ニ）について，ヨーロッパとの交易で日本にもたらされた品目として**適当でないもの**を，次の①～④の中から一つ選びなさい。

34

①　銀　　②　ガラス製品　　③　鉄砲　　④　火薬

問 23　下線部（ヌ）について，次の説明文のうち正誤の組合せとして正しいものを，次の①～④の中から一つ選びなさい。

35

X　茶の湯を大成させた千利休は，織田信長や豊臣秀吉に仕えていた。
Y　井原西鶴はかぶき踊りを京都で始め，人気を集めた。

①　X：正　Y：正　　②　X：正　Y：誤
③　X：誤　Y：正　　④　X：誤　Y：誤

問 24　下線部（ネ）について，この藩を，次の①～④の中から一つ選びなさい。

36

①　会津藩　　②　長州藩　　③　薩摩藩　　④　松前藩

問 25　下線部（ノ）について，この政策を始めた将軍を，次の①～④の中から一つ選びなさい。

37

①　徳川家光　　②　徳川家康　　③　徳川綱吉　　④　徳川吉宗

問 26　下線部（ハ）について，江戸時代中期から後期における商業や工業に関する説明文として正しいものを，次の①～④の中から一つ選びなさい。

38

①　楽市・楽座によって城下町における商工業が自由に発展していた。
②　城下町では商人が業者ごとに五人組という組合を作って，大きな利益を得た。
③　問屋制家内工業とは，農民が原料や道具を問屋に貸して製品を作らせ，安く買い取る方式のことである。
④　近代工業の基礎である工場制手工業（マニュファクチュア）も発達した。

問 27　下線部（ヒ）について，モンテスキューの著作物として正しいものを，次の①～④の中から一つ選びなさい。

39

①　『資本論』　　②　『社会契約論』
③　『権利章典』　④　『法の精神』

問 28　下線部（フ）について，2024 年発行予定の新一万円札の肖像画で富岡製糸場や第一国立銀行をはじめ 500 以上の企業の設立に関係した人物を，次の①～④の中から一つ選びなさい。

40

①　大久保利通　②　渋沢栄一　③　木戸孝允　④　大隈重信

問 29　下線部（へ）について，この時期に取り入れられた欧米の文化の説明文として正しいものを，次の①～④の中から一つ選びなさい。

41

①　太陰暦が採用され，1 年を 365 日，1 日を 24 時間とするようになった。
②　コンクリート造りの西洋建築の建物がみられるようになった。
③　洋服の着用や牛肉を食べる習慣が流行した。
④　道路には自動車が走り，外灯としてランプやガス灯がつけられるようになった。

問 30　下線部（ホ）について，産業革命の発展に伴い起きた足尾銅山鉱毒事件に最も関係の深い人物を，次の①～④の中から一つ選びなさい。

42

①　福沢諭吉　②　中江兆民　③　犬養毅　④　田中正造

3　次の文章や資料を見て，以下の設問に答えなさい。

(ア) SDGs（持続可能な開発目標）とは2015年9月の国際連合におけるサミットで採択されたもので，17の大きな目標と，それらの目標を達成するための具体的な169のターゲットで構成されている。17の大きな目標の中身を見ると，「1. 貧困をなくそう」「2. 飢餓をゼロに」「3. すべての人に (イ) 健康と福祉を」といった貧困や飢餓といった開発途上国を中心とした支援目標をはじめ，「8. 働きがいも (ウ) 経済成長も」「11. 住み続けられる (エ) まちづくりを」といった先進国である日本にも大きくかかわる目標が掲げられている。

さらに，「13. 気候変動に具体的な対策を」「15. 陸の豊かさも守ろう」「16. 平和と公正をすべての人に」といったように (オ) 環境保全や世界平和など地球規模で取り組むべき目標もあり，世界が直面する課題への解決を目標としている。

問1　下線部（ア）について，持続可能な社会の実現につながっている取り組みとして，最も正しいものを，次の①～④の中から一つ選びなさい。

43

①　CSR　　②　メセナ
③　ESG投資　　④　POSシステム

問2　下線部（イ）について，次の設問に答えなさい。

(1) 健康や福祉はさまざまな社会保障制度によって成り立っている。日本の社会保障制度として**当てはまらないもの**を，次の①～④の中から一つ選びなさい。

44

①　社会福祉　　②　公衆衛生
③　公正取引　　④　公的扶助

2023(R5) 大阪夕陽丘学園高
K 教英出版

(2) 社会保障制度に関する次のグラフと文を読み，空欄A～Cに当てはまる組合せとして正しいものを，次の①～④の中から一つ選びなさい。

45

社会保障関係費の歳出割合
(2018年度)

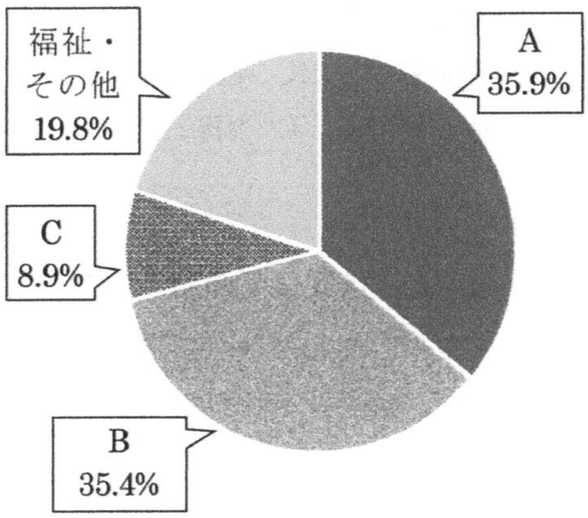

日本の社会保障制度の中心である社会保険は，国民が毎月保険料を積み立てて，必要な時に給付を受ける仕組みである。（　A　）保険は原則として20～60歳のすべての国民が加入し，働く世代が負担した保険料や国の負担金が（　A　）にあてられる。病気やケガの治療代が安くなる（　B　）保険は，日本に住んでいるすべての人が加入する決まりとなっている。また，少子高齢化が進む中で，社会全体で高齢者を支える目的で2000年に（　C　）保険制度が始まった。

① A：介護　B：年金　C：医療
② A：年金　B：医療　C：介護
③ A：医療　B：介護　C：年金
④ A：年金　B：介護　C：医療

問3　下線部（ウ）について，以下の設問に答えなさい。

(1) 経済成長や景気変動についての説明文として正しいものを，次の①～④の中から一つ選びなさい。

46

① 日本では1990年代後半に景気が低迷し，物価が上がり続けた。
② バブル経済期の日本では，インフレーションにより土地の価格が下がった。
③ 石油危機（オイルショック）の翌年は，経済成長率が前年よりも下降した。
④ 2008年に起きた世界金融危機で景気は下降し，失業者は減っていった。

(2) 国の歳入のうち，大きな割合を占めている税金の種類について次の表にまとめた。「所得税」「固定資産税」「酒税」はそれぞれ次の表のＡ～Ｄのうちどれに当てはまるか。組合せとして正しいものを，次の①～④の中から一つ選びなさい。

47

	直接税	間接税
国税	A	B
地方税	C	D

① 所得税：A　固定資産税：B　酒税：D
② 所得税：B　固定資産税：A　酒税：B
③ 所得税：A　固定資産税：C　酒税：B
④ 所得税：B　固定資産税：C　酒税：D

(3) 近年，新しい事業を始めるためや，社会貢献活動に必要な資金を調達する方法として，インターネット上で不特定多数の人から集めることがある。このことを何というか。次の①～④の中から一つ選びなさい。

48

① インフォームド・コンセント　② ノンバンク
③ フェアトレード　④ クラウドファンディング

問４　下線部（エ）について，次の設問に答えなさい。

(1) 次の表は地方公共団体における選挙権・被選挙権の年齢をまとめている。空欄Ａ～Ｃに当てはまる組合せとして正しいものを，次の①～④の中から一つ選びなさい。

49

	選挙権	被選挙権
都道府県知事	（ A ）歳以上	（ B ）歳以上
市町村長	（ A ）歳以上	（ C ）歳以上
都道府県・市町村議会議員	（ A ）歳以上	（ C ）歳以上

①A：20　B：25　C：20
②A：20　B：30　C：25
③A：18　B：25　C：20
④A：18　B：30　C：25

(2) 私たちが生活するうえで不可欠な「社会資本」についての説明文として正しいものを，次の①～④の中から一つ選びなさい。

50

① 生活必需品をそろえるために必要な商業施設のことを社会資本という。

② 運動やレクリエーションをするのに必要な公園は社会資本ではない。

③ 生活に欠かせない上下水道や文化施設などの公共施設のことを社会資本という。

④ 飲料水に使用する上水道は社会資本だが，生活排水を処理する下水道は社会資本ではない。

問5 下線部（オ）について，次の循環型社会に関する「3つのR」の説明文として**適当でないもの**を，次の①～④の中から一つ選びなさい。

51

① 一度使ったものを繰り返し利用することをリユースという。

② 廃棄物の量を減らすことをリデュースという。

③ 紙などを回収し，資源として作り変えて再び利用することをリサイクルという。

④ 建物の性能を向上させ，建物の価値を高めることをリノベーションという。

4　次の文章を読み，(　　)に適する語や内容を，それぞれ①～④の中から一つずつ選びなさい。

2022年2月24日，ロシアによるウクライナへの軍事作戦が開始され，両国間は戦争状態へ突入した。ロシアによるウクライナ侵攻は軍事的な手段だけでなく，情報戦やサイバー戦争，または経済制裁など非軍事的な手段が組み合わさった「ハイブリッド戦争」である。また，ロシアに侵攻されている間ウクライナでは自由に外出ができない状況である。このような状況の元，私たちは戦争と平和について考えさせられる機会が増えた。では，日本の「平和」はどのようにして憲法にて保障されているのだろうか。

平和は，『日本国憲法』(以下『憲法』とする) の3大原理の一つである（　ア　）が，『憲法』第9条で次のように規定されている。第1項の条文に，「日本国民は，正義と（　イ　）を基調とする国際平和を誠実に希求し，（　ウ　）の発動たる戦争と，武力による威嚇又は武力の行使は，国際紛争を解決する手段としては，永久にこれを放棄する」とある。そして，第2項では戦力を持たないことと（　エ　）を認めないことが挙げられている。また，日本政府は核兵器対策の基本方針として，（　オ　）という非核三原則の立場をとっている。

2022年8月15日，アフガニスタンの武装勢力であるタリバンが首都を制圧し，新政権を樹立してから1年が経過した。タリバン政権は，報道機関に対する規制や抗議活動に参加する者への暴力や拘束によって，反体制意見を抑制している。そして，タリバン政権が施行している法律によって，女性は特定の衣服着用義務や移動の制限，教育や就業の制限などをタリバン政権から強いられており，社会へ参加する権利を奪われ，不自由な暮らしを送っている。

では，日本における「暮らし」はどのように憲法で保障されているのだろうか。『憲法』第11条で「国民は，すべての（　カ　）の享有を妨げられない。この憲法が国民に保障する（　カ　）は，侵すことのできない（　キ　）として，現在及び将来の国民に与へられる」と規定され，人間が生まれながらにして持つ自由や平等が保障されている。また，『憲法』第19条の「(　ク　)」で自分の主義・主張を自由に述べることができること，そして，『憲法』第18条では「何人も，いかなる（　ケ　）も受けない。」と身体の自由が保障されており，私たちの暮らしは憲法で保障されているといえる。

(ア) ①　集団的自衛権　　②　基本的人権の尊重　　［52］
③　平和主義　　④　国民主権

(イ) ① 慈愛　② 秩序　53
③ 自衛　④ 尊重

(ウ) ① 国際法　② 国民　54
③ 国事行為　④ 国権

(エ) ① 交戦権　② 自衛権　55
③ 請求権　④ 争議権

(オ) ① 使わず，作らず，持たず　56
② 作らず，買わず，持ちこませず
③ 持たず，作らず，持ちこませず
④ 買わず，売らず，作らず

(カ) ① 法の下の平等　② 基本的人権　57
③ 文化的な最低限度の生活　④ 幸福追求権

(キ) ① 知的財産権　② 公共の福祉　58
③ 社会保障　④ 永久の権利

(ク) ① 思想・良心の自由　② プライバシーの権利　59
③ 財産権の保障　④ 職業選択の自由

(ケ) ① 貧富の差　② 奴隷的拘束　60
③ 生活保護　④ 検閲

問題は以上です。

令和４年度
入学試験問題

国　語

（50分）

注意事項
1　試験開始の指示があるまで，この問題用紙を開いてはいけません。
2　試験開始の合図があったら，この問題用紙の所定欄に受験番号を記入しなさい。また，マーク式解答用紙（マークシート）には出身中学校と受験番号を記入して，受験番号をマークしなさい。
3　マーク式解答用紙にマークし，各設問に記す解答番号に対応した解答欄にマークしなさい。
4　問題は14ページまであります。ページの脱落などがあった場合は，手をあげて試験監督に申し出なさい。

※100点満点　マークシート解答用紙非公表

受験番号					

大阪夕陽丘学園高等学校

一　次の文章を読んで、あとの問いに答えなさい。

この世に、いかでかかることありけむと、**1**めでたくおぼゆることは、文《ふみ》こそはべれな。**2**『枕草子』に返す返す申してはべるめれば、こと新しく申すに及ばねど、なほいとめでたきものなり。遥《はる》かなる世界にかき離れて、幾年《いくとせ》あひ見ぬ人なれど、文《ふみ》といふものだに見つれば、ただ今さし向かひたる心地して、なかなか、**3**うち向かひては思ふほども続けやらぬ心の色もあらはし、言はまほしきことをもこまごまと書き尽くしたるを見る心地は、めづらしく、うれしく、あひ向かひたるに劣りてやはある。

4つれづれなる折、昔の人の文《ふみ》見《み》出《い》でたるは、ただその折の心地して、いみじくうれしく［A］おぼゆれ。まして亡き人などの書きたるものなど見るは、いみじく**5**あはれに、年月の多く積もりたるも、ただ今筆うち濡《ぬ》らして書きたるやうなるこそ、返す返すめでたけれ。

何事も、たださし向かひたるほどの情《なさけ》は、仮にてこそはべるに、これは、ただ昔ながら、つゆ変はることなきも、いとめでたきことなり。

（『無名草子』による）

問一　――部**1**「めでたく」の本文中の意味として最も適切なものを、次の①～④の中から選びなさい。　［1］

①　すばらしく　②　ばかばかしく　③　仰々しく　④　喜ばしく

問二　――部**2**「『枕草子』」について、この作品と同じ時代に成立した作品として最も適切なものを、次の①～④の中から選びなさい。　［2］

①　源氏物語　②　おくのほそ道　③　平家物語　④　万葉集

問三　――部**3**「うち向かひては思ふほど」を現代仮名遣いで表したものとして最も適切なものを、次の①～④の中から選びなさい。　［3］

①　うちむかひてわおもふほど　②　うちむかひてはおもうほど

③　うちむかいてはおもうほど　④　うちむかいてわおもふほど

問四　――部**4**「つれづれなる折」の表す意味として最も適切なものを、次の①～④の中から選びなさい。　4

①　退屈な場所で　②　暇にまかせた人が　③　退屈な時に　④　手持ちぶさたなために

問五　A に入れる語として最も適切なものを、次の①～④の中から選びなさい。　5

①　や　②　なむ　③　ぞ　④　こそ

問六　――部**5**「あはれに」の本文中の意味として最も適切なものを、次の①～④の中から選びなさい。　6

①　さびしく　②　しみじみとして　③　興味深く　④　かわいそうで

問七　本文中にある「文《ふみ》」の説明として適切ではないものを、次の①～④の中から一つ選びなさい。　7

①　亡くなった人からもらった手紙を見て、今書かれたように思えることがある。

②　面と向かって言いにくいことでも、手紙なら冷静に詳しく伝えることができる。

③　時がたっても、昔の手紙を前にすると、その時と変わらない気持ちになれる。

④　遠く離れていて長い間会っていない人でも、手紙を読むと近しく感じられる。

二　次の各問いに答えなさい。

問一　次の（　）に入れる語として最も適切なものを、あとの①～④の中からそれぞれ選びなさい。

(1) 立て板に（　）　8　①木　②水　③風　④光

(2) （　）のつぶて　9　①桃　②柿　③梅　④梨

(3) 背水の（　）　10　①関　②雨　③陣　④玉

(4) 逃がした（　）は大きい　11　①魚　②猪　③鶏　④馬

(5) 二の（　）を踏む　12　①腕　②舞　③足　④瞳

問二　次の――部にあたる漢字を含む熟語として最も適切なものを、あとの①～④の中からそれぞれ選びなさい。

(1) ヨカを楽しむ。　13　①盛夏　②寸暇　③果物　④歌集

(2) 援助をヨウセイする。　14　①申請　②制圧　③精鋭　④遠征

(3) 作品にカンメイを受ける。　15　①運命　②同盟　③銘菓　④明白

(4) 大願をジョウジュする。　16　①常習　②上達　③定評　④成熟

(5) 経済恐慌のキザしがある。　17　①彫刻　②契機　③吉兆　④保障

問三　次の百人一首に収録されている和歌の（　　）に入れる語として最も適切なものを、あとの①～④の中からそれぞれ選びなさい。

(1)　（　　）の田のかりほの庵の苫をあらみわが衣手は露にぬれつつ　18

①　春　②　夏　③　秋　④　冬

(2)　天つ風雲の通ひ路吹き閉ぢよ乙女の（　　）しばしとどめむ　19

①　命　②　姿　③　涙　④　瞳

(3)　嵐吹く三室の山のもみぢ葉は竜田の川の（　　）なりけり　20

①　錦　②　嵐　③　光　④　流

(4)　花さそふ嵐の庭の（　　）ならでふりゆくものはわが身なりけり　21

①　梅　②　人　③　雪　④　月

(5)　ひさかたの（　　）のどけき春の日にしづ心なく花の散るらむ　22

①　雲　②　祭　③　涙　④　光

問四　次の（　）に入れる敬語表現として最も適切なものを、あとの①～④の中からそれぞれ選びなさい。

(1)　先生が本を（　）。　23

①　読んでいる　②　お読みになる　③　お読み申し上げる　④　お読みであられなさる

(2)　これから私の母が、そちらへ（　）。　24

①　まいります　②　おみえになります　③　いらっしゃいます　④　いきます

(3)　師匠の素晴らしい作品を（　）。　25

①　お見になる　②　拝見する　③　御覧になる　④　見申し上げる

(4)　お客様がそう（　）のもごもっともです。　26

①　申す　②　申される　③　おっしゃる　④　言う

(5)　「お宅の社長はいつ、こちらに（　A　）か。」　27

「明後日（　B　）ことになっております。」

①　A　うかがいます・B　まいる　②　A　まいります・B　うかがう

③　A　まいります・B　おみえになる　④　A　いらっしゃいます・B　まいる

問五　次の文章中にある――部1～5の品詞名として最も適切なものを、あとの①～⓪の中からそれぞれ選びなさい。1 [28]・2 [29]・3 [30]・4 [31]・5 [32]

校長先生は、トットちゃんを見かけると、いつも、いった。

「君は、本当は、いい子なんだよ！」

1そのたびにトットちゃんは、ニッコリして、とびはねながら答えた。

「そうです、私は、いい子です！」

そして、自分でもいい子だと思っていた。

たしかにトットちゃんは、いい子のところもたくさんあった。みんなに親切だったし、2特に肉体的なハンディキャップがあるために、よその学校の子にいじめられたりする友達のためには、他の学校の生徒に、むしゃぶりついていって、自分が泣かされても、そういう子の力に3なろうとしたし、怪我《けが》をした動物を見つけると、必死で看病もした。でも同時に、4珍しいものや、興味のある事を見つけたときには、その自分の好奇心を満たすために、先生たちが、びっくりする5ような事件を、いくつも起こしていた。

（黒柳徹子『窓ぎわのトットちゃん』による）

①　動詞　②　形容詞　③　形容動詞　④　助動詞　⑤　副詞

⑥　連体詞　⑦　接続詞　⑧　感動詞　⑨　助詞　⓪　名詞

三　次の文章を読んで、あとの問いに答えなさい。

バスに乗って都心にいけば、本を売る本屋がある。ものすごく巨大な本屋。服はいらない、本を買って、とせがむとき、母に連れられていくのはこの書店だった。それは横浜駅へと続く地下街、ジョイナスの有隣堂である。1有隣堂は、幼い私を遊園地のように魅了していた。子ども服売場なんかより、ずっと興奮的な場所だった。

本がある、という理由で、学校で一番好きな場所も図書室だった。今でもよく覚えている、黄色い絨毯《じゅうたん》、読み尽くせないだろう数の本、ガラス窓とそこから入りこむ陽射し、図書係の先生の声や笑い顔なんかも。

小学校二年生のとき、はじめてつまらないと思う本に出合った。そのとき私は入院していた。その本は、入院していた私におばが持ってきてくれたものだった。本ならばなんだってうれしかったから、もらってすぐに読んだのだが、なんだかさっぱりわからない。私にとって、つまらない、は、イコール理解できない、だった。

サン＝テグジュペリの『星の王子さま』である。大判の、カラーの本だった。

最後まで読み、つまらないと結論を出した私はその本を放って、ほかの本を読み続けた。ひとりで入院しているのは、さみしく、退屈なことだったが、それでもずっと本を読んでいられることだけはたのしかった。理解できずつまらない『星の王子さま』は、それきりどこかへやってしまった。退院するころには、そんな本のことなど、[A]忘れていた。

とはいえ、一冊くらいつまらない本に出合ったからといって、本と離れるはずがない。その後も私は図書室に通い詰め、ジョイナスの有隣堂に興奮した。

中学、高校になっても本は読んだ。読むには読んだが、2保育園や小学校の蜜月とは少しちがうつきあいかただった。

今思うと、そのころは、本の世界よりも、現実のほうがせわしなかったんだと思う。私はとてもちいさな世界で生きていたけれど、それでも、年齢や自分自身や毎日や友人や、日々起きる(a)些事《さじ》と折り合いをつけていくのに必死だった。手っ取り早く言えば、本より新しい服がほしかったし、有隣堂よりわくわくする場所が、いたるところに出現した。

[W]一番好きな授業は国語だった。ほとんどの授業が理解できないなかで、教科書に載っている小説に目を落とせば、机の前にいながらにして、やっぱり3別世界へトリップすることができる。今でもいくつかの小説と、文字を追いながら私の垣間《かいま》見《み》た別世界の感触を、生々しく覚えている。『こころ』の暗い和室やⒶ砂利道、『羅生門』の廃墟《はいきょ》と闇、『城《き》の崎《さき》にて』の4陽射しと虫の死骸。漢文の授業でさえ好きだった。すらすらとは読めない漢字の羅列を見つめていると、時間も空間も超えた異世界

が、いきなり目の前にあらわれて私を［B］飲みこんでくれるから。
そうして高校二年生のとき、仲良しだった友達が、5一冊の本をくれた。ちいさなサイズの、絵の入った本だった。
私はそれを一気に読み、すごい、と思った。別世界へ連れ出してくれるばかりでなく、じつにいろいろ考えさせてくれる本だった。なんてすごい本なんだろう、でもどこかで読んだ気がする。どこで読んだのか、なかなか思い出せなかったが、あるときふと思い出して、はっとした。
それは、小学校二年生の私が、病院のベッドでおもしろくないと投げ出した、『星の王子さま』だったのである。
カラー版の『星の王子さま』を持ってきてくれたおばは、私が中学校一年生のときに亡くなっていた。彼女が持ってきてくれたその本も、もはや手元にはない。けれど、その本に書かれていることを理解したとき、その物語を、物語の世界を、言葉のひとつひとつを、もう一度おばから受け取ったように思えた。九年という時間を飛び越えて、再度手渡された贈りものに、私には感じられたのである。
以来、私は6おもしろいと思えない本を読んでも、「つまらない」と決めつけないようになった。これはやっぱり人とおんなじだ。百人いれば、百個の個性があり、百通りの顔がある。つまらない人なんかいない。残念ながら相性の合わない人はいるし、外見の好みもあるが、それは相手が解決すべき問題ではなくて、こちら側のⒷ抱えるべき問題だ。つまらない本は中身がつまらないのではなくて、相性が悪いか、こちらの狭小《きょうしょう》な好みに外れるか、どちらかなだけだ。そうして時間がたってみれば、合わないと思っていた相手と、ひょんなことからものすごく近しくなる場合もあるし、こちらの好みが［C］変わることもある。つまらない、と片づけてしまうのは、（書いた人間にではなく）書かれ、すでに存在している本に対して、失礼である。
［X］、少々本とⒸキョリを置いたつきあいかたをした私は、大学生になって、7たいへんなカルチャーショックを味わうⒹ羽目になる。私が進学したのは文学部の、文芸専修という学科だった。語学のクラスメイトも専修のクラスメイトも、私の五十倍本を読んでいるような人たちばかりだった。
彼らがふつうに語っている作家の名前がわからない。彼らの(b)口にのぼるタイトルを聞いたこともない。本が好きだ、小説家になりたい、そう思ってその大学のその学科に進学したのに、私の読んできた本なんかⒺカンジョウにまったく入らないではないか。なんたること。
ショックを受けた私は、本の話をする人とは友達にならないように心がけた。だって傷つくだけだもの。馬鹿話か恋愛話を好んでしてくれる人とばかり、つるんで遊んでいた。そうして、耳に入ってきた見知らぬ作家、見知らぬタイトルの本を、こっそりと読み耽《ふけ》った。

ジョイナスの有隣堂が8世界書店だった私だが、行動Ⓕハンイが広がったことによって、世界は[D]広がった。新宿の紀伊國屋《きのくにや》なんて9冗談みたいだった。池袋のパルコブックセンター（現リブロ）は、ここに住みたいと切望したほどだ。学校内にもかなり大きな本屋が二つあった。学校の最寄り駅にも、入ったが最後出たくなるような本屋があった。

10無知でよかったことがあるとするなら、この時期、心から好きだと思える本と出合えたことだと思う。クラスメイトたちが(c)したり顔で話す作家の小説を、私はおもしろいと思えなかった。[Y]、彼らの口にのぼらないような作家ばかりを、片っ端から読んでみた。私の通う大学は、古本屋街と隣接していたので、紀伊國屋《きのくにや》やパルコブックセンター以外に、古本屋にも足繁《あししげ》く通った。店頭に出されたワゴンの、名も知らなかった作家の安価な本を買って読む。数人の作家の小説が載ったアンソロジー本はたいへんにお得に思えた。五人の作家の小説を読んで、好きだと思える作家にひとりでも出会えると、すごくラッキーだった。その作家の名前を覚えて、大型書店へいけば、著作が何冊も見つかる。

カルチャーショックを受けた大学を卒業して、その一年後、私は物書きになった。物書きになったらなったで、大学の比ではないカルチャーショックを受けた。同業者も編集者もみんな年上で、彼らの話す作家もタイトルも、ふたたび私にはちんぷんかんぷんだったのである。クラスメイトが五十倍だったら、彼らは五百倍、本を読んでいた。だれそれの作品は読んだ？　と訊《き》かれれば、正直に、「それはだれでしょう」と訊《き》き返すしかなく、[Z]編集者はぽかんとした顔で私を見るのだった。

また11同じことのくりかえしである。見聞きした名前を覚え、こっそり入手して読む。知ってよかった、と飛び上がりたくなるような作家に出会えることもあれば、私の頭が幼稚すぎて理解できなかった作品もあった。

気がつけばそのカルチャーショックも、十五年も前のことになっている。

12今では私は、話に追いつくために、純粋な知識のために本を読むようなことはしない。十五年かけてわかったのだ。世のなかには私の五百倍、千倍の本を読んでいる人がいて、そういう人に追いつこうとしても無駄である。そんな追いかけっこをするくらいなら、知識なんかなくたっていい、私を呼ぶ本を一冊ずつ読んでいったほうがいい。

そう、本は人を呼ぶのだ。

本屋の通路を歩くと、私だけに呼びかけるささやかな声をいくつか聞くことができる。私はそれに忠実に本を抜き取る。そうして出会った作家が幾人もいる。恋人はひとりであることがのぞましいけれど、本の場合は、三人、四人、いや十人と、相性の合う「すごく好き」な相手を見つけても、なんの問題もない。13そんな相手は増えれば増えるほど、こちらはより幸福になる。

本を置いている場所は、図書館であれ古本屋であれ大型書店であれ、子どものころの有隣堂とまったく等しく私をわくわくさせる。そうして私にとって、四歳で手にした絵本も、昨日開いたパトリシア・ハイスミスも、今再読している林芙美子《はやしふみこ》も、まったくおんなじだ。文字を目で追うだけで、それは私の手首をつかまえて、見知らぬところへ連れていってくれる。そのすみずみを見せてくれる。

（角田光代『私たちには物語がある』による）

問一　═══部Ⓐ「砂利」・Ⓑ「抱える」・Ⓓ「羽目」の漢字の読みとして最も適切なものを、あとの①～④の中からそれぞれ選びなさい。

Ⓐ「砂利」　33　①　さり　②　すなり　③　しゃり　④　じゃり

Ⓑ「抱える」　34　①　かかえる　②　こらえる　③　かまえる　④　たずさえる

Ⓓ「羽目」　35　①　はもく　②　はめ　③　はねめ　④　はねもく

問二　═══部Ⓒ「キョリ」・Ⓔ「カンジョウ」・Ⓕ「ハンイ」のカタカナ傍線部に相当する漢字として最も適切なものを、あとの①～④の中からそれぞれ選びなさい。

Ⓒ「キョリ」　36　①　虚　②　拠　③　拒　④　距

Ⓔ「カンジョウ」　37　①　感　②　観　③　勘　④　刊

Ⓕ「ハンイ」　38　①　為　②　囲　③　意　④　位

問三　〰〰部(a)「些事《さじ》」・(b)「口にのぼる」・(c)「したり顔」の本文中の意味として最も適切なものを、あとの①～④の中からそれぞれ選びなさい。

(a)「些事《さじ》」　39　①　ちょっとしたこと　②　興味深いこと　③　面倒なこと　④　さまざまなこと

(b)「口にのぼる」　40　①　批判の対象になる　②　評価に値する　③　議論になる　④　話題になる

(c)「したり顔」　41　①　当然だという表情　②　困惑した表情　③　得意気な表情　④　知ったかぶりの表情

問四　[A]～[D]に入れる語の組み合わせとして最も適切なものを、次の①～④の中から選びなさい。　[42]

① A　すっぱりと　B　ごくりと　C　ひらりと　D　ずっと
② A　すっぱりと　B　ぱくりと　C　がらりと　D　ぐんと
③ A　さっぱりと　B　ぱくりと　C　ひらりと　D　とんと
④ A　さっぱりと　B　ごくりと　C　がらりと　D　さらりと

問五　[W]～[Z]に入れる語として最も適切なものを、あとの①～④の中からそれぞれ選びなさい。

W [43]　① つまり　② そして　③ それでも　④ それなら
X [44]　① さて　② または　③ けれども　④ なぜなら
Y [45]　① すると　② また　③ あるいは　④ だから
Z [46]　① しかも　② すると　③ それでは　④ つまり

問六　――部**1**「有隣堂は、幼い私を遊園地のように魅了していた」・**4**「陽射しと虫の死骸」に用いられている修辞法として最も適切なものを、次の①～④の中からそれぞれ選びなさい。　**1** [47]・**4** [48]

① 直喩法　② 隠喩法　③ 反復法　④ 体言止め

問七　――部**2**「保育園や小学校の蜜月とは少しちがうつきあいかた」とあるが、このことを説明したものとして最も適切なものを、次の①～④の中から選びなさい。　[49]

① 本よりも興味をひかれるものがたくさん現れて、本に関心を持てなくなったということ。
② 本以外の物事にも関心を持つようになって、読書に割く時間が減ったということ。
③ 自分の興味の対象がわかってきて、手当たり次第に本を読むのをやめたということ。
④ ほしいものが増えたので、本は本屋で買わずに図書室で借りるだけになったということ。

問八 ——部3「別世界へトリップする」とあるが、このことを説明したものとして最も適切なものを、次の①～④の中から選びなさい。 50

① 時空を超えた見知らぬ世界へ心を連れていってもらえるということ。
② 自分だけのとりとめもない空想の世界で心を遊ばせるということ。
③ 非現実的な空想に耽《ふけ》って放心状態になってしまうということ。
④ 好きな世界に入りこんで理解できない授業から離れられるということ。

問九 ——部5「一冊の本」と同じものを表すものとして適切ではないものを、次の①～④の中から一つ選びなさい。 51

① ちいさなサイズの、絵の入った本。 ② 『星の王子さま』という本。
③ いろいろ考えさせてくれるすごい本。 ④ 一度も読んだことのない本。

問十 ——部6「おもしろいと思えない本を読んでも、『つまらない』と決めつけないようになった」とあるが、その理由として最も適切なものを、次の①～④の中から選びなさい。 52

① 自分が興味の持てない本を気に入っている人の考えを否定することになるから。
② ある本をつまらないと思うことは自分の無知をさらけ出すことになるから。
③ 本がおもしろいかどうかは自分との相性や自分の好みの問題にすぎないから。
④ 自分の理解が及ばないからといって本を否定することは作者に対して失礼だから。

問十一 ——部7「たいへんなカルチャーショック」とあるが、この「カルチャーショック」は何を知ったことによるものかを説明したものとして適切ではないものを、次の①～④の中から一つ選びなさい。 53

① 自分の読書量の少なさ。 ② 自分の本についての知識の乏しさ。
③ 小説家を志望する人の多さ。 ④ 自分の知っている作家の少なさ。

問十二　――部8「世界書店」とあるが、これを説明したものとして最も適切なものを、次の①～④の中から選びなさい。 54

①　今の自分を形作ってくれた書店。　②　自分にとって世の中のすべてを見せてくれる書店。

③　自分の行けるところにある書店。　④　自分の好きなものに浸ることができる書店。

問十三　――部9「冗談みたいだった」とあるが、ここに表れている筆者の心情として最も適切なものを、次の①～④の中から選びなさい。 55

①　圧倒されてあっけにとられる気持ち。　②　からかわれているようでおもしろくない気持ち。

③　うれしくてしかたがない気持ち。　④　初めて知ることの多さに情けなくなる気持ち。

問十四　――部10「無知でよかったこと」とあるが、なぜ「無知でよかった」のかを説明したものとして最も適切なものを、次の①～④の中から選びなさい。 56

①　先入観にとらわれずに本を読めたから。　②　本をつまらないと決めつけずにいられたから。

③　本の話以外もできる友達を得たから。　④　素直に友達のアドバイスを受け入れられたから。

問十五　――部11「同じこと」とあるが、このことを説明したものとして最も適切なものを、次の①～④の中から選びなさい。 57

①　自分の無知にショックを受けて落ち込んだこと。　②　見聞きした未知の作家の本をこっそり読み耽《ふけ》ったこと。

③　あまりにも無知なので相手にあきれられたこと。　④　好きな作家を見つけるために未知の作家の本を読んだこと。

問十六　――部12「今では私は、話に追いつくために、純粋な知識のために本を読むようなことはしない」とあるが、その理由を説明したものとして最も適切なものを、次の①～④の中から選びなさい。　58

①　どんなに一生懸命に本を読んでも、自分には理解できない本があることに気づいたから。
②　どんなに頑張って本を読んでも、読書量や知識量では誰にも追いつけないと気づいたから。
③　知識を増やすよりも、自分と相性の合う本を見つけるほうが有意義だと気づいたから。
④　話題を合わせたり知識を得たりするために隠れて本を読むことに疲れてしまったから。

問十七　――部13「そんな相手」とあるが、「そんな」が指示する内容として最も適切なものを、次の①～④の中から選びなさい。　59

①　自分だけに呼びかけてくる　②　相性の合う「すごく好き」な
③　たくさんいても問題のない　④　見知らぬところへ連れていってくれる

問十八　この文章の内容として最も適切なものを、次の①～④の中から選びなさい。　60

①　自分が傷つかないために友達を選ぶことは大切であり、相手に合わせるために背伸びをする必要はない。
②　本の価値は出合うタイミングで異なるから、初めは理解できなくても時間を置いて読んでみることが大切だ。
③　本は日常と折り合いをつけるためには役に立たないので、それ以外のものにも目を向けて世界を広げる必要がある。
④　読書は他人と競うものではなく、無理をせず自分に合う本を探してその世界に浸ることができればいい。

以上で問題は終わりです。

大問	小問	解答番号	配点
一	問一	1	1
	問二	2	1
	問三	3	1
	問四	4	2
	問五	5	2
	問六	6	1
	問七	7	2
二	問一	8	2
		9	2
		10	2
		11	2
		12	2
	問二	13	2
		14	2
		15	2
		16	2
		17	2
	問三	18	2
		19	2
		20	2
		21	2
		22	2
	問四	23	2
		24	2
		25	2
		26	2
		27	2
	問五	28	2
		29	2
		30	2
		31	2
		32	2

大問	小問	解答番号	配点
三	問一	33	1
		34	1
		35	1
	問二	36	1
		37	1
		38	1
	問三	39	1
		40	1
		41	1
	問四	42	1
	問五	43	1
		44	1
		45	1
		46	1
	問六	47	1
		48	1
	問七	49	2
	問八	50	2
	問九	51	2
	問十	52	2
	問十一	53	2
	問十二	54	2
	問十三	55	2
	問十四	56	2
	問十五	57	2
	問十六	58	2
	問十七	59	2
	問十八	60	2
合計			100

令和４年度
入学試験問題

数　学

（50分）

注意事項

1　試験開始の指示があるまで，この問題用紙を開いてはいけません。

2　試験開始の合図があったら，この問題用紙の所定欄に受験番号を記入しなさい。また，マーク式解答用紙（マークシート）には出身中学校と受験番号を記入して，受験番号をマークしなさい。

3　マーク式解答用紙にマークし，各設問に記す解答番号に対応した解答欄にマークしなさい。

4　問題は９ページまであります。ページの脱落などがあった場合は，手をあげて試験監督に申し出なさい。

※100点満点　マークシート解答用紙非公表

受験番号					

大阪夕陽丘学園高等学校

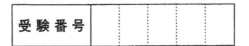

1．次の計算の結果として適切なものを１つ選びなさい。

問１　$-13-(-8)$　［1］

①　-21　　②　-5
③　5　　④　21

問２　$\frac{3}{7}\times\left(-\frac{7}{6}\right)-(-0.8)\div\frac{8}{15}$　［2］

①　-2　　②　-1
③　1　　④　2

問３　$-24\div2^3-(-2)\times(-3^2)$　［3］

①　-22　　②　-21
③　14　　④　15

問４　$\frac{2x-1}{4}-\frac{3x-2}{5}$　［4］

①　$-2x-13$　　②　$-2x+3$

③　$\frac{-2x-13}{20}$　　④　$\frac{-2x+3}{20}$

問５　$(-a^2b)^3\div\frac{1}{3}ab^3\times(2ab)^2$　［5］

①　$-12a^7b^2$　　②　$-12a^6b^2$

③　$-\frac{4}{3}a^7b^2$　　④　$-\frac{4}{3}a^6b^2$

問6　$(x-4)^2-(x-2)(x-5)$　　6

①　$-x-6$　　②　$-x+6$

③　$-15x+26$　　④　$-15x+6$

問7　$\dfrac{3-\sqrt{2}}{\sqrt{2}}-(\sqrt{2}+1)(\sqrt{2}-3)$　　7

①　$-\dfrac{\sqrt{2}}{2}-2$　　②　$-\dfrac{\sqrt{2}}{2}$

③　$\dfrac{7\sqrt{2}}{2}-2$　　④　$\dfrac{7\sqrt{2}}{2}$

2．次の式を因数分解したときの結果として適切なものを１つ選びなさい。

問1　$x^2-4x-21$　　8

①　$(x-3)(x-7)$　　②　$(x-3)(x+7)$

③　$(x+3)(x-7)$　　④　$(x+3)(x+7)$

問2　$\dfrac{ax^2}{5}-5ay^2$　　9

①　$\dfrac{a}{5}(x+y)(x-y)$　　②　$5a(x+y)(x-y)$

③　$\dfrac{a}{5}(x+5y)(x-5y)$　　④　$\dfrac{a}{5}(x+25y)(x-25y)$

3．次の方程式の解として適切なものを1つ選びなさい。

問1　$3x+9=8x-1$　[10]

① $x=-2$　② $x=-\frac{1}{2}$

③ $x=\frac{1}{2}$　④ $x=2$

問2　$2-\frac{2}{3}x=\frac{1}{2}x-5$　[11]

① $x=-1$　② $x=-6$

③ $x=6$　④ $x=1$

問3　$\begin{cases} 2x+3y=5 \\ 3x-4y=-18 \end{cases}$　[12]

① $x=-3,\ y=2$　② $x=-2,\ y=3$

③ $x=2,\ y=-3$　④ $x=3,\ y=-2$

問4　$x^2-6x+2=0$　[13]

① $x=-3\pm\sqrt{7}$　② $x=-3\pm2\sqrt{7}$

③ $x=3\pm\sqrt{7}$　④ $x=3\pm2\sqrt{7}$

4．次の問いの答えとして適切なものを1つ選びなさい。

問1　n を100以下の正の整数とする。$\sqrt{\dfrac{2n}{3}}$ の値が整数となるような n の値はいくつあるか。 [14]

①　2つ　　②　3つ

③　4つ　　④　5つ

問2　グラフが点$(-3,\ 9)$を通るような反比例の式はどれか。 [15]

①　$y=-3x$　　②　$y=-\dfrac{1}{3}x$

③　$y=-\dfrac{3}{x}$　　④　$y=-\dfrac{27}{x}$

問3　2点$(1,\ -2)$，$(-3,\ 10)$を通る直線上にない点はどれか。 [16]

①　$(-5,\ 14)$　　②　$(-1,\ 4)$

③　$(0,\ 1)$　　④　$\left(\dfrac{5}{3},\ -4\right)$

問4　ある品物に，仕入れ値の20％の利益を見込んで定価をつけたが，売れなかったので，定価の10％引きで売ったところ，160円の利益があった。この品物の仕入れ値はいくらか。ただし，消費税は考えないものとする。 [17]

①　1200円　　②　1600円

③　2000円　　④　2400円

問5　鉛筆を，生徒1人に5本ずつ配ると40本不足し，3本ずつ配ると24本余る。このとき，鉛筆は何本あるか。　[18]

①　110本　　②　120本
③　130本　　④　140本

問6　関数 $y=-\frac{1}{4}x^2$ の x の変域が $-2 \leqq x \leqq 4$ であるとき，y の変域はどれか。　[19]

①　$-4 \leqq y \leqq -1$　　②　$-4 \leqq y \leqq 0$
③　$-2 \leqq y \leqq 0$　　④　$-1 \leqq y \leqq 0$

問7　右図の正九角形において，$\angle x$ の大きさはどれか。　[20]

①　120°　　②　130°
③　140°　　④　150°

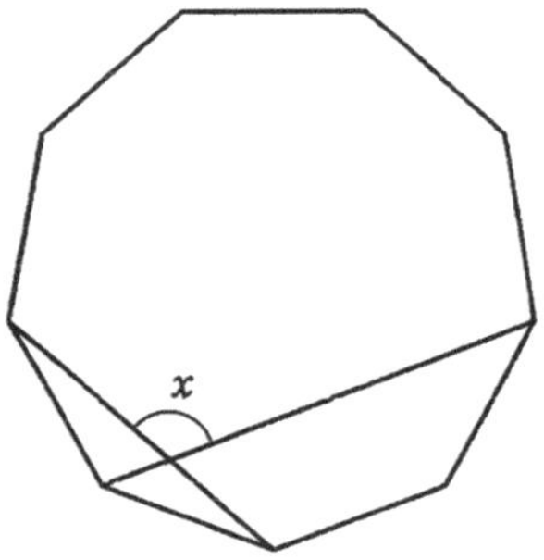

問8　右の度数分布表は，あるクラスの生徒40人の通学時間をまとめたものである。最頻値はどれか。　[21]

①　12人　　②　14人
③　25分　　④　35分

通学時間(分)	度数(人)
10以上～20未満	5
20　～30	14
30　～40	12
40　～50	7
50　～60	2
合計	40

問9　底面の円の半径が3，高さが4の円柱の表面積と体積の組み合わせとして適切なものはどれか。　22

	①	②	③	④
表面積	24π	24π	42π	42π
体積	12π	36π	12π	36π

問10　大小2つのさいころを同時に投げるとき，出た目の数の和が12の約数になる確率はどれか。ただし，大小それぞれのさいころにおいて，1から6までのどの目が出ることも同様に確からしいものとする。　23

① $\frac{5}{18}$　　② $\frac{11}{36}$

③ $\frac{1}{3}$　　④ $\frac{4}{9}$

5．次の図の△ABCは，∠BAC＝45°の鋭角三角形である。この△ABCにおいて，頂点Aから辺BCに引いた垂線と辺BCとの交点をD，頂点Bから辺ACに引いた垂線と辺ACとの交点をEとする。また，線分ADと線分BEとの交点をFとし，頂点Cと点Fを結ぶ。以下の問いの答えとして適切なものを1つ選びなさい。

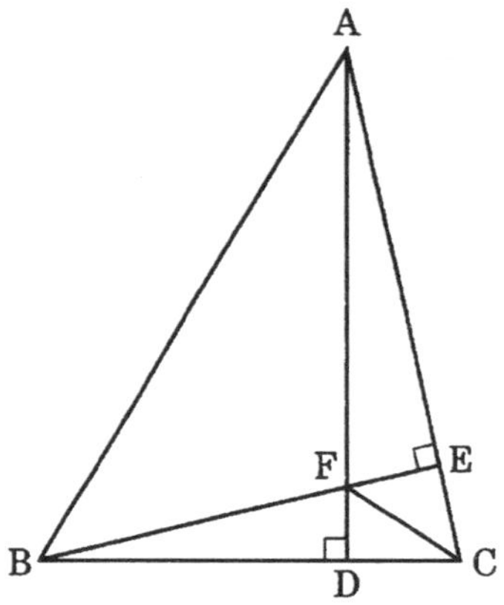

問1　△AFEと△BCEは合同である。これを証明するときに用いる三角形の合同条件として，最も適切であるものはどれか。　24

① 3組の辺がそれぞれ等しい
② 2組の辺とその間の角がそれぞれ等しい
③ 1組の辺とその両端の角がそれぞれ等しい
④ 直角三角形の斜辺と他の1辺がそれぞれ等しい

問2　次のうち，∠BACと同じ大きさである角はどれか。　25

① ∠AFE　　② ∠CFE
③ ∠CFD　　④ ∠BFD

6．次の図のように，1辺の長さが1cmの正方形を1段ずつ増やして，左から順に1番目，2番目，3番目，……と並べていく。以下の問いの答えとして適切なものを1つ選びなさい。

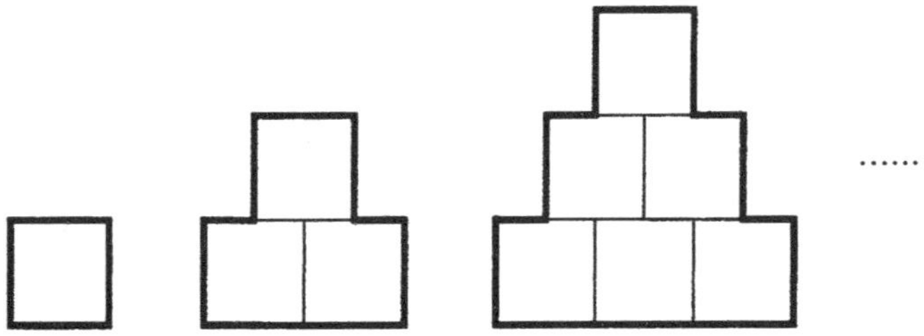

1番目　　2番目　　3番目　　……

問1　6番目にできる図形の面積と周り（太線部分）の長さの組み合わせとして，適切なものはどれか。　**26**

	①	②	③	④
面積(cm^2)	21	21	24	24
周りの長さ(cm)	21	24	21	24

問2　図形の周り（太線部分）の長さが36cmのとき，図形の面積を求めよ。　**27**

① $32cm^2$　　② $36cm^2$

③ $40cm^2$　　④ $45cm^2$

7．右図のように，放物線 $y = ax^2 (a > 0)$ 上に点 A$(-3,\ 3)$，B$(6,\ b)$ がある。以下の問いの答えとして適切なものを1つ選びなさい。

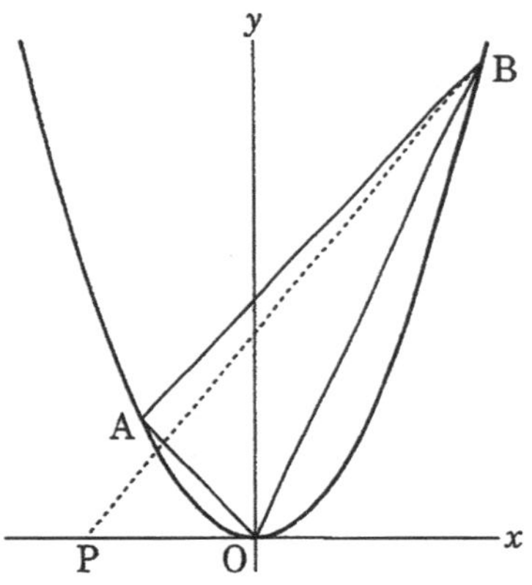

問１　a の値を求めよ。　[28]

①　$\frac{1}{9}$　　②　$\frac{1}{3}$

③　1　　④　3

問２　b の値を求めよ。　[29]

①　4　　②　6

③　12　　④　36

問３　x 軸上に△OABと△OPBの面積が等しくなるように点Pをとる。このとき，点Pの x 座標を求めよ。ただし，点Pの x 座標は負の値であるとする。　[30]

①　-6　　②　-3

③　$-\frac{3}{2}$　　④　$-\frac{9}{2}$

問４　上の [30] のとき，△OABの面積は△OPAの面積の何倍になるか。　[31]

①　$\frac{1}{4}$倍　　②　$\frac{1}{3}$倍

③　3倍　　④　4倍

以上で問題は終わりです。

解答番号	配点
1	3
2	3
3	3
4	3
5	3
6	3
7	3
8	3
9	3
10	3
11	3
12	3
13	3
14	3
15	3
16	3
17	3
18	3
19	3
20	3
21	3
22	3
23	3
24	4
25	4
26	4
27	4
28	3
29	4
30	4
31	4
	100

令和４年度
入学試験問題

英　語

（50分）

注意事項

1　試験開始の指示があるまで，この問題用紙を開いてはいけません。

2　試験開始の合図があったら，この問題用紙の所定欄に受験番号を記入しなさい。また，マーク式解答用紙（マークシート）には出身中学校と受験番号を記入して，受験番号をマークしなさい。

3　マーク式解答用紙にマークし，各設問に記す解答番号に対応した解答欄にマークしなさい。

4　問題は13ページまであります。ページの脱落などがあった場合は，手をあげて試験監督に申し出なさい。

※100点満点　マークシート解答用紙非公表

受験番号					

大阪夕陽丘学園高等学校

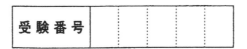

2022(R4) 大阪夕陽丘学園高
K 教英出版

1．次の英文の意味が通るように，[1]～[15]に入る最も適切なものを①～④から選びなさい。

問1 I [1] up at seven this morning.
① wanted ② woke ③ waited ④ watched

問2 "You will leave here tomorrow, right? I will [2] you so much."
① show ② sad ③ miss ④ cry

問3 We use [3] when we don't understand some words.
① notebooks ② dictionaries ③ pencils ④ erasers

問4 We can get a lot of [4] from the Internet.
① information ② interesting ③ important ④ imagine

問5 My sister [5] to start a new business.
① made ② decided ③ surprised ④ drew

問6 My father is a doctor at the city hospital. He sees a lot of [6] there.
① patients ② person ③ astronauts ④ lawyers

問7 The man has very little money. He must be [7].
① perfect ② plant ③ poor ④ police

問8 Andy always comes to school [8] time.
① to ② from ③ on ④ for

問9 The man walked into the [9], and got lost. He was found five days later.
① forest ② government ③ museum ④ factory

問10 When you move to Australia, it will be a big [10] if you speak English fluently.
① advantage ② impossible ③ possible ④ advice

問11 The Olympics is an [11] event.
① foreign ② abroad ③ overseas ④ international

問12 You can [12] to the hospital in ten minutes.
① get ② reach ③ arrive ④ visit

問13 "Do you have anything to drink? I'm [13]."
① popular ② thirty ③ true ④ thirsty

問14 I don't like [14] busses, so I go to school by bicycle.
① climbed ② cloth ③ cloudy ④ crowded

問15 Someday, I want to [15] all over the world.
① travel ② road ③ plane ④ trip

2．次の英文の意味が通るように，16 ～ 25 に入る最も適切なものを①～④から選びなさい。

問1　Andy [16] an apple yesterday.
① eating　② eaten　③ ate　④ eats

問2　[17] use your pen? — Sure. Here you are.
① Am I　② May I　③ Can you　④ Do you

問3　My dream is [18] a teacher.
① became　② become　③ becomes　④ to become

問4　The boy [19] under the tree is my brother.
① stand　② stands　③ standing　④ stood

問5　I must [20] my room now.
① cleans　② clean　③ cleaned　④ cleaning

問6　Lucy is the [21] girl in her class.
① most tall　② taller　③ tall　④ tallest

問7　[22] is really fun for me.
① Sing　② Singing　③ Sang　④ Sings

問8　When [23] this huge temple built?
① was　② is　③ did　④ do

問9　This is the bag [24] I bought last week.
① which　② who　③ where　④ whose

問10　Kenta and Nick [25] playing tennis since I got here.
① been　② are　③ have　④ have been

3．次の英文を読んで，各地の来週の天気の説明として最も適切な図を①～④から選びなさい。

Now, let's check next week's weather. In Osaka, it will be sunny from Monday to Wednesday. It will sometimes be cloudy from Thursday to Sunday, but you won't have to carry an umbrella with you when you go out. In Wakayama, it will also be sunny during the week. On the weekend there will be only rainy and cloudy skies. In Hyogo, it will rain all day on Monday and Tuesday. The rain will be heavy, but it will stop in the evening on Tuesday. However, you will not see clear skies all week.

Osaka 26

	Monday	Tuesday	Wednesday	Thursday	Friday	Saturday	Sunday
①	☀	☀	☀	☁	☁	☁	☂
②	☀	☀	☁	☁／☀	☁／☀	☀	☁
③	☀	☀	☀	☁	☁	☁／☀	☁／☀
④	☀	☀	☀	☁／☀	☁	☂	☂

Wakayama 27

	Monday	Tuesday	Wednesday	Thursday	Friday	Saturday	Sunday
①	☀	☀	☀	☀	☀	☁／☂	☁／☂
②	☀	☀	☀	☀	☀	☁	☁
③	☀	☀	☀	☁／☂	☁／☂	☁	☂
④	☁／☂	☁／☂	☁／☂	☁／☂	☁／☂	☀	☀

Hyogo 28

	Monday	Tuesday	Wednesday	Thursday	Friday	Saturday	Sunday
①	☂	☂	☀	☀	☀	☀	☀
②	☂	☂	☁／☂	☁／☂	☁	☁	☁
③	☀	☀	☁	☁	☁	☁	☁
④	☂	☂	☁	☁	☁	☁	☁

4. 次の会話文を読んで，質問の答えとして［29］～［31］に入る最も適切な文を①～④から選びなさい。

Host Father (H): Rika, what are you looking at?

Rika (R): Look at this! My friend in Japan sent this picture to me with a letter.

H: Oh, the sea is very beautiful, and your friend looks so happy. Where did your friend take this picture?

R: She took it in Okinawa. She went there with her family. She liked it very much and she wanted me to see it. She said that in the letter.

H: That's nice. You have a good friend.

R: Yes, I do. I want to send a nice picture to her, too. Do you have any good ideas?

H: How about a picture of the mountains? We can't see the sea from our house, but we can see the beautiful mountains from the big park in this town. You can take a nice picture there. Let's go there next Sunday.

R: Yes, let's!

問1 What is one thing we know about the host father? ［29］

① He thought the sea in the picture was beautiful.
② He wanted Rika to send the picture of Okinawa to her friend.
③ He can see the sea from his house.
④ He had a good idea about Rika's letter to her family.

問2 What is one thing we know about Rika? ［30］

① She got only a picture from her friend.
② She showed a picture of her friend to her host father.
③ She wants her host father to take a picture of her.
④ She had a picture of the mountains with her host father.

問3 What will Rika do next Sunday? ［31］

① She will visit her friend.
② She will go to the park.
③ She will meet her family.
④ She will go to the mountains.

5．次の会話文を読んで，[32]～[34]に入る最も適切な文を①～④から選びなさい。

Customer[*1]: Excuse me. I heard that Wakaba Flower Shop is in this department store. Where is it?

Staff[*2]: It is on the second floor of the North Building.

C: I'm sorry. [32]

S: We are on the first floor of the West Building.

C: OK. [33]

S: Please take the escalator[*3] to the fourth floor of this building. Then, you can go to the North Building from there.

C: Thank you. Where is the escalator?

S: [34]

C: Oh, I see.

語注：customer[*1]　客　　staff[*2]　スタッフ　　escalator[*3]　エスカレーター

[32]

① Please tell me the name of the shop.
② Do you know how long it takes to get there?
③ Can you tell me when we will go there?
④ I don't know where I am now.

[33]

① Do you know the Wakaba Flower Shop?
② How can I go to the North Building from here?
③ What can I do for you?
④ Can I go to the West Building from here?

[34]

① Turn right at that bag shop and you will see it.
② You can walk there from here.
③ The escalator will take you to the fourth floor.
④ I know how to do it, so I will show you.

6．次の英文のメッセージを読んで，質問の答えとして［35］～［37］に入る最も適切な文を①～④から選びなさい。

ıll OY　　17：00

Paul: Hi. Can I ask you something?

Kumi: Hello. Sure! What is it?

Paul: Well, I have been absent from school for three days, so can I borrow your math notebook?

Kumi: OK. Do you need my notebooks for any other subjects?

Paul: Yes, please! Can I see your notebooks for English, Japanese, and science?

Kumi: Of course, but we didn't have a Japanese class, so I'll give three notebooks to you tomorrow.

Paul: Thank you very much!

Kumi: Are you feeling better now? I heard you were absent from our teacher, so when I met your sister at school, I asked her, "What happened to Paul?" You caught a cold, right? Your other friends and I are worried about you.

Paul: Thank you for worrying. When I got up two days ago, I felt like I had a cold so I went to see a doctor in the afternoon. The next day, I also felt bad, so I slept all day! Now, I'm fine.

Kumi: That's good! See you tomorrow!

問1　Which notebooks will Paul borrow from Kumi?　35

① Notebooks for math, Japanese, and science.
② Notebooks for math, English, and science.
③ Notebooks for math, English, and Japanese.
④ Notebooks for math, English, Japanese, and science.

問2　Who told Kumi that Paul caught a cold?　36

① Kumi's sister.
② Paul's sister.
③ Their friends.
④ Their teacher.

問3　When did Paul go to see the doctor?　37

① In the morning two days ago.
② In the afternoon two days ago.
③ In the morning three days ago.
④ In the afternoon three days ago.

7．次の掲示板に貼られたチラシを読んで，質問の答えとして 38 ～ 40 に入る最も適切なものを①～④から選びなさい。

WE WANT NEW STUDENTS!

Sakura Cooking School is looking for new students! At our school, you can cook many kinds of dishes. Do you like cooking? Do you like eating? If you are interested, let's cook together!

【Courses[*1]】

We have three courses. Please choose the one you like.

〈Course A〉 One class a week（Sunday）
・Time：90 minutes / a class
・Price：4,500 yen / a month

〈Course B〉 Two classes a week（Tuesday and Friday）
・Time：70 minutes / a class
・Price：6,000 yen / a month

〈Course C〉 Two classes a week
（Monday and Wednesday, or Thursday and Saturday）
・Time：120 minutes / a class
・Price：9,000 yen / a month

☆ The price for the first month will be half price.
If you want to join our school, please call us or send an e-mail to us.

Sakura Cooking School
Five-minute walk from Wakaba Station

Tel：98-7654-3210
Mail：scs@sakura.cooking.com

語注：course(s)[*1] コース

問1　Judy wants to join Sakura Cooking School and study there as much as she can, but she doesn't want to pay more than 7,000 yen each month for classes. How many minutes can she take classes in a week? 38

① 70 minutes.

② 90 minutes.

③ 120 minutes.

④ 140 minutes.

問2　Hiroki is a new student at Sakura Cooking School and he chose Course B. How much is his first month of classes? 39

① 6,000 yen.

② 4,500 yen.

③ 3,000 yen.

④ 2,250 yen.

問3　Dick chose Course C. Which is Dick's calendar? 40

①

Sunday	Monday	Tuesday	Wednesday	Thursday	Friday	Saturday
	Cooking School			Cooking School		

②

Sunday	Monday	Tuesday	Wednesday	Thursday	Friday	Saturday
			Cooking School	Cooking School		

③

Sunday	Monday	Tuesday	Wednesday	Thursday	Friday	Saturday
				Cooking School		Cooking School

④

Sunday	Monday	Tuesday	Wednesday	Thursday	Friday	Saturday
			Cooking School			Cooking School

8．次の英文を読んで，質問の答えとして[41]～[43]に入る最も適切な文を①～④から選びなさい。

Emi is a university student and she studies Japanese history. Japanese history is very interesting for her and she likes studying it very much. She became interested in it because she read one book.

When she was a high school student, she often went to the small bookstore near her house. The store had many used books, and she bought some books there. A man who worked at the store, Mr. Suzuki, was very kind, and they often talked about the books that they liked.

One day, Mr. Suzuki told her about his favorite book. It was about a *samurai* in the Edo period[*1]. He said, "This book is very interesting! The *samurai* is very cool." She said, "Really? I want to read it but I forgot my money at home!" He said, "Can you come to this store tomorrow? I will keep the book for you." The next day, she went to the store after school and bought the book.

She started reading it after she went home. It was about the life of one *samurai*. The *samurai* experienced many things. It was very exciting and she became interested in Japanese history.

Three days later, she went back to the store with the book. She said to Mr. Suzuki, "Thank you for introducing me to this book. It is so exciting!" He said, "That's great! I studied Japanese history in university and I like books about it." She asked him, "Do you know any other good books about Japanese history? I want to read more books about it, so please tell me." He answered, "Yes! I will tell you some." He chose some books in the store for her. She read all of them, and they were very interesting for her.

At that time, she had to decide what to do in university. She thought, "I want to study Japanese history in university." She decided to go to a university that has many books about Japanese history. She told Mr. Suzuki about it, and he said, "That's nice! I will support you."

Now, she enjoys her life in university. She wants to study more about Japanese history there.

語注：the Edo period[*1]　江戸時代

問1 What did Emi and Mr. Suzuki often talk about when she was a high school student? 41

① Life in Japan.
② People in the Edo period.
③ Her school life.
④ Their favorite books.

問2 What did Emi ask Mr. Suzuki after she read a book about a *samurai*? 42

① She asked him to become interested in Japanese history.
② She asked him to keep his favorite book about Japanese history for her.
③ She asked him to tell her about good books about Japanese history.
④ She asked him to talk about his university.

問3 What university did she decide to go to? 43

① A university that is near her house and the bookstore.
② The university that Mr. Suzuki likes.
③ The university that has the longest history in Japan.
④ A university that has many books about Japanese history.

9．次の英文を読んで，質問の答えとして 44 ～ 46 に入る最も適切な文を①～④から選びなさい。

Bikes are very useful for our lives. The first bike was made by a German man in 1817. The bike didn't have pedals*1, so people needed to push with their feet to move it. Then, a bike with three wheels*2 and pedals was made in 1863. Many bikes of this type were made at one time and about a thousand bikes were made in 1867. After 1870, two new types of bikes were made in England. One was a bike with a very big wheel. The wheel was as big as an adult man and people who rode it could move fast even if they didn't use the pedals a lot. The other was a bike with a chain*3. It was almost the same as the bikes that we use now.

Only around two hundred years have passed since the first bike was made. What kind of bikes will be made in the future?

語注：pedal(s)*1 ペダル　　wheel(s)*2 車輪　　chain*3 チェーン

問１ Which is true about the first bike? 44

① It had a pedal as big as a man.
② An English man made it.
③ It was made in 1863.
④ People moved it by pushing with their feet.

問２ What happened in 1867? 45

① Bikes with a chain were made.
② Around a thousand bikes were made.
③ New types of wheels were made.
④ Bikes with one pedal were made.

問３ What could people do with the bike that had a very big wheel? 46

① They could move fast without using the pedals very much.
② They could ride longer distances than before.
③ They could move fast without using the other two wheels.
④ They could use it for many years.

10. 次の英文を読んで，質問の答えとして［47］～［50］に入る最も適切な文を①～④から選びなさい。

These days, many foreign people live in Japan. Also, many Japanese people live in foreign countries. Many of them live in foreign countries because they work there. Also, many Japanese students stay in foreign countries and study there. Ryota was one of those students. He went to Australia two years ago to study English. His father worked there ten years ago. He said that Australia was a very good place to live, so Ryota decided to go there. He stayed there for six months and he took classes at a junior high school there during that time. It wasn't easy for him to speak English or understand when people spoke to him. Then, he asked his teacher and classmates to speak slowly and tried to understand their English. He started to talk to them in English and explained his opinions, too. He came back to Japan about a year ago. He can still understand and speak English better than before, so he thinks his stay in Australia was a good experience for him.

問1 Which is true about Ryota? ［47］

① He went to see his father in Australia.
② He stayed in Australia with his family.
③ He has been in Australia since he was small.
④ He studied English in Australia.

問2 How long did Ryota stay in Australia? ［48］

① Six months.
② A year.
③ Two years.
④ Ten years.

問3 What was difficult for Ryota in Australia? ［49］

① Taking English classes in school.
② Understanding and speaking English.
③ Explaining his opinions in Japanese.
④ Asking his classmates to speak English slowly.

問4 Why did Ryota think going to Australia was a good experience? ［50］

① He made many friends.
② He explained his opinions to his classmates.
③ He took classes at a junior high school there.
④ He improved his English.

解答番号：1～50
配点：2点×50

令和４年度
入学試験問題

理　科

（50分）

注意事項
1　試験開始の指示があるまで，この問題用紙を開いてはいけません。
2　試験開始の合図があったら，この問題用紙の所定欄に受験番号を記入しなさい。また，マーク式解答用紙（マークシート）には出身中学校と受験番号を記入して，受験番号をマークしなさい。
3　マーク式解答用紙にマークし，各設問に記す解答番号に対応した解答欄にマークしなさい。
4　問題は13ページまであります。ページの脱落などがあった場合は，手をあげて試験監督に申し出なさい。

※100点満点　マークシート解答用紙非公表

受験番号					

大阪夕陽丘学園高等学校

1　次の実験について，あとの各問いに答えなさい。ただし，実験で用いた電熱線の抵抗はすべて同じで，実験中に電熱線の抵抗は変わらないものとする。

【実験１】

図１のように，厚紙に通した直線状の導線Ｘに，矢印の向きに電流を流した。このとき，厚紙のＡ～Ｄの点に置いた磁針の向きを調べた。

【実験２】

図２のように，厚紙に通したコイルＹに，矢印の向きに電流を流した。このとき，厚紙のＥとＦの点に置いた磁針の向きを調べた。

【実験３】

図３のような回路をつくり，スイッチを入れたときのコイルＺのふれ方を調べた。

図１

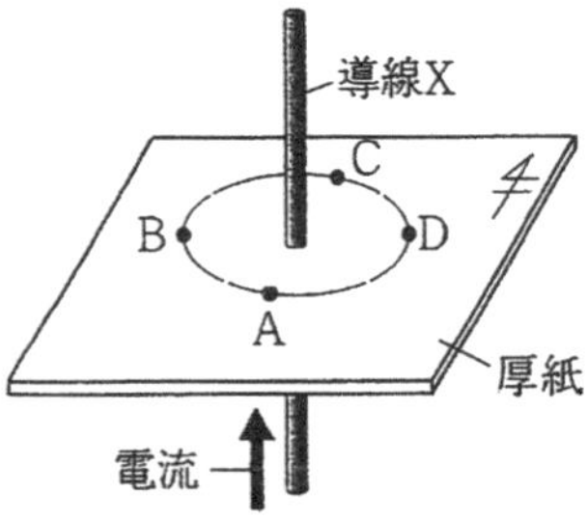

図２

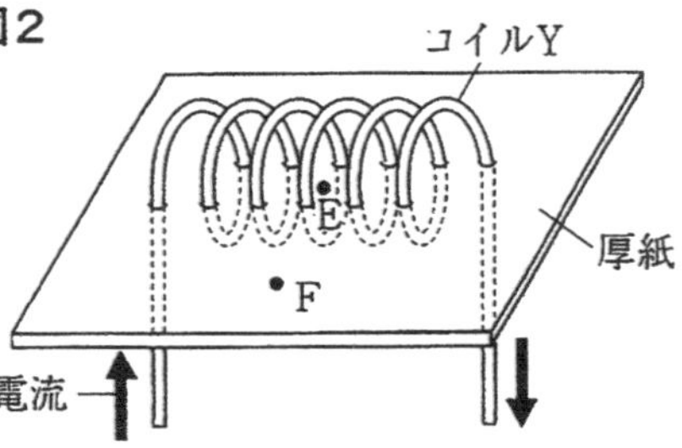

図３

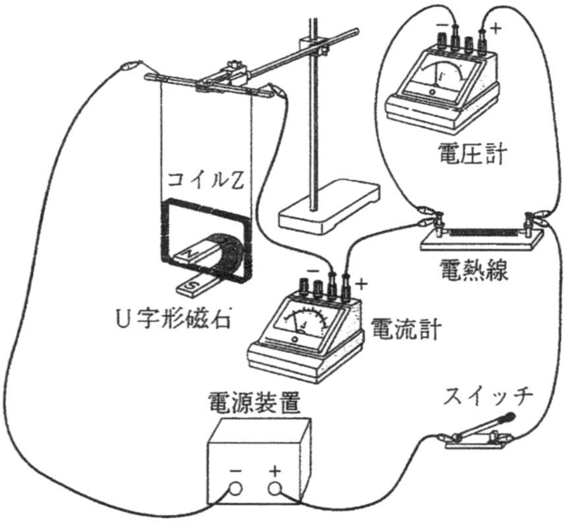

問1　**図4**は，**実験1**で，A～Dの点のいずれかに置いた磁針と，**図1**の厚紙を，Aの点を手前にして真上から見たものを示している。**図4**の磁針は，どの点に置いたものか。次の①～④から一つ選びなさい。　1

①　点A　　②　点B　　③　点C　　④　点D

図4

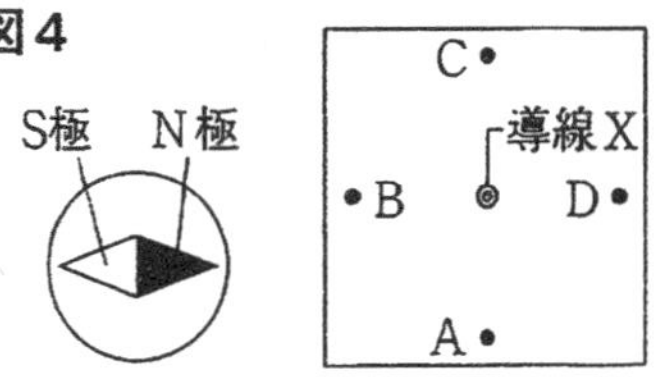

問2　次の①～④は，**図2**の厚紙を，Fの点を手前にして真上から見たときの模式図である。EとFの点に置いた磁針の向きの組み合わせが正しいものはどれか。一つ選びなさい。　2

①

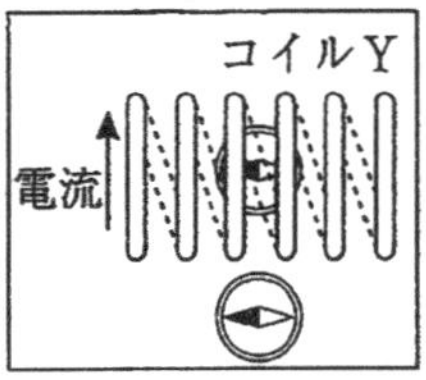

②

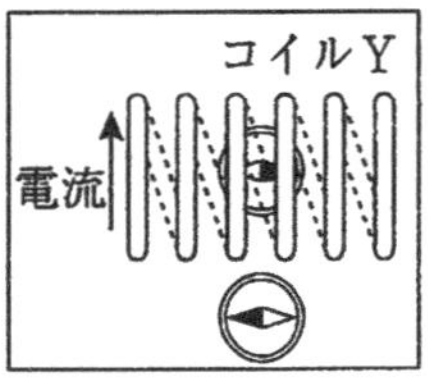

③

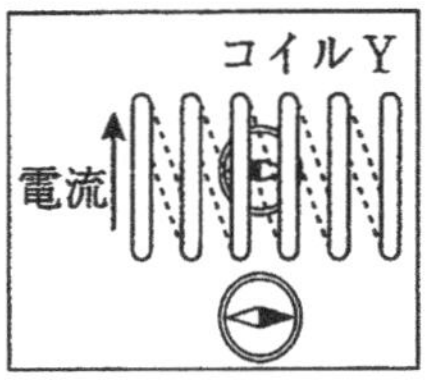

④

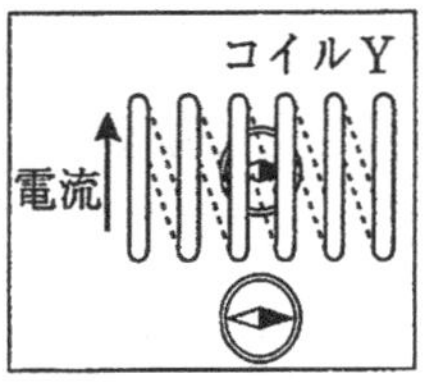

問3　**実験3**において，コイルZに流れた電流の向き（➡）と，コイルZのふれた向き（⇨）の組み合わせとして正しいものはどれか。次の①～④から一つ選びなさい。　3

①

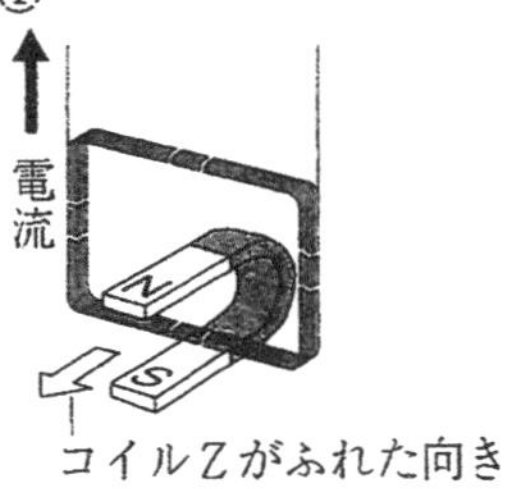

②

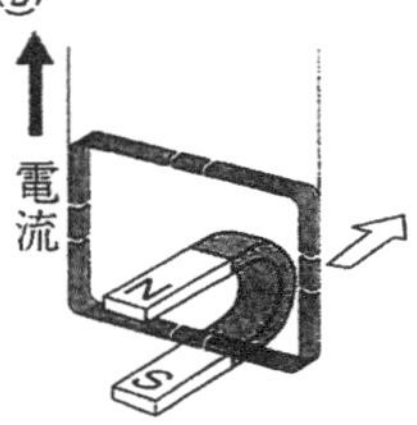

③

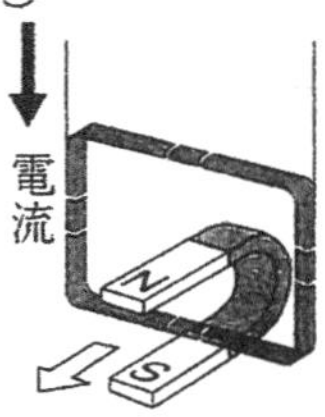

④

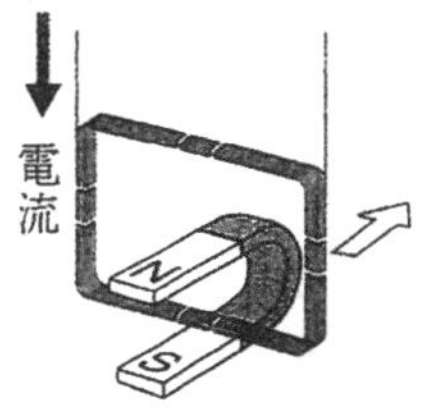

問4　**実験3**の電熱線を次の①～④にかえてコイルZのふれ方を調べた。コイルZのふれの大きさが最も大きくなるものはどれか。一つ選びなさい。　4

①

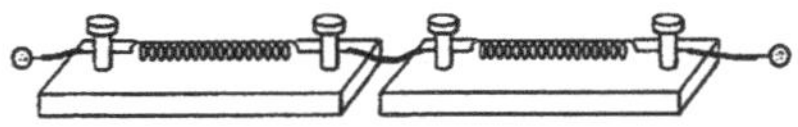

②

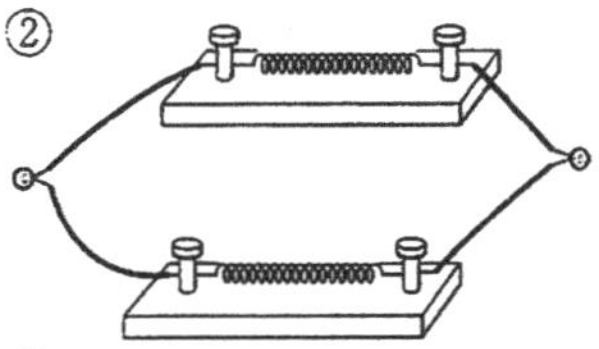

③

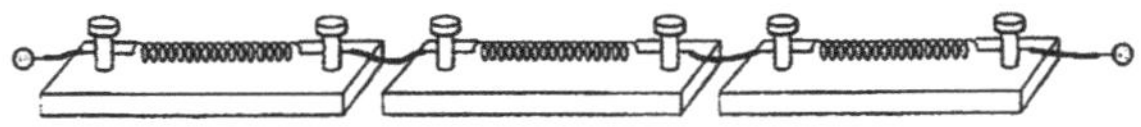

④

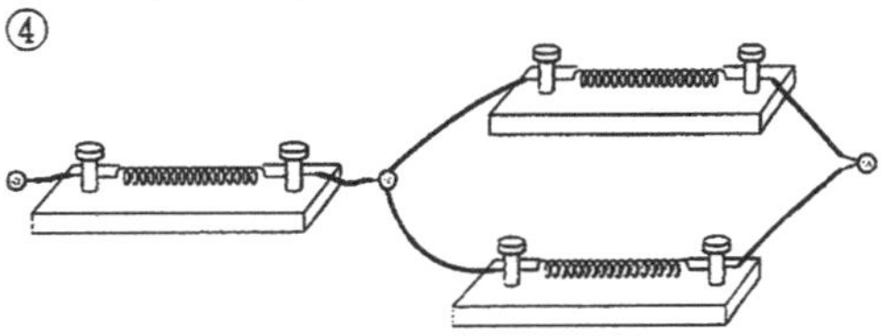

次にコイルと棒磁石を使って，磁界の中で発生する電流を調べる実験を行った。

【実験４】

図５のように，コイルを検流計につないで，棒磁石のＮ極をコイルの上からコイルの中まで動かしたところ，検流計の針は＋側にふれた。

図５

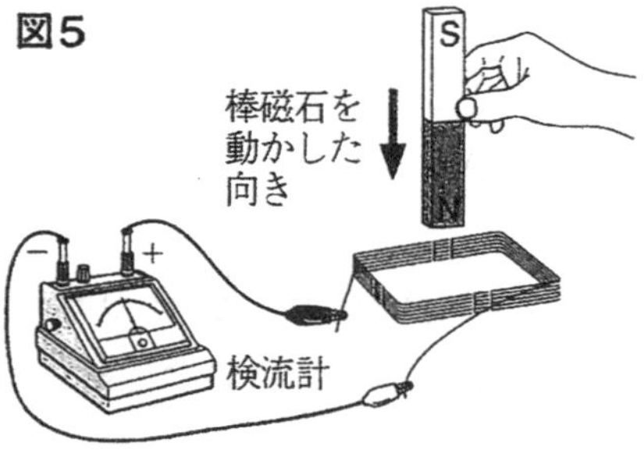

問５　検流計の針がふれたのは，コイルの中の磁界が変化したことによって電圧が生じたためである。このとき流れた電流を何というか。正しいものを，次の①～④から一つ選びなさい。 5

① 誘導電流
② 自由電流
③ 活動電流
④ 過電流

問６　**図６**のように，コイルの面は同じままで，棒磁石のＳ極をコイルの上から近づけたのち，すぐにＳ極をコイルから遠ざけた。このとき，検流計の針の動きとして正しいものを，あとの①～④から一つ選びなさい。 6

図６

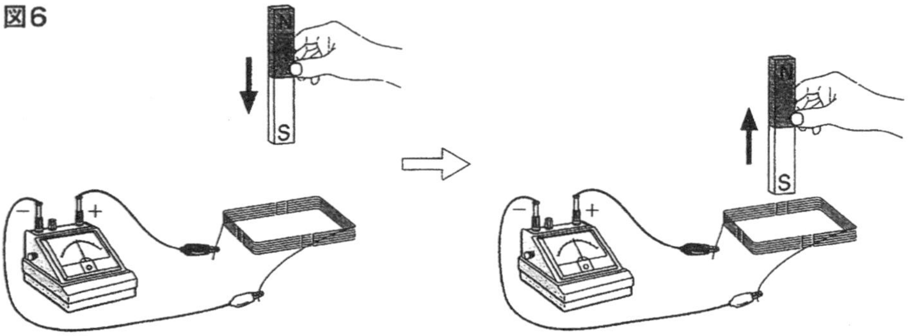

① 0 → ＋ → 0 → ＋ → 0
② 0 → ＋ → 0 → － → 0
③ 0 → － → 0 → － → 0
④ 0 → － → 0 → ＋ → 0

問７　**実験４**の現象を利用したものを次の①～④から一つ選びなさい。 7

① 電熱器　② 発電機　③ 双眼鏡　④ 燃料電池

2　塩化銅水溶液の性質を調べる次の実験について，あとの各問いに答えなさい。

【実験】

図のように，炭素棒を電極A，電極Bとして塩化銅水溶液に入れ，電極Aを電源装置の－極側に，電極Bを＋極側につないで電圧を加えたところ，電流が流れた。また，このとき，水溶液中の電極Aには赤色の物質が付着し，電極Bからは気体が発生した。

図

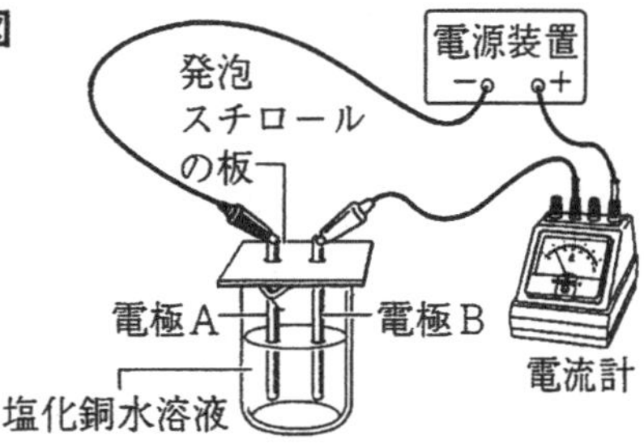

問1　水溶液中で起こっていることの説明として正しいものを，次の①～④から一つ選びなさい。　8

①　水溶液中の Cu^{2+} が電極Aへ移動し，Cl^{-} が電極Bへ移動している。

②　水溶液中の Cu^{+} が電極Aへ移動し，Cl^{2-} が電極Bへ移動している。

③　水溶液中の Cu^{2+} が電極Bへ移動し，Cl^{-} が電極Aへ移動している。

④　水溶液中の Cu^{+} が電極Bへ移動し，Cl^{2-} が電極Aへ移動している。

問2　電極Bから発生した気体の性質として正しいものを，次の①～⑤から一つ選びなさい。　9

①　特有の刺激臭があり，水でぬらした赤色リトマス紙を青色に変える。

②　特有の刺激臭があり，赤インクで色をつけたろ紙を近づけると，インクの色が消える。

③　無色無臭で，水に少しとけ，その水溶液は酸性を示す。

④　無色無臭で，火をつけると爆発して燃える。

⑤　無色無臭で，他のものが燃えるのを助けるはたらきがある。

3　**図１**のような装置を用いて，粉末A，Bをそれぞれ加熱し，完全に反応させた。**図２**は，加熱前の粉末の質量と，加熱後のステンレス皿に残った物質の質量との関係をそれぞれ示したグラフである。これについて，あとの各問いに答えなさい。

図１

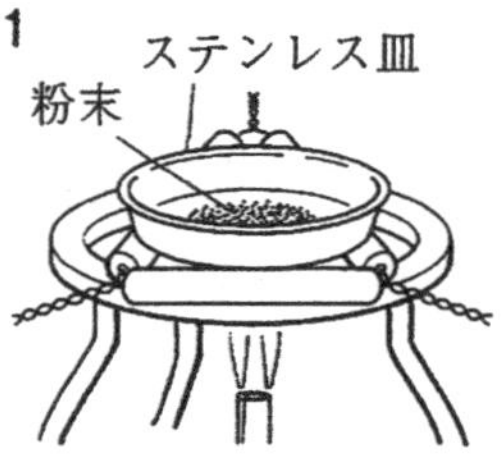

図２

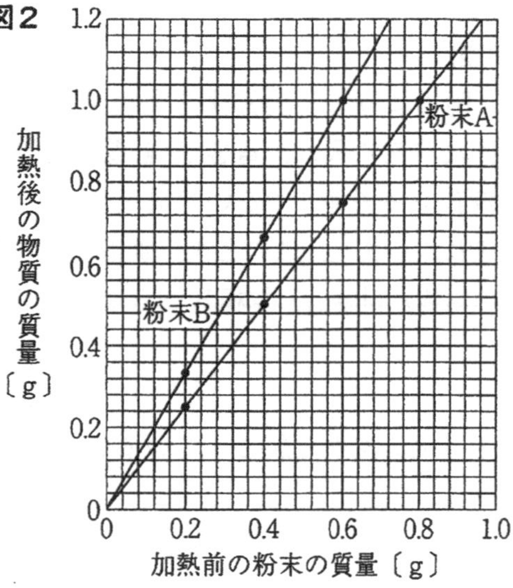

問１　粉末Aの質量と，粉末Aと反応した物質の質量の比として正しいものを，次の①～⑥から一つ選びなさい。　10

①　1：1　　②　2：1　　③　3：1　　④　4：1　　⑤　3：2　　⑥　4：3

問２　加熱前の粉末Bの質量を測定すると0.84gであった。加熱後の物質の質量として正しいものを，次の①～⑥から一つ選びなさい。　11

①　1.68g　　②　1.4g　　③　1.26g　　④　1.12g　　⑤　1.05g　　⑥　0.96g

4　次の実験について，あとの各問いに答えなさい。

図１は水の温度と100gの水にとける物質の質量との関係を表したグラフである。

図１

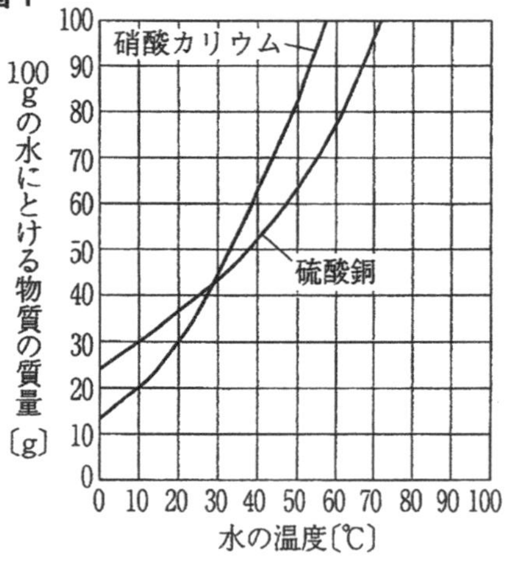

【実験１】

水100gを入れたビーカーを用意し，温度を50℃に保ちながら，硝酸カリウムをとかし，飽和水溶液をつくった。その後，水溶液の温度を20℃まで下げたところ，結晶ができているのが観察された。

問１　**実験１**のように，固体を高い温度の水にとかしたあと，温度を下げて結晶をとり出す方法を何というか。次の①～④から一つ選びなさい。　12

①　再結晶　　②　蒸発　　③　冷却　　④　溶解

問２　**実験１**において，ビーカーでできる結晶の質量は何ｇか。次の①～⑤から一つ選びなさい。　13

①　33g　②　43g　③　53g　④　63g　⑤　78g

問３　20℃の水100gにとけるだけとかした硝酸カリウム水溶液の質量パーセント濃度は何％か。次の①～④から一つ選びなさい。　14

①　23.1%　②　30%　③　42.9%　④　53.8%

【実験２】

硫酸銅30gをビーカーに入れ，60℃の水50gを加えると，硫酸銅はすべてとけた。この水溶液をしばらく放置すると，ある温度で結晶ができはじめた。その後，水溶液の温度が20℃で一定になってから，**図２**のような装置を用いて，この結晶と水溶液を分けた。

図2

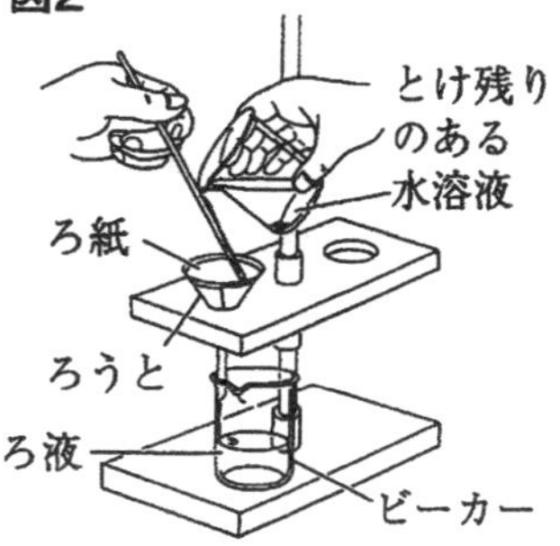

問４　硫酸銅の結晶ができはじめたときの温度として正しいものを，**図１**を参考にして次の①～④から一つ選びなさい。　15

①　10℃　②　37℃　③　47℃　④　50℃

問５　**図２**のような装置を用いて固体と液体を分ける方法を何というか。次の①～④から一つ選びなさい。　16

①　沈殿　②　分離　③　液化　④　ろ過

問６　**実験２**では，硫酸銅の結晶はろ紙上に，水溶液は下のビーカーに分けることができた。その理由として正しいものを，次の①～④から一つ選びなさい。　17

①　結晶はろ紙の穴より小さく，水溶液中にとけている物質はろ紙の穴より大きいから。
②　結晶はろ紙の穴より大きく，水溶液中にとけている物質はろ紙の穴より小さいから。
③　結晶，水溶液中にとけている物質ともにろ紙の穴より小さいから。
④　結晶，水溶液中にとけている物質ともにろ紙の穴より大きいから。

5　血管とその中を流れる血液について，あとの各問いに答えなさい。

【実験１】

チャックつきポリエチレン袋の中に水といっしょにメダカを入れ，**図１**のように，顕微鏡のステージにのせて，尾びれの毛細血管のようすや，その中を流れる血液のようすを観察した。

図１

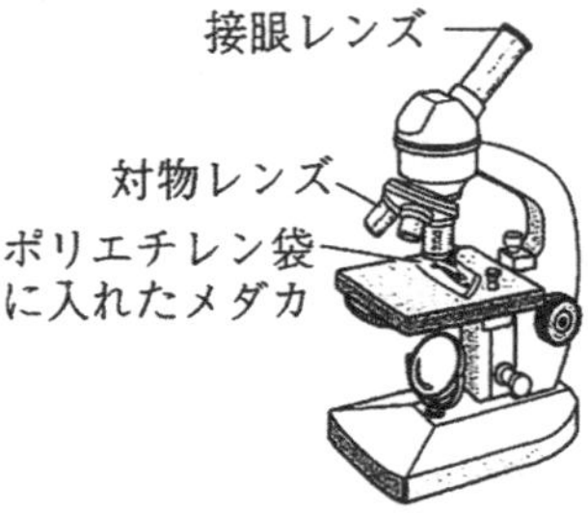

【実験２】

メダカの血液のプレパラートを，低倍率で観察し，さらに，<u>対物レンズを高倍率にかえて観察した</u>。

問１　**実験１**の結果，観察できることとして正しいものを，次の①～④から一つ選びなさい。　18

① 毛細血管の中を赤血球が一列に並び，同じ方向へ流れている。
② 毛細血管の末端に小さな袋状の肺胞が接している。
③ 毛細血管から赤血球がしみ出て，細胞のまわりを満たしている。
④ 毛細血管に柔毛から吸収された栄養分が入ってくる。

問２　次の文章は，**実験２**の下線部に関して，顕微鏡の倍率を低倍率から高倍率にかえるときのことについて説明したものである。文章中の［ア］～［ウ］にあてはまることばの組み合わせとして正しいものを，あとの①～⑧から一つ選びなさい。　19

> 低倍率でピントの合っている状態から［ア］を回し，対物レンズの倍率を高くする。このとき，対物レンズとプレパラートとの距離は［イ］なり，視野の明るさは［ウ］なる。

①	**ア**：レボルバー	**イ**：長く	**ウ**：明るく	②	**ア**：レボルバー	**イ**：長く	**ウ**：暗く
③	**ア**：レボルバー	**イ**：短く	**ウ**：明るく	④	**ア**：レボルバー	**イ**：短く	**ウ**：暗く
⑤	**ア**：調節ねじ	**イ**：長く	**ウ**：明るく	⑥	**ア**：調節ねじ	**イ**：長く	**ウ**：暗く
⑦	**ア**：調節ねじ	**イ**：短く	**ウ**：明るく	⑧	**ア**：調節ねじ	**イ**：短く	**ウ**：暗く

問３　**図２**は，**実験２**の結果，観察されたメダカの赤血球のスケッチである。赤血球に含まれているヘモグロビンのはたらきとして正しいものを，次の①～④から一つ選びなさい。　20

図２

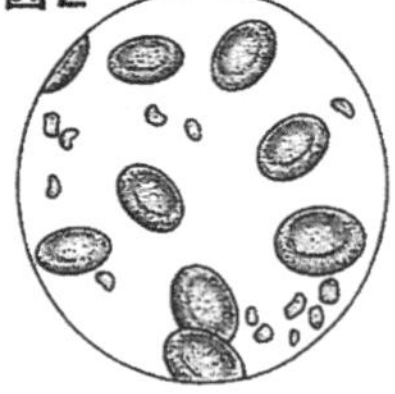

① 小腸から吸収された養分を，とかして全身に運ぶはたらき。
② 体中の細胞でつくられた不要物をじん臓に運ぶはたらき。
③ 酸素を結びつけたりはなしたりする性質によって，酸素を細胞に運ぶはたらき。
④ 細胞の活動で生じた二酸化炭素と結びついて，肺胞に運ぶはたらき。

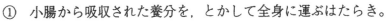

問4　血液の成分には，赤血球の他にも，体の中に入った細菌をとらえ，病気を防ぐはたらきをするものがある。この成分として正しいものを，次の①～④から一つ選びなさい。 [21]

①　血しょう　　②　組織液　　③　血小板　　④　白血球

問5　次の文章は，血液を送り出すヒトの心臓のつくりとはたらきについて述べたものである。これについて，あとの(1)，(2)に答えなさい。

図3

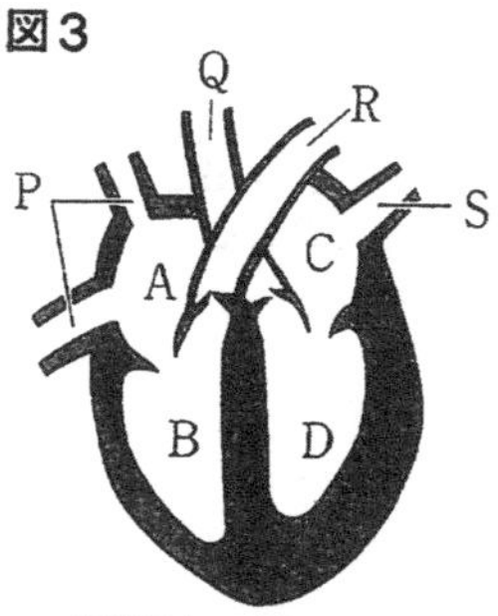

(正面から見た場合)

> ヒトの心臓は，**図3**のように，Ａ～Ｄの心房と心室の４つの部屋に分かれていて，心臓の筋肉の収縮によって全身に血液を送り出している。血液は肺循環と体循環の２つの経路を通って循環する。

(1)　次は，下線部の肺循環の経路を表したものである。**図3**のＡ～Ｄのうち，[**ア**]，[**イ**]にあてはまる心臓の部屋の組み合わせとして正しいものを，下の①～④から一つ選びなさい。 [22]

[**ア**]→肺動脈→肺→肺静脈→[**イ**]

①　**ア**：A　**イ**：C　　②　**ア**：B　**イ**：C

③　**ア**：C　**イ**：A　　④　**ア**：D　**イ**：A

(2)　**図3**の血管Ｐ～Ｓの中で，動脈血が流れている血管として正しいものを，次の①～⑥から一つ選びなさい。 [23]

①　P，Q　　②　P，R　　③　P，S

④　Q，R　　⑤　Q，S　　⑥　R，S

6 **図1**は植物を観点別に分類したものである。これについて，あとの各問いに答えなさい。

図1

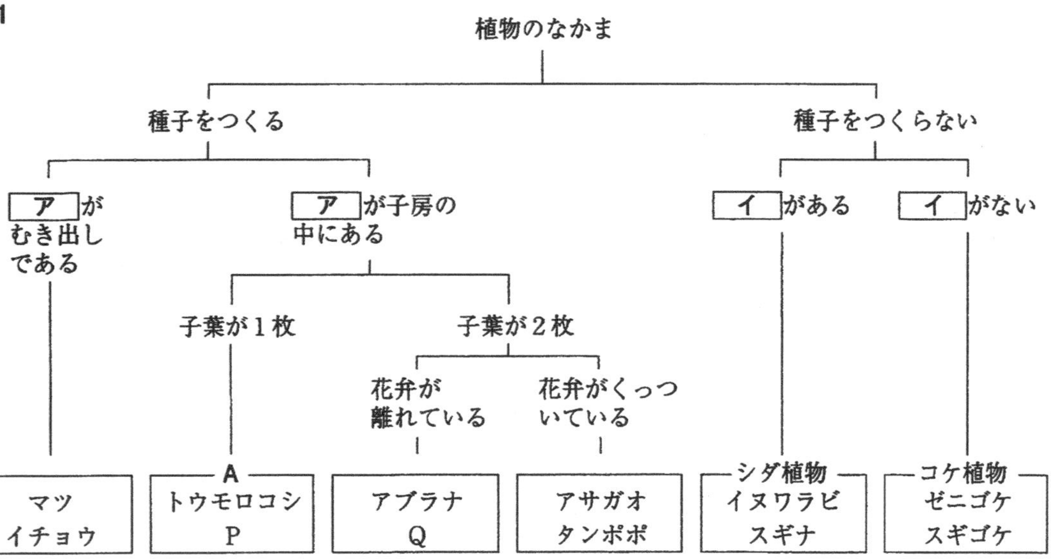

問1 **図1**の ア ， イ にあてはまることばの組み合わせとして正しいものを，次の①～④から一つ選びなさい。 24

① **ア**：胚珠　**イ**：維管束

② **ア**：胚珠　**イ**：雄株と雌株

③ **ア**：胚乳　**イ**：根・茎・葉の区別

④ **ア**：胚乳　**イ**：葉緑体

問2 **図2**はマツの花のりん片，**図3**はアブラナの花を模式的に示したものである。**図2**のマツの花のX，Yにあたる部分は，**図3**のそれぞれどの部分か，次の①～⑥から一つ選びなさい。

(1) Xの部分 25

① A　② B　③ C

④ D　⑤ E　⑥ F

(2) Yの部分 26

① A　② B　③ C

④ D　⑤ E　⑥ F

図2

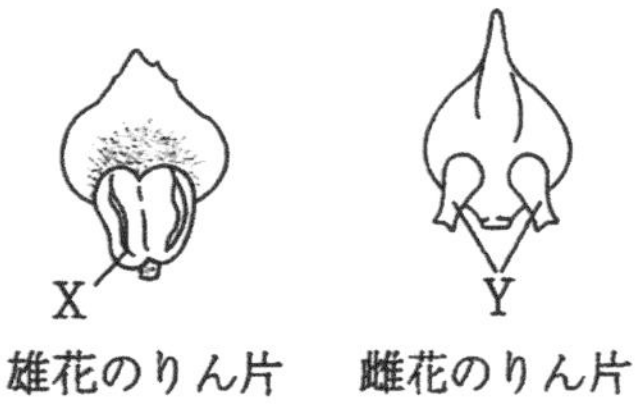

図3

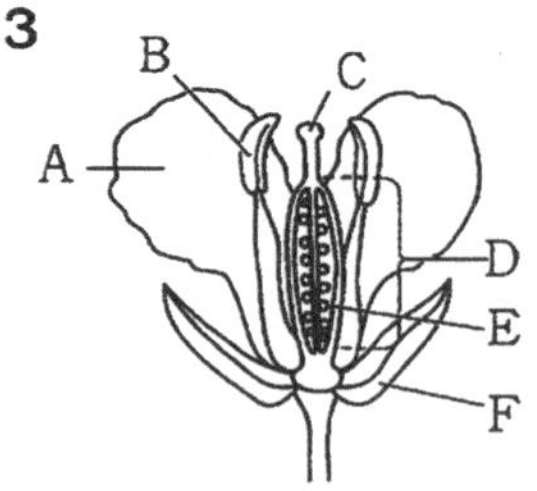

問3　子葉が１枚の植物のなかまについて，葉脈と根のつき方の特徴として正しいものを，次の①～④から一つ選びなさい。　27

①
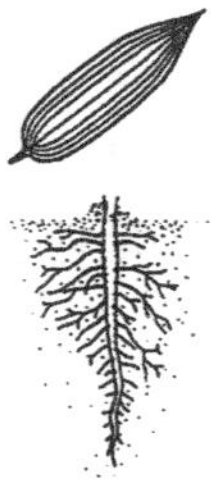

②
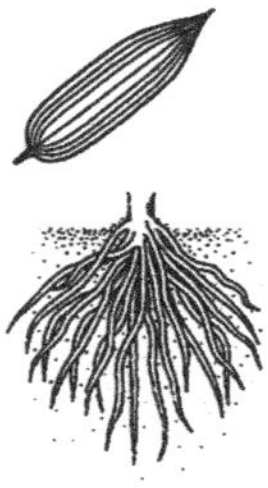

③
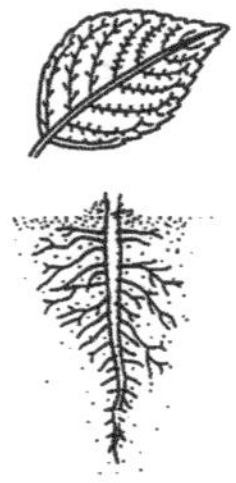

④
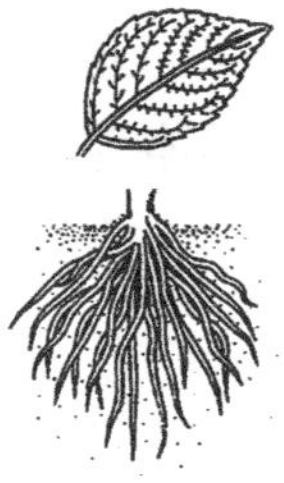

問4　植物を**図1**のように分類できるところまで細かく分類したとき，**図1**の**A**の属性として正しいものを，次の①～⑥から一つ選びなさい。　28

①　被子植物→双子葉類→合弁花類　　②　被子植物→双子葉類→離弁花類

③　被子植物→単子葉類→合弁花類　　④　被子植物→単子葉類→離弁花類

⑤　被子植物→双子葉類　　⑥　被子植物→単子葉類

問5　**図1**のＰ，Ｑにあてはまる植物の組み合わせとして正しいものを，次の①～⑥から一つ選びなさい。　29

①　Ｐ：イネ　Ｑ：ツツジ　　②　Ｐ：イネ　Ｑ：サクラ

③　Ｐ：ソテツ　Ｑ：ユリ　　④　Ｐ：ソテツ　Ｑ：エンドウ

⑤　Ｐ：スギ　Ｑ：ゼンマイ　　⑥　Ｐ：スギ　Ｑ：バラ

7　地震に関する次の文章を読み，あとの各問いに答えなさい。

地震が発生すると，震源からは小さなゆれXと，大きなゆれYの２種類が同時に四方八方に伝わる。**図１**は，ある地震が発生したときのＡ地点(震央)とＢ地点に設置してある地震計の観測結果である。それぞれの地点がゆれ始めてからの時間を横軸として示している。また**図２**は，この地震の震源からの距離と，Ｐ波とＳ波が到着するまでの時間の関係をグラフで示している。

図１

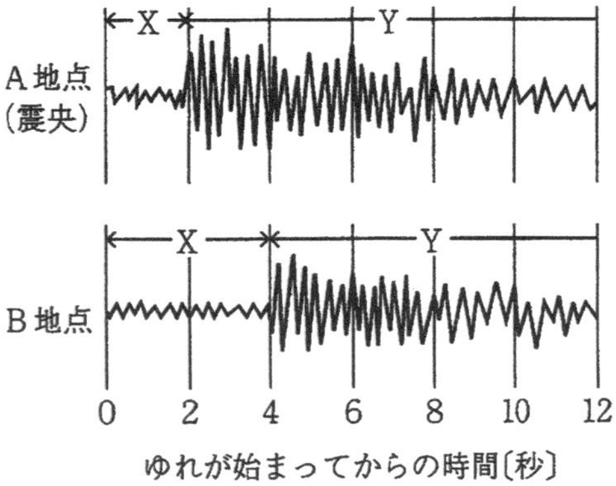

図２

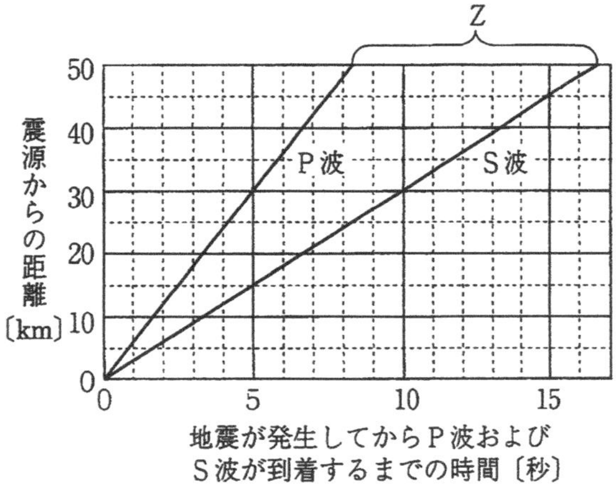

問１　**図２**のＺの時間のように，Ｐ波が到着してからＳ波が到着するまでの時間を何というか。次の①～④から一つ選びなさい。　30

①　初期微動到達時間　　②　主要動到達時間

③　地震波到達継続時間　　④　初期微動継続時間

問２　**問１**の長さと関係のあるものとして適当なものを，次の①～⑥から一つ選びなさい。　31

①　マグニチュード　　②　震度　　③　震源からの距離

④　Ｐ波の大きさ　　⑤　Ｓ波の大きさ　　⑥　気圧

問３　この地震の震源の深さとして正しいものを，次の①～④から一つ選びなさい。　32

①　6km　　②　12km　　③　18km　　④　24km

問４　Ｂ地点において，大きなゆれが始まったのは，この地震が発生してから何秒後か。次の①～⑥から一つ選びなさい。　33

①　１秒後　　②　２秒後　　③　４秒後

④　６秒後　　⑤　８秒後　　⑥　10秒後

問5　地震によって起こる災害の一つとして，土地の液状化がある。この液状化の説明として正しいものを，次の①～④から一つ選びなさい。　34

①　大量の水や土砂が斜面に沿って勢いよく流れ落ちてくる。

②　海岸のうめ立て地や河川の砂地などの土地が急に軟弱《なんじゃく》になる。

③　海水が陸地に押し寄せてくる。

④　土地が隆起して陸地ができる。

8 図1はある地域の露頭を観察したときの模式図である。観察した地層のようすは，X－Yの部分で地層が切れてずれが生じていた。これについて，あとの各問いに答えなさい。

図1

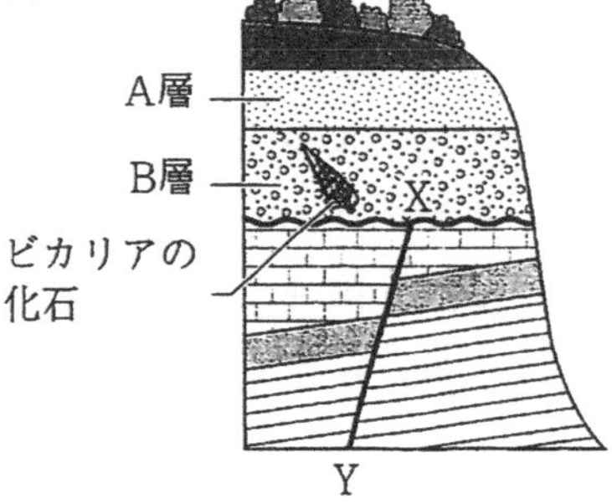

問1 図1のX－Yのように，地層が切れて生じたずれを何というか。次の①～⑥から一つ選びなさい。 35

① 断層　② しゅう曲　③ 段丘
④ 隆起　⑤ 沈降　⑥ 侵食

問2 図1のX－Yのようなずれができたときに，力のはたらいた方向と，地層がずれた方向の組み合わせとして正しいものを，次の①～④から一つ選びなさい。ただし，⇨は力のはたらいた方向（水平方向）を，➡は地層がずれた方向（上下方向）をそれぞれ示している。 36

①
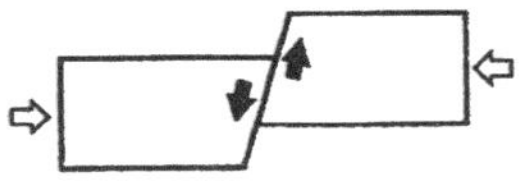

②
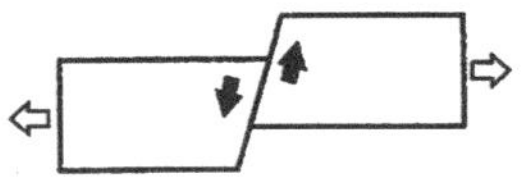

③
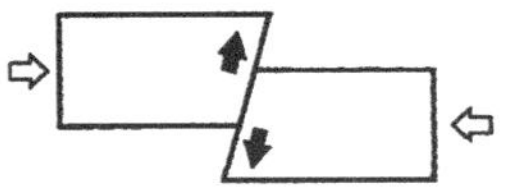

④
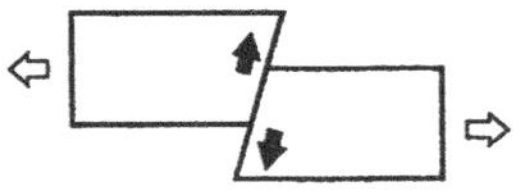

問3 図1のA層には，白っぽい火成岩のれきが含まれていた。図2はこの火成岩のつくりのスケッチである。この火成岩の名称として正しいものを，次の①～⑤から一つ選びなさい。 37

図2

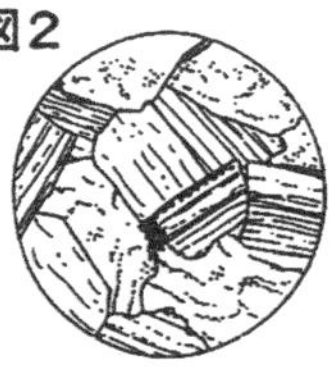

① 玄武岩　② 斑れい岩　③ 安山岩
④ 流紋岩　⑤ 花こう岩

問4 次の文は，図2の火成岩の色合いが白っぽい理由を説明したものである。文中の ア ， イ にあてはまることばの組み合わせとして正しいものを，あとの①～④から一つ選びなさい。 38

> 火成岩の色が白っぽいのは， ア やチョウ石のような イ を多く含んでいるためと考えられる。

① ア：カンラン石　イ：無色鉱物　② ア：カンラン石　イ：有色鉱物
③ ア：セキエイ　イ：無色鉱物　④ ア：セキエイ　イ：有色鉱物

問5 図1のB層にはビカリアの化石が含まれていたことより，新生代にできた地層であることがわかった。このように，限られた時代の地層にしか見られず，離れた地域の堆積岩の地層を対比するときの重要な手がかりとなる化石を何というか。次の①～④から一つ選びなさい。 39

① 示準化石　② 示相化石　③ 標準化石　④ 時代化石

解答番号	配点	解答番号	配点
1	2	21	2
2	3	22	3
3	3	23	3
4	3	24	3
5	2	25	2
6	3	26	2
7	2	27	2
8	3	28	3
9	2	29	3
10	3	30	2
11	3	31	2
12	2	32	3
13	3	33	3
14	3	34	2
15	3	35	2
16	2	36	3
17	3	37	3
18	3	38	3
19	2	39	2
20	2		100

令和４年度
入学試験問題

社　会

（50分）

注意事項

1　試験開始の指示があるまで，この問題用紙を開いてはいけません。

2　試験開始の合図があったら，この問題用紙の所定欄に受験番号を記入しなさい。また，マーク式解答用紙（マークシート）には出身中学校と受験番号を記入して，受験番号をマークしなさい。

3　マーク式解答用紙にマークし，各設問に記す解答番号に対応した解答欄にマークしなさい。

4　問題は20ページまであります。ページの脱落などがあった場合は，手をあげて試験監督に申し出なさい。

※100点満点　マークシート解答用紙非公表

受験番号					

大阪夕陽丘学園高等学校

1．次の文章を読み，以下の設問に答えなさい。

日本列島は東西・南北ともに約3,000kmに広がっており，(ア) 同経度，同緯度の範囲にある国は多い。また，面積は約37.8万㎢（2018年）であり，世界の国々を面積が大きい順に並べた場合に197か国中，上から数えて61番目である。さらに，日本の人口は197か国中で多い順に上から数えて11番目（2020年）であり，(イ) 人口密度も高くなっている。

日本列島は南北に細長い形をした島国であるため，各地域によって(ウ) 自然や気候，産物，工業などの面で特色に違いが見られる。たとえば，(エ) 中国・四国地方は，日本海，瀬戸内海，太平洋の３つの海に面しており，地域によって気候が大きく異なる。また，(オ) 関東地方に属している東京都は，日本で最も人口が多く，政治や経済，文化の中心地となっている。

日本は世界各国から多くの資源を輸入し，製品の製造や，または(カ) エネルギーへの転換に利用している。特に中国や(キ) アメリカ合衆国とは製品の輸出入を，(ク) オーストラリアからは資源の輸入を行っており，これらの国々は日本の重要な貿易相手国である。

問１　下線部（ア）について，以下の設問に答えなさい。

(1)　日本の最北端に位置する島とその島とほぼ同じ経度に位置するオーストラリアの首都の組み合わせとして正しいものを，次の①～④のうちから一つ選びなさい。　1

①　島：国後島　　首都：シドニー　　②　島：国後島　　首都：キャンベラ
③　島：択捉島　　首都：シドニー　　④　島：択捉島　　首都：キャンベラ

(2)　右の地図は，日本と同緯度の範囲の一部を示している。地図中のA～Cの国の組み合わせとして正しいものを，次の①～④のうちから一つ選びなさい。

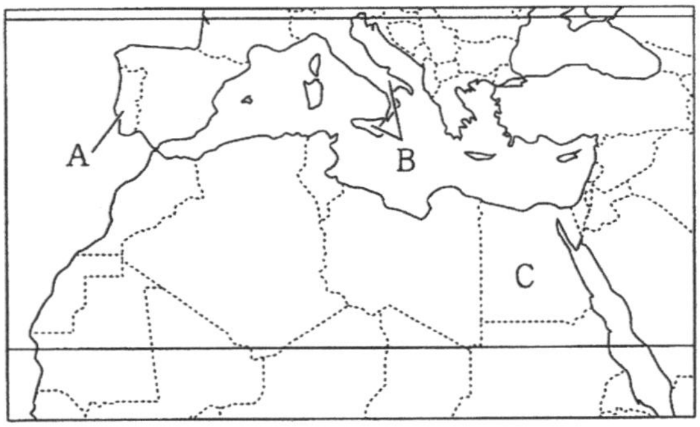

2

①　A：スペイン　　B：ギリシャ　　C：エジプト
②　A：スペイン　　B：イタリア　　C：リビア
③　A：ポルトガル　B：イタリア　　C：エジプト
④　A：ポルトガル　B：ギリシャ　　C：リビア

問２　下線部（イ）について，以下の設問に答えなさい。

(1)　次の表は，世界の国々を面積が大きい順に並べたときの１位から10位までの国と日本の面積と人口を示している。日本よりも人口密度が高い国として正しいものを，あとの①～④のうちから一つ選びなさい。　3

	国名	面積（万km²）	人口（万人）		国名	面積（万km²）	人口（万人）
１位	ロシア連邦	1,709.8	14,593.4	７位	インド	328.7	138,000.4
２位	カナダ	998.5	3,774.2	８位	アルゼンチン	279.6	4,519.6
３位	アメリカ合衆国	983.4	33,100.3	９位	カザフスタン	272.5	1,877.7
４位	中国	960.0	143,932.4	10位	アルジェリア	238.2	4,385.1
５位	ブラジル	851.6	21,255.9	⋮	⋮	⋮	⋮
６位	オーストラリア	769.2	2,550.0	61位	日本	37.8	12,647.6

（面積は2018年，人口は2020年）　（「世界国勢図会2020/21年版」より）

①　アメリカ合衆国　　②　中国　　③　インド　　④　アルジェリア

(2)　表から読み取れることとして**間違っているもの**を，次の①～④のうちから一つ選びなさい。　4

①　ブラジルとオーストラリアの人口密度を比較すると，オーストラリアの方が低い。
②　世界を６つの州に分けたとき，アフリカ州に属している国が２つある。
③　２つの州にまたがっている国の人口密度は，10人に満たない。
④　面積の大きさが１位から10位に含まれる国が最も多く属している州はアジア州である。

問３　下線部（ウ）について，以下の設問に答えなさい。

(1)　次の地図は，日本のおもな河川の場所を示している。地図中の［　A　］と［　B　］の河川の組み合わせとして正しいものを，あとの①～④のうちから一つ選びなさい。［　5　］

①　A：信濃川　　B：四万十川　　②　A：信濃川　　B：吉野川

③　A：利根川　　B：四万十川　　④　A：利根川　　B：吉野川

(2) 2021年7月26日，国際連合教育科学文化機関(ユネスコ)の世界遺産委員会により，「奄美大島，徳之島，沖縄本島北部および西表島」が世界自然遺産に登録された。現在の日本の世界自然遺産登録地とその登録地がある道県の組み合わせとして正しいものを，次の①～④のうちから一つ選びなさい。 6

① 登録地：知床　道県：北海道
② 登録地：白神山地　道県：青森県と岩手県
③ 登録地：小笠原諸島　道県：沖縄県
④ 登録地：屋久島　道県：熊本県

(3) 地図中の長野県松本市の雨温図と，松本市が属している気候の特色についての説明文の組み合わせとして正しいものを，下の①～④のうちから一つ選びなさい。 7

雨温図

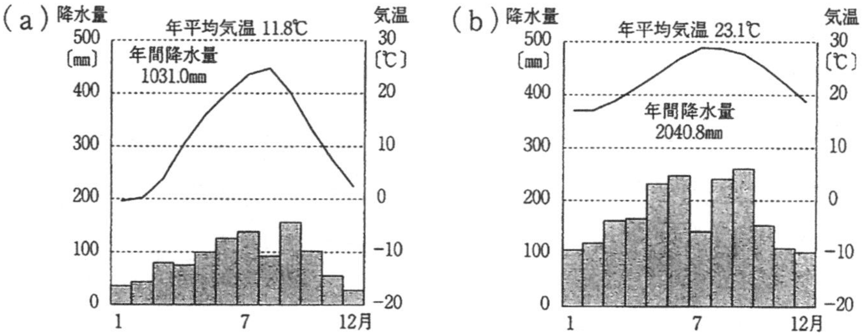

(「理科年表2021年版」より)

説明

(x) 夏は梅雨や台風の影響で降水量が多い。その一方で，冬は乾燥し晴天の日が多い。

(y) 昼と夜，夏と冬の気温差が大きい。また，一年を通して比較的降水量が少ない。

① (a)と(x)　② (a)と(y)
③ (b)と(x)　④ (b)と(y)

問４　下線部（エ）について，この地方に属している島根県，香川県，愛媛県の県庁所在地の組み合わせとして正しいものを，次の①～④のうちから一つ選びなさい。　8

①　島根県：松江市　　香川県：高松市　　愛媛県：松山市
②　島根県：松江市　　香川県：松山市　　愛媛県：高松市
③　島根県：松山市　　香川県：高松市　　愛媛県：松江市
④　島根県：松山市　　香川県：松江市　　愛媛県：高松市

問５　下線部（オ）について，次の地形図は，1987年と2020年の新横浜駅周辺を示している。地形図の説明として正しいものを，あとの①～④のうちから一つ選びなさい。　9

1987年

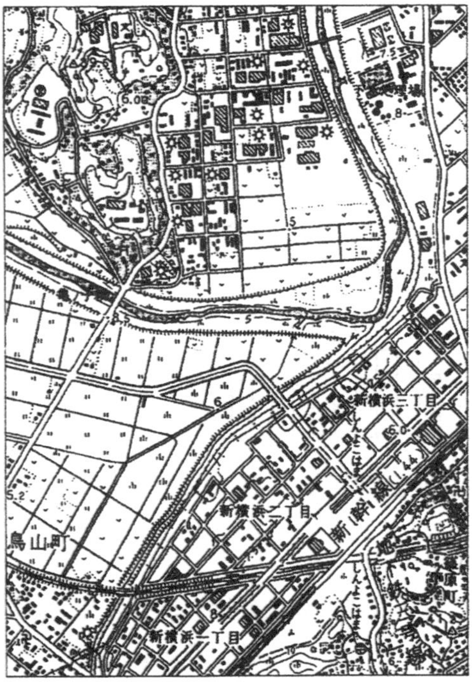

2020年

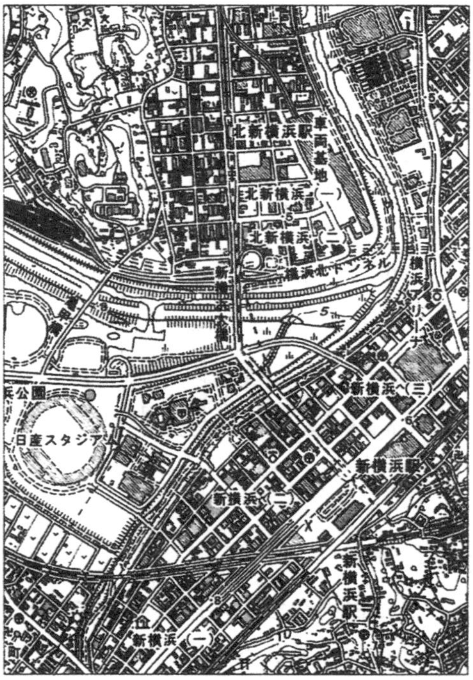

（どちらも25,000分の１地形図　国土地理院発行）

①　地形図の北部にある工場は，2020年になっても残されている。
②　1987年から2020年にかけて，鉄道路線が増えている。
③　新横浜駅から西側の発電所まで地形図上で約４cmであるため，実際の距離は約1,500mである。
④　2020年の地形図の南側には，針葉樹林が広がっている。

問6　下線部（カ）について，次のグラフのX～Zは，日本，フランス，カナダのいずれかの2017年における発電量の割合を示している。X～Zの国名の組み合わせとして正しいものを，あとの①～④のうちから一つ選びなさい。　10

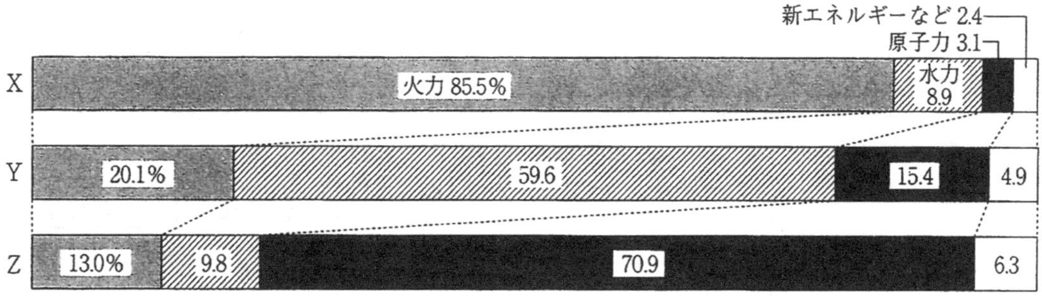

※四捨五入の関係で100%にならないことがある。　（「日本国勢図会 2020/21年版」より）

①　X：日本　Y：フランス　Z：カナダ
②　X：日本　Y：カナダ　Z：フランス
③　X：フランス　Y：カナダ　Z：日本
④　X：カナダ　Y：日本　Z：フランス

問7　下線部（キ）について，メキシコや西インド諸島の国々など，スペイン語を話す国出身の人々が，仕事を求めてアメリカ合衆国に多く移住している。このような人々の総称として正しいものを，次の①～④のうちから一つ選びなさい。　11

①　イヌイット　②　マオリ　③　ヒスパニック　④　アボリジニ

問8　下線部（ク）について，オーストラリアの産業や歴史，自然環境の説明として**間違っているもの**を，次の①～④のうちから一つ選びなさい。　12

①　人口の多くは南東部に集中し，中央部には砂漠が広がっている。
②　鉄鉱石や石炭などの鉱産資源が多く産出し，輸出品の中心となっている。
③　近年はヨーロッパ諸国との貿易よりも，アジア諸国との貿易が盛んである。
④　20世紀初めから現在に至るまで，ヨーロッパ系以外の移民を制限する白豪主義がとられている。

2．次の年表を見て，以下の設問に答えなさい。

日本			世界	
時代	年代	事項	年代	事項
弥生	239 年	(ア) 邪馬台国の女王が中国に使いを送る。		
古墳	3 世紀後半頃	(イ) ヤマト王権が誕生する。	4 世紀頃	(ウ) 朝鮮半島で争いがおこる。
飛鳥	593 年 672 年	(エ) 聖徳太子〔厩戸王〕が摂政となる。 (オ) 壬申の乱がおこる。	7 世紀初め	ムハンマドによって（　カ　）が始まる。
奈良	8 世紀中頃～ 8 世紀後半	(キ) 天平文化が栄える。 (ク) 貴族や僧の間で勢力争いがおこる。		
平安	10 世紀後半頃～ 1185 年	(ケ) 摂関政治が行われる。 (コ) 壇ノ浦の戦いがおこる。		
鎌倉	1221 年 1274 年・81 年	承久の乱のあと，京都に（　サ　）が設置される。 (シ) 蒙古襲来〔元寇〕がおこる。		
室町	1336 年～ 14 世紀末頃 1467 年	(ス) 朝廷が二つに分かれる。 (セ) 北山文化が栄える。 (ソ) 応仁の乱がおこる。	1517 年	(タ) 宗教改革が始まる。
安土桃山	1582 年 1592 年	(チ) 本能寺の変がおこる。 (ツ) 朝鮮出兵が始まる。		
江戸	1637 年 1787 年 19 世紀初め 1837 年	(テ) 島原・天草一揆がおこる。 (ト) 松平定信が老中になる。 (ナ) 化政文化が栄える。 (ニ) 大塩の乱がおこる。	1840 年	(ヌ) アヘン戦争がおこる。

明治	1894年 1909年 1911年	(ネ) 日清戦争がおこる。 (ノ) 伊藤博文が暗殺される。 (ハ) 不平等条約が改正される。		
大正	1914年 1918年	(ヒ) 第一次世界大戦に連合国側として参戦する。 (フ) 米騒動がおこる。	1917年 1921年	(　へ　) で革命がおこり，世界初の社会主義政権が成立する。 (ホ) 中国共産党が結成される。

問1　下線部 (ア) について，邪馬台国が使いを送った中国の王朝として正しいものを，次の①～④のうちから一つ選びなさい。　13

①　漢　　②　蜀　　③　魏　　④　呉

問2　下線部 (イ) について，ヤマト王権が支配していた範囲を判断する要素として正しいものを，次の①～④のうちから一つ選びなさい。　14

①　前方後円墳の分布
②　貝塚の分布
③　黒曜石の出土する分布
④　日本の歴史書の記述

問3　下線部 (ウ) について，当時の朝鮮半島の説明文のうち，正誤の組み合わせとして正しいものを，次の①～④のうちから一つ選びなさい。　15

X　朝鮮半島から移り住んだ渡来人によって，漢字や儒教，仏教などが伝わった。
Y　ヤマト王権は朝鮮半島南部の伽耶地域の国々や新羅と交流が深かった。

①　X：正　Y：正　　②　X：正　Y：誤
③　X：誤　Y：正　　④　X：誤　Y：誤

問４　下線部（エ）について述べた文として**間違っているもの**を，次の①～④のうちから一つ選びなさい。　16

①　仏教や儒教の考えを取り入れ，天皇に仕える役人の心構えをまとめた。
②　才能や功績によって人材を登用する制度をつくった。
③　蘇我氏と協力して政治を行い，天皇中心の政治を目指した。
④　唐に小野妹子などの使者を送り，対等な立場での外交を求めた。

問５　下線部（オ）について，この戦いのあとで即位した天皇として正しいものを，次の①～④のうちから一つ選びなさい。　17

①　天武天皇　　②　天智天皇　　③　持統天皇　　④　聖武天皇

問６　ムハンマドによって始められた（　カ　）にあてはまる宗教を，次の①～④のうちから一つ選びなさい。　18

①　仏教　　②　イスラム教　　③　キリスト教　　④　ヒンドゥー教

問７　下線部（キ）の建造物として正しいものを，次の①～④のうちから一つ選びなさい。　19

①

②

③

④

問8　下線部（ク）について，混乱した政治を立て直すため，794 年に桓武天皇が移した都として正しいものを，次の①～④のうちから一つ選びなさい。 20

①　藤原京　　②　平城京　　③　平安京　　④　恭仁京

問9　下線部（ケ）について，摂関政治が最も栄えたころの人物として正しいものを，次の①～④のうちから一つ選びなさい。 21

①　平清盛　　②　藤原純友　　③　平将門　　④　藤原道長

問10　下線部（コ）について，壇ノ浦の戦いがあった現在の県として正しいものを，次の①～④のうちから一つ選びなさい。 22

①　山口県　　②　広島県　　③　岡山県　　④　兵庫県

問11　（　サ　）にあてはまる語句を，次の①～④のうちから一つ選びなさい。 23

①　守護　　②　地頭　　③　六波羅探題　　④　問注所

問12　下線部（シ）について述べた文として正しいものを，次の①～④のうちから一つ選びなさい。 24

①　幕府軍は集団戦法と火薬を使用し，元軍を追いはらった。
②　1274 年よりも前に，博多湾沿岸に石築地〔防塁・石塁〕が建設されていた。
③　幕府から御家人に対して十分な恩賞が支払われ，御家人の生活はうるおった。
④　蒙古襲来〔元寇〕は，執権の北条時宗が元からの服属要求に従わなかったことから始まった。

問13　下線部（ス）について，北朝と南朝が置かれた場所の組み合わせとして正しいものを，次の①～④のうちから一つ選びなさい。 25

①　北朝：京都　　南朝：堺
②　北朝：京都　　南朝：吉野
③　北朝：大津　　南朝：堺
④　北朝：大津　　南朝：吉野

問 14　下線部（セ）について，このころに大成した芸術と人物の組み合わせとして正しいものを，次の①～④のうちから一つ選びなさい。 26

① 芸術：能〔能楽〕　人物：雪舟
② 芸術：水墨画　人物：雪舟
③ 芸術：能〔能楽〕　人物：観阿弥
④ 芸術：水墨画　人物：観阿弥

問 15　下線部（ソ）について，この戦いが始まったときの室町幕府の将軍として正しいものを，次の①～④のうちから一つ選びなさい。 27

① 足利義政　② 足利義昭　③ 足利義満　④ 足利尊氏

問 16　下線部（タ）について説明した文として**間違っているもの**を，次の①～④のうちから一つ選びなさい。 28

① ルターらはイエズス会を結成し，海外への布教を行った。
② ルターは「聖書だけが信仰のよりどころである」とし，信者を増やした。
③ ルターに賛同するキリスト教徒はプロテスタントとよばれた。
④ ルターは，教会が免罪符を売りだしたことを批判した。

問 17　下線部（チ）について，本能寺の変によって自害した人物とその人物が行った政策の組み合わせとして正しいものを，次の①～④のうちから一つ選びなさい。 29

① 人物：豊臣秀吉　政策：農民から武器を取り上げた。
② 人物：豊臣秀吉　政策：座を廃止し，商工業を活発に行わせた。
③ 人物：織田信長　政策：農民から武器を取り上げた。
④ 人物：織田信長　政策：座を廃止し，商工業を活発に行わせた。

問 18　下線部（ツ）について，この戦いの組み合わせとして正しいものを，次の①～④のうちから一つ選びなさい。 30

① 文永の役と慶長の役
② 文禄の役と慶長の役
③ 文永の役と弘安の役
④ 文禄の役と弘安の役

問19　下線部（テ）について，この事件後の説明文のうち，正誤の組み合わせとして正しいものを，次の①～④のうちから一つ選びなさい。　31

X　幕府はこの事件の直後にスペイン船の来航を禁止した。
Y　幕府は絵踏を強化し，キリスト教の禁止政策を徹底した。

①　X：正　Y：正　　②　X：正　Y：誤
③　X：誤　Y：正　　④　X：誤　Y：誤

問20　下線部（テ）と（ト）の間のできごとを述べたａ～ｃを年代順に並べたものを，次の①～④のうちから一つ選びなさい。　32

ａ：徳川綱吉が生類憐みの令を定める。
ｂ：田沼意次が株仲間を積極的に公認し営業税の増収をはかる。
ｃ：徳川吉宗が目安箱を設置する。

①　ａ→ｂ→ｃ　　②　ｃ→ａ→ｂ
③　ａ→ｃ→ｂ　　④　ｃ→ｂ→ａ

問21　下線部（ナ）について，この文化を代表する作品の組み合わせとして正しいものを，次の①～④のうちから一つ選びなさい。　33

①　『奥の細道』と『見返り美人図』
②　『奥の細道』と『南総里見八犬伝』
③　『富嶽三十六景』と『見返り美人図』
④　『富嶽三十六景』と『南総里見八犬伝』

問22　下線部（ニ）について，この乱がおこった場所とこのあとに行われた天保の改革の政策の組み合わせとして正しいものを，次の①～④のうちから一つ選びなさい。　34

①　場所：大坂〔大阪〕　政策：営業を独占している株仲間に解散を命じた。
②　場所：大坂〔大阪〕　政策：参勤交代をゆるめる代わりに米を納めさせた。
③　場所：江戸　政策：営業を独占している株仲間に解散を命じた。
④　場所：江戸　政策：参勤交代をゆるめる代わりに米を納めさせた。

問23　下線部(ヌ)について，下図は，アヘン戦争の原因となった三角貿易のようすを示している。また，図中のＡ～Ｃは，イギリス，インド，清のいずれかである。Ａ～Ｃにあてはまる国の組み合わせとして正しいものを，次の①～④のうちから一つ選びなさい。　35

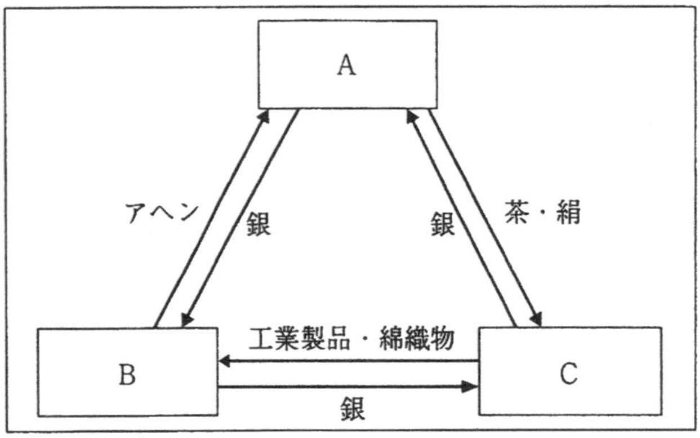

①　Ａ：清　　　　Ｂ：イギリス　　Ｃ：インド
②　Ａ：インド　　Ｂ：清　　　　　Ｃ：イギリス
③　Ａ：清　　　　Ｂ：インド　　　Ｃ：イギリス
④　Ａ：イギリス　Ｂ：インド　　　Ｃ：清

問24　下線部（ネ）について，この戦争後に結ばれた条約名とその内容の組み合わせとして正しいものを，次の①～④のうちから一つ選びなさい。　36

①　条約：ポーツマス条約　　内容：清が朝鮮の独立を認める。
②　条約：ポーツマス条約　　内容：清が旅順や大連の租借権を日本にゆずる。
③　条約：下関条約　　　　　内容：清が朝鮮の独立を認める。
④　条約：下関条約　　　　　内容：清が旅順や大連の租借権を日本にゆずる。

問25　下線部（ノ）について述べた文として**間違っているもの**を，次の①～④のうちから一つ選びなさい。　37

①　日本の憲法作成にあたり，プロイセン〔ドイツ〕の憲法調査のために渡欧した。
②　自由民権運動のさなか，国会開設にそなえ立憲改進党を結成した。
③　内閣制度ができると，日本の初代内閣総理大臣に就任した。
④　明治初年，岩倉使節団の一員として欧米をまわり，制度や文化を視察した。

問 26　下線部（ハ）について，この条約改正に成功した人物とその改正内容の組み合わせとして正しいものを，次の①～④のうちから一つ選びなさい。 38

① 人物：小村寿太郎　改正内容：関税自主権の完全回復
② 人物：小村寿太郎　改正内容：領事裁判権の撤廃
③ 人物：陸奥宗光　改正内容：関税自主権の完全回復
④ 人物：陸奥宗光　改正内容：領事裁判権の撤廃

問 27　下線部（ヒ）について述べた文のうち，正誤の組み合わせとして正しいものを，次の①～④のうちから一つ選びなさい。 39

X　日本は中国に対して二十一か条の要求を示した。
Y　この戦争の講和条約がイギリスのロンドンで結ばれた。

① X：正　Y：正　② X：正　Y：誤
③ X：誤　Y：正　④ X：誤　Y：誤

問 28　下線部（フ）について，この騒動で退陣した寺内正毅内閣のあとに本格的な政党内閣を組織した人物として正しいものを，次の①～④のうちから一つ選びなさい。 40

① 桂太郎　② 加藤高明　③ 犬養毅　④ 原敬

問 29　（　へ　）にあてはまる国名を，次の①～④のうちから一つ選びなさい。 41

① イタリア　② ドイツ　③ ロシア　④ フランス

問 30　下線部（ホ）について，中国共産党は 2021 年で結党 100 周年を迎えた。2021 年現在の中華人民共和国の国家主席として正しいものを，次の①～④のうちから一つ選びなさい。 42

① 金正恩　② 毛沢東　③ 文在寅　④ 習近平

3．次の文章や資料を見て，以下の設問に答えなさい。

私たちは日常，消費する（ア）物やサービスに設定された価格を支払っている。しかし，それらの価格は（イ）公共料金のように一定範囲に定められた価格のものを除いて，市場の動き，つまりは（ウ）需要と供給によって決定されている。また，現在，物やサービスに対しての支払いの際には，電子マネーなどの現金以外の（エ）お金による支払いが増えており，消費者のさまざまなニーズに合う形態がとられている。
（オ）日本の金融については，国内についても重要であるが，その一方でグローバル化にともなって（カ）海外とのやり取りが非常に多くなっている。

問1　下線部（ア）について，私たちが支払う物やサービスの代金は，家計からねん出されている。右の表は，2019年の二人以上世帯の支出の内訳を示している。表中の項目のうち，直接消費しているものの合計金額として正しいものを，次の①～④のうちから一つ選びなさい。 43

①　96,723円
②　197,678円
③　279,059円
④　388,471円

食料費	77,431円
住居費	19,292円
光熱・水道	21,838円
保健医療	12,662円
その他	147,836円
貯蓄	197,678円
直接税	45,487円
社会保険料	63,925円
実収入	586,149円

（「日本国勢図会 2020/21年版」より）

問2　下線部（イ）について，公共料金として**最も不適切なもの**を，次の①～④のうちから一つ選びなさい。 44

①　水道料金　　②　電気料金　　③　インターネット料金　　④　ガス料金

問3　下線部（ウ）について，以下の設問に答えなさい。

(1)　次の図は，需要量と供給量によって価格が決定するしくみを示している。図中のAにあてはまる曲線名とAの曲線が右に移動したときの均衡価格の変化についての組み合わせとして正しいものを，あとの①～④のうちから一つ選びなさい。　45

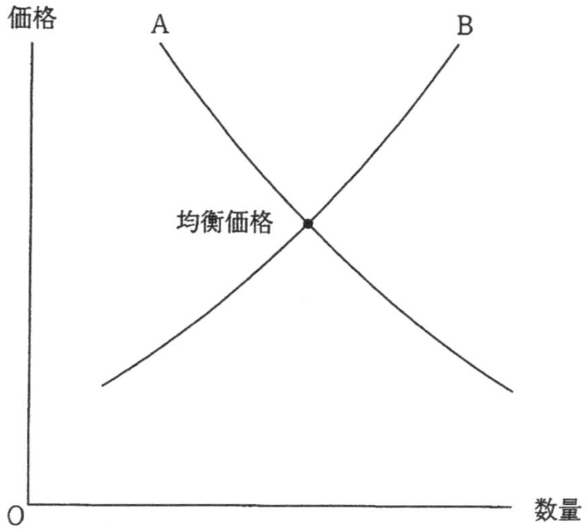

①　曲線名：需要曲線　　均衡価格の変化：高くなる
②　曲線名：需要曲線　　均衡価格の変化：安くなる
③　曲線名：供給曲線　　均衡価格の変化：高くなる
④　曲線名：供給曲線　　均衡価格の変化：安くなる

(2)　市場が寡占や独占の状態になり，消費者の利益を損ねるようなことのないように，独占禁止法に基づいて市場を監視する機関として正しいものを，次の①～④のうちから一つ選びなさい。　46

①　消費者庁　　②　公正取引委員会　　③　経済産業省　　④　金融庁

問4　下線部（エ）について，以下の設問に答えなさい。

(1)　紙幣を発行している日本銀行の役割について，次の説明文のうち，正誤の組み合わせとして正しいものを，あとの①～④のうちから一つ選びなさい。　47

X　市中の銀行だけでなく，個人の預金も受け付けている。
Y　国の口座があり，政府の銀行としての役割がある。

①　X：正　Y：正　　②　X：正　Y：誤
③　X：誤　Y：正　　④　X：誤　Y：誤

(2)　近年電子マネーの使用が広まっている。電子マネーを使用するにあたっての特徴として**最も不適切なもの**を，次の①～④のうちから一つ選びなさい。　48

①　現金を持ち歩かなくてよい。
②　釣り銭のやりとりがなくなる。
③　代金を後払いするので，使いすぎに注意するべきである。
④　カードによって読み取る機械が異なり，使える店とそうでない店がある。

問5　下線部（オ）について，次の図は，景気の変動を示している。図中のPのときの金融政策と財政政策の説明の組み合わせとして正しいものを，あとの①～④のうちから一つ選びなさい。　49

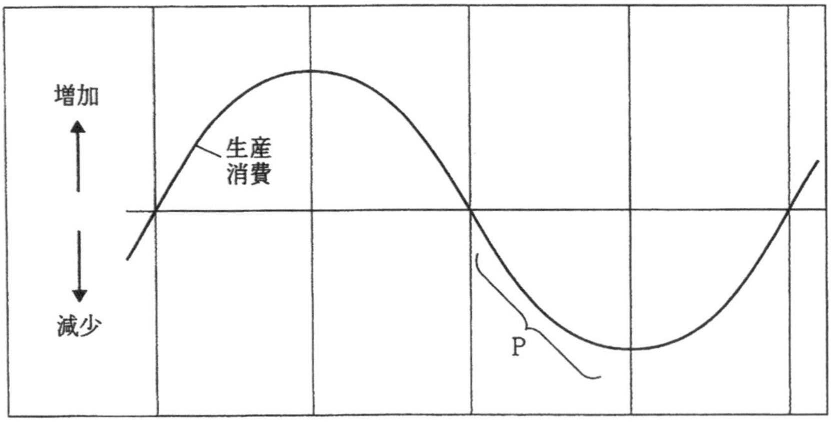

①　金融政策：日本銀行が国債や手形などを買う。　財政政策：政府が増税を行う。
②　金融政策：日本銀行が国債や手形などを買う。　財政政策：政府が減税を行う。
③　金融政策：日本銀行が国債や手形などを売る。　財政政策：政府が増税を行う。
④　金融政策：日本銀行が国債や手形などを売る。　財政政策：政府が減税を行う。

問6　下線部（カ）について，以下の設問に答えなさい。

(1)　次の図中のX，Yは，1ドル＝100円を基準として，円高と円安のいずれかの状態を示している。円高について示しているものと円高のときの状況についての説明の組み合わせとして正しいものを，あとの①～④のうちから一つ選びなさい。　50

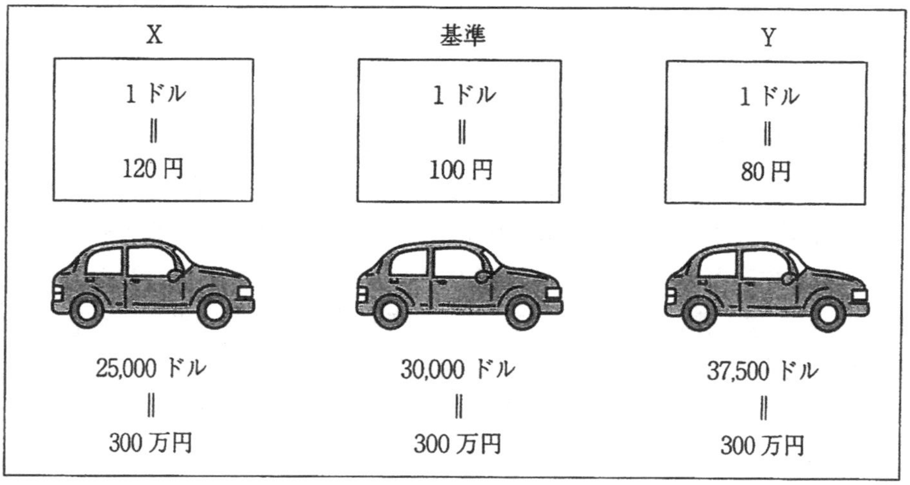

①　円高：X　　状況：輸入業者に有利
②　円高：X　　状況：輸出業者に有利
③　円高：Y　　状況：輸入業者に有利
④　円高：Y　　状況：輸出業者に有利

(2)　円高によって引きおこされる問題の説明として正しいものを，次の①～④のうちから一つ選びなさい。　51

①　生産費の安い国に工場を移転するようになり，ドーナツ化現象がおこる。
②　生産費の安い国に工場を移転するようになり，産業の空洞化がおこる。
③　国内の工場での外国人労働者の雇用が増え，ドーナツ化現象がおこる。
④　国内の工場での外国人労働者の雇用が増え，産業の空洞化がおこる。

4．次の文章を読み，（　　）に適する語や内容を，それぞれ①～④のうちから一つ選びなさい。

2021年10月31日に，衆議院議員総選挙と最高裁判所裁判官国民審査が実施された。

衆議院議員選挙では，18歳以上であれば，日本国民全員が選挙に参加できる。これは，人種，信条，性別，社会的身分又は門地により政治的な差別を受けないという，『日本国憲法』（以下，『憲法』とする）第14条にある（　ア　）の原則からきている。

衆議院，参議院それぞれに属する議員が出席する国会の種類は4つに分類でき，その中で衆議院議員総選挙後に召集される国会では，次期内閣総理大臣の指名が行われることとなっている。また，国会の主な仕事は予算の議決や法律の制定であり，2021年1月に召集された（　イ　）では予算の審議のほか，政府が提出した63の法案のうち，61もの法案が成立した。法律を制定する際，法律案については『憲法』第59条によると，衆議院と参議院で異なった議決を行った場合，衆議院で出席議員の（　ウ　）の多数で再可決した場合は法律になるとある。

内閣総理大臣の指名後に閣僚人事も行われ，国務大臣が任命される。『憲法』第66条には「内閣総理大臣も国務大臣も（　エ　）。」とある。また，国務大臣の（　オ　）は国会議員でなければならないとある。国務大臣は行政機関である各省庁を管轄しており，各分野に特化した外局が存在している。たとえば，（　カ　）の外局として，気象情報や地震などの災害を取り扱う気象庁がある。

目まぐるしく変わる世情に対応して，『憲法』には規定されていない新しい人権が生まれている。その中には，自分の私生活や私事に関することをみだりに他人の目にさらされることがないという（　キ　）などがある。労働者の労働条件について定められた（　ク　）では，労働時間や休日についても述べられている。また，高齢者の年金については，社会保障制度の四つの柱のうち（　ケ　）にあてはまる。

（ア）　①　法の下の平等　　②　職業選択の自由　　52
　　　③　不断の努力　　④　公共の福祉

（イ）　①　常会（通常国会）　　②　臨時会（臨時国会）　　53
　　　③　特別会（特別国会）　　④　緊急集会

（ウ）　①　2分の1　　②　過半数　　54
　　　③　3分の2　　④　4分の3

(エ)　①　文民でなければならない　55
②　過半数は文民でなければならない
③　3分の2は文民でなければならない
④　文民を選出してはならない

(オ)　①　2分の1　②　過半数　56
③　3分の2　④　4分の3

(カ)　①　文部科学省　②　環境省　57
③　国土交通省　④　農林水産省

(キ)　①　知る権利　②　プライバシーの権利　58
③　自己決定権　④　環境権

(ク)　①　労働組合法　②　労働関係調整法　59
③　男女雇用機会均等法　④　労働基準法

(ケ)　①　社会保険　②　公的扶助　60
③　社会福祉　④　公衆衛生

以上で問題は終わりです。

番号	配点
1	2
2	1
3	2
4	2
5	1
6	2
7	2
8	1
9	2
10	2
11	1
12	2
13	1
14	2
15	2
16	2
17	1
18	1
19	2
20	1
21	1
22	1
23	1
24	2
25	2
26	2
27	1
28	2
29	2
30	2

番号	配点
31	2
32	2
33	2
34	2
35	2
36	2
37	2
38	2
39	2
40	1
41	1
42	2
43	1
44	2
45	2
46	2
47	1
48	2
49	1
50	2
51	2
52	2
53	2
54	1
55	2
56	1
57	1
58	2
59	2
60	2

100